EVA ENGELKEN

111 GRÜNDE, ANWÄLTE ZU HASSEN

§§§

UND DIE BESTEN TIPPS, WIE MAN MIT IHNEN TROTZDEM ZU SEINEM RECHT KOMMT

MIT ILLUSTRATIONEN VON JANA MOSKITO

SCHWARZKOPF & SCHWARZKOPF

INHALT

ARTIKEL 17

ARTIKEL 18

ARTIKEL 19

ARTIKEL 20

ARTIKEL 21

ARTIKEL 22

BITTE RECHT FREUNDLICH!

Warum macht man sich die Mühe, 111 Gründe aufzuzählen, Anwälte zu hassen? 111 Gründe aufzuzählen, sie zu lieben, wäre doch viel menschenfreundlicher gewesen. Erstens sind auch Anwälte Menschen und zweitens beantworten nicht alle die Frage »Was sind 1.000 Rechtsanwälte aneinandergekettet auf dem Meeresgrund?« mit »ein guter Anfang«.

Andererseits sagte schon der Philosoph Diogenes,[1] es würde selbst bei Menschen, die man liebt, langweilig, sie pausenlos zu loben. Und schließlich muss man realistisch bleiben, es gibt nicht umsonst zu keiner Berufsgruppe mehr Witze als zu Anwälten. Oscar Wilde sagte daher: »Ich bin, was Anwälte angeht, durchaus nicht zynisch, ich habe nur Erfahrung.«

Natürlich kann es trotzdem passieren, dass sich einige Personen verunglimpft fühlen und zur Wehr setzen. Auch wenn Anwälte in Wahrheit ganz anders sind, hat es schon Fälle gegeben, wo sie sich wegen der an den Haaren herbeigezogensten Vorwürfe vor Gericht gezerrt haben. Etwa, weil sich einer durch den Ausdruck *Beutelschneider* beleidigt fühlte und nicht genug Selbstironie aufbrachte, um die Äußerung mit Humor zu nehmen. Wir nennen Anwälte in diesem Buch deshalb ausdrücklich nicht Beutelschneider. Ansonsten hoffen wir auf die Nehmerqualitäten des Berufsstandes, denn es gehörte schon immer zu den schwierigeren Turnübungen, sich selbst auf den Arm zu nehmen.

In jedem Fall könnten Sie, liebe Leserin und lieber Leser, falls Sie das Glück hatten, noch ein Exemplar dieses Buches zu ergattern, bevor sein Weiterverkauf per einstweiliger Verfügung verboten wurde, menschenfreundlich sein und es weiterschenken. Ihre Lieblingskarikaturen können Sie sich ja vorher rausreißen. Das tun Jurastudierende auch (siehe 35. Grund).

Doch vorher wünschen wir Ihnen angenehme Lektüre an einem sonnigen Plätzchen. (Wir hoffen, dass Sie zu den Menschen gehören, die überwiegend auf der Sonnenseite des Lebens stehen.) Und wenn Ihnen jemand das streitig macht, antworten Sie einfach mit den Worten des Philosophen Diogenes: »Geh mir aus der Sonne.«

Eva Engelken

ANWÄLTE
UND IHR UNIVERSUM

§§

»CAN YOU IMAGINE A WORLD WITHOUT LAWYERS?«
Lionel Hutz, Rechtsanwalt aus der amerikanischen
Comicserie »Die Simpsons«

Weil sie nicht auf ihrem eigenen Planeten bleiben

Eigentlich sind Anwälte Außerirdische. Solange sie in ihrem eigenen Sonnensystem bleiben, fällt das nur niemandem auf, nicht mal ihnen selbst. Erst wenn sie zur Erde reisen und mit Nichtanwälten zusammenstoßen, beginnen die Probleme.

Sie sind betroffen und wollen wissen, wie Sie die Kollision gut überstehen? Sie wollen recht bekommen? Brauchen Hilfe? Oder wollen sich einfach gut amüsieren? Lesen Sie weiter. Ihnen wird geholfen. Versprochen!

Weil es immer mehr werden

Manche Berufe sterben irgendwann aus. Anstelle von Heiratsvermittlern gibt es jetzt Parship und Datingcafé. Geld bekommt man nicht mehr vom Schalterbeamten, sondern vom Geldautomaten, und in Afrika haben die Leute nicht einmal mehr ein Konto, sondern ein Handy. Greift das um sich, rafft es sogar Banker irgendwann dahin.[2]

Das gilt nicht für die Anwälte. Sie vermehren sich prächtig. Okay, nicht mehr ganz so schnell wie noch vor einigen Jahren. Mittlerweile kommen nur noch rund 2.000 Anwälte pro Jahr hinzu.[3] Aber trotzdem gibt es ziemlich viele Anwälte, 163.690 insgesamt.[4] In Ballungszentren, wo sie sich vorzugsweise zusammenrotten, gibt es mehr als auf dem platten Land, sagen wir in Mecklenburg-Vorpommern oder Sachsen-Anhalt.[5] Entsprechend unterschiedlich stark besetzt sind die 22 Kammerbezirke. Ganz vorn liegt München, dahinter folgen Frankfurt[6], Hamm, Köln und

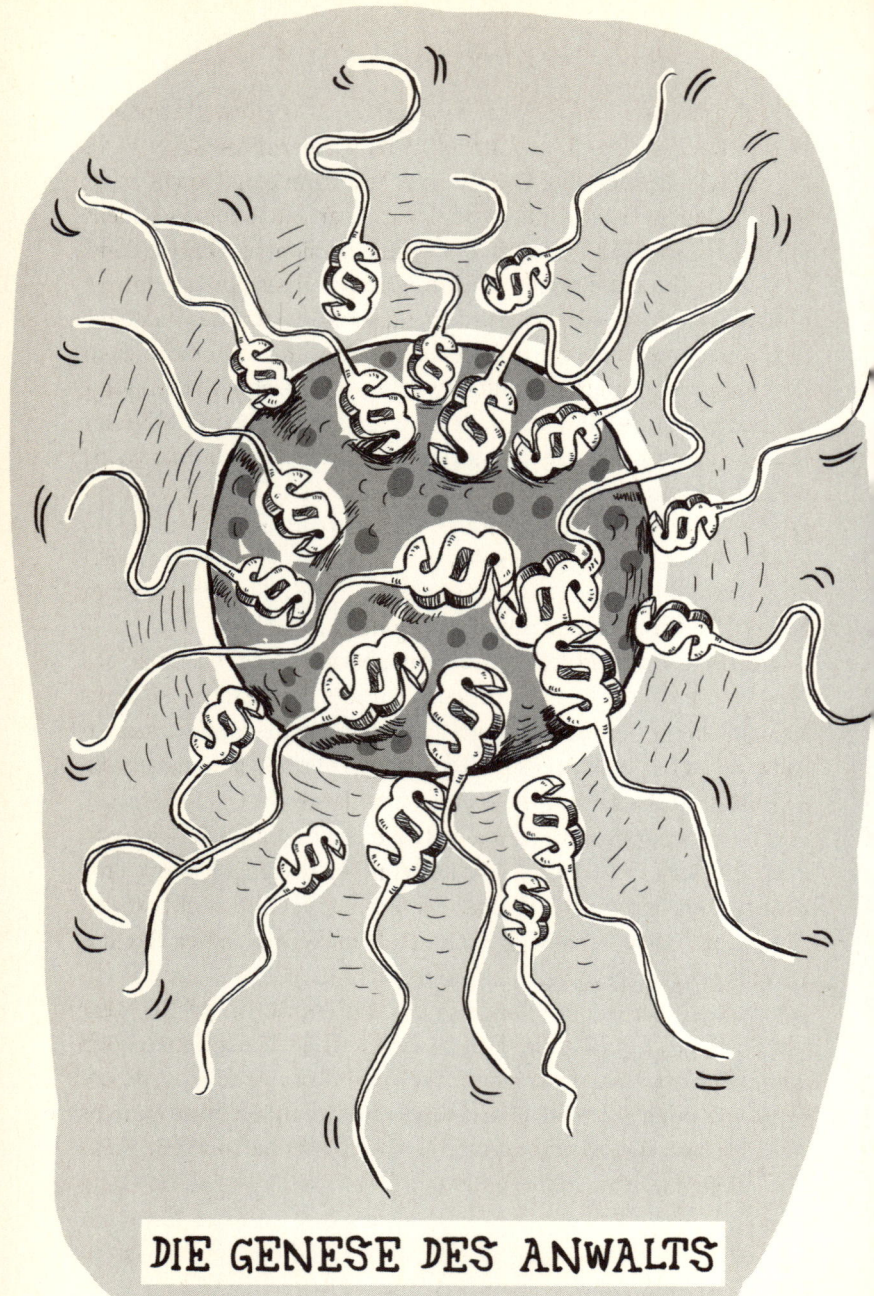

DIE GENESE DES ANWALTS

Düsseldorf sowie Berlin.[7] Dort balgen sich 12.700 Anwälte um ihre Kundschaft, statistisch gesehen jedenfalls. Allerdings ist etwa ein Drittel der zugelassenen Anwälte und Anwältinnen gar nicht aktiv. Sie besitzen zwar eine Anwaltszulassung, arbeiten aber in einem anderen Beruf. Im Durchschnitt müssen sich in Deutschland knapp 500 Einwohner und Einwohnerinnen einen Anwalt teilen.[8]

Und – ist das nun gut oder schlecht, so viele Anwälte zu haben? Gut, sagen manche. Eine hohe Zahl von Anwälten ist ein Zeichen für einen funktionierenden Rechtsstaat. »Ineffiziente Rechtssysteme führen unmittelbar dazu, dass Privatjustiz entsteht«, schreibt Prof. Dr. Benno Heussen, Rechtsanwalt aus Berlin.[9] Solange Anwälte wirksam eingeschaltet würden und man darauf vertrauen könne, dass die Gerichte ihre Aufgaben neutral und sorgfältig wahrnähmen, entstünden solche grauen und schwarzen Märkte der Gewalt nicht. Dieses Vertrauen in den Rechtsstaat ist in Deutschland vorhanden. Das ist die gute Nachricht.

Auch die Prozessdauer ist überschaubar und trägt dazu bei, das Geschäftsleben und das Privatleben für alle ein bisschen sicherer zu machen, also abgesehen von sich bekriegenden Nachbarn. In Indien dauern Prozesse bis zu 30 Jahren. In Deutschland dauert die erste Instanz im Schnitt weniger als zwei Jahre.[10]

Nicht ganz unwichtig für die Frage ist die Finanzierung von Prozessen. Da geht es uns in Deutschland halbwegs gut. Dank Prozesskostenhilfe und Beratungshilfe sowie einer Rechtsschutzversicherung können es sich die meisten Leute leisten, einen Rechtsanwalt zu beauftragen.

Ob ihnen das im Einzelfall immer zu ihrem Recht verhilft, steht auf einem anderen Blatt und im 77. Grund. Zur Zeit spricht jedoch alles dafür, dass uns die Anwälte auch in Zukunft erhalten bleiben. Oder, um mit den Worten von Lionel Hutz, dem Rechtsanwalt aus der amerikanischen Comicserie *Die Simpsons* zu sprechen: *Can you imagine a world without lawyers?*[11]

Weil man an ihnen nicht vorbeikommt

Dass es so viele sind, deutet darauf hin, dass Anwälte zu etwas nütze sind. Tatsächlich gibt es Momente im Leben, da braucht man Fachkräfte vom Anwaltsplaneten. Nicht, weil eine kritikwürdige Vorschrift ihre Anwesenheit erzwingt,[12] sondern weil manche Mitmenschen einen nur ernst nehmen, wenn man mit dem Anwaltsbrief wedelt. In der Steinzeit musste man das Recht in die eigene Hand nehmen, heute kann man sich einen Anwalt nehmen und zumindest in Deutschland darauf vertrauen, dass die Gerichte das für einen regeln.

In bestimmten Fällen muss das ein Anwaltsbrief einer renommierten Großkanzlei oder Boutique sein. Boutique nennt man Kanzleien, die sich auf ein einziges Rechtsgebiet oder Beratungsfeld spezialisiert haben, etwa Strafrecht oder Distressed M&A. In anderen Fällen reicht es, wenn auf dem Brief einfach »Rechtsanwalt« draufsteht. So wie in dem Fall, der sich jüngst in Hamburg zutrug.[13]

In der Ecke der überteuerten Studentenbude eines jungen Mannes erblühten an der Wand kreisförmige Schimmelrosen. Der Sohn – mit Schimmelpilzallergie – rotzte und nieste so stark, dass er sich nicht mehr auf seine Klausuren konzentrieren konnte. Sein Vater, ein pensionierter Richter, glaubte, eine Mietminderung begründen zu können. Er schrieb also dem Vermieter, dass sein Sohn bis zum Auszug oder bis zur Beseitigung der Schimmelpilzzucht nur noch ein Viertel der Miete zahlen werde. Sogar die relevante BGH-Mietrechtsentscheidung mit Fundstelle und Aktenzeichen zitierte er. Der Sohn – voller Vertrauen auf den juristisch gebildeten Papa – überwies ab sofort nur noch den geminderten Mietzins.

Und der schimmelige Vermieter? Der drohte dem Sohn mit dem Rauswurf, falls der Rest der Miete nicht binnen einer Woche auf dem Konto eingetroffen wäre.

Erst da erkannte der pensionierte Richter, dass nur Anwälte können, was Anwälte können: nämlich gierigen und dumpfen Zeitgenossen[14] Respekt einflößen. Er rief seinen Kumpel an, einen stadtbekannten pensionierten Strafverteidiger. Kein Mietrechtsexperte, aber Anwalt. Der kopierte den Brief des Richters auf sein Kanzleibriefpapier und schickte ihn dem Vermieter. Der zog brav seine Drohung zurück und ließ den schniefenden Richtersohn bis zum Ende seines Studiums für ein Viertel der ursprünglichen Miete bei sich wohnen.

Und die Moral von der Geschichte? Wenn man weiß, was man will, kann man mit Anwälten und ihren Briefen ganz schön Eindruck schinden. In anderen Fällen sind sie nicht ganz so nützlich, aber das weiß man dann erst hinterher.

ANWÄLTE
UND IHR ÄUSSERES

§§

»ER WAR EIN JUNGER RECHTSANWALT VON
ETWAS WEIBLICHEM ÄUSSEREN, HOHEN HÜFTEN
UND BLEICHER GESICHTSFARBE.«
August Strindberg, Dichter[15]

»DER EINE ADVOKAT WAR ALLES, WAS EIN ÜBERTRIEBENER BUFFO
NUR SEIN SOLLTE. FIGUR DICK, KURZ, DOCH BEWEGLICH, EIN UNGEHEUER
VORSPRINGENDES PROFIL, EINE STIMME WIE ERZ, UND EINE HEFTIGKEIT,
ALS WENN ES IHM AUS TIEFSTEM GRUNDE DES HERZENS ERNST WÄRE,
WAS ER SAGTE.«
Johann Wolfgang Goethe, Dichter[16]

Weil sie ohne Statussymbole höchstens
unter die Dusche gehen

Dass der erste Eindruck entscheidet, wissen Sie. Bei Anwälten dürfte das der Grund dafür sein, dass sie ohne ihre Statussymbole keinen Schritt aus dem Haus tun. (Welche Statussymbole sich ein Anwalt leisten kann, hängt vom Einkommen ab. Und da gibts gewaltige Unterschiede, dazu später mehr.) In jedem Fall gilt: Anwälte, die recht bekommen wollen, müssen ihre Claims durch entsprechende Symbole abstecken. Symbole, die ihren geistigen, territorialen, finanziellen und evolutionären Alphastatus sinnlich erfassbar machen. Das wichtigste Statussymbol ist die

... GEILE SCHÜSSEL

Nichts spiegelt Größe und Bedeutung des Anwalts besser wider als ein sattes Brummen unter der Motorhaube. Und mal unter uns: Wer bucht schon einen Anwalt, der Fiat fährt? Steigern lässt sich der Imagebeitrag des Wagens nur durch den Parkplatz direkt vor der Haustür beziehungsweise in der Tiefgarage. Noch höher steht der Wagen mit Chauffeur.

Aber bleiben wir auf dem Teppich, die meisten Anwälte fahren selbst, sogar die Einkommensmillionäre aus den internationalen Transaktionskanzleien. Und das Einkommensprekariat unter den Anwälten erst recht. Das verdient so wenig, dass es selbst Taxi fahren muss. Und der Mittelbau? Liebt Porsche. Der gehört zur Grundausstattung jedes erfolgreichen Anwalts. Die älteren Semester mögen Jaguar, die jüngeren Audi, die Newcomer unter den Strafverteidigern kommen zur Not mit einem Alpha Romeo Cabrio um die Ecke. Zur Not leiht man sich den Porsche ab und an aus.

Das nächstwichtige Statussymbol ist die …

… SCHNIEKE BÜROAUSSTATTUNG

Die ersten Sekunden entscheiden über den Eindruck, den ein Mandant von der Kanzlei hat. Das wussten Anwälte schon in der Steinzeit. Das nötige Kleingeld für eine individuell gestaltete und an das Corporate Design angelehnte Empfangssituation haben sie noch nicht so lange. Und heutzutage nur die großen Wirtschaftskanzleien. Bei ihnen prügeln sich die Architekturbüros und europaweit führende Objektmöbelhersteller darum, die Firmenstandorte zu designen.

Was so eine toperfolgreiche Wirtschaftsanwältin ist, mit LL.M. (Harvard) oder LL.M. (Oxford), die sitzt nicht einfach am Tisch. Sie sitzt an einer gebeizten Platte mit individuell ausgewählter Kantenausführung auf Tischbeinen aus verchromtem Rundstahlrohr. Und über ihr sorgt eine eigens entwickelte Deckenverkleidung mit integriertem Leuchtkonzept für punktuelle, aber homogene Beleuchtung der Konferenzräume. Man könnte sagen: Das Statussymbol ist das Büro mit eigener Innenarchitektur. Die Innenarchitektur ist natürlich nichts ohne das richtige Personal, sprich die …

… SEXY SEKRETÄRIN

Die Anwaltswelt ist traditionell männlich, was sich langsam wandelt, wie wir in den Gründen 51 bis 53 noch sehen werden. Derzeit gilt: Je länger die Haare und je kürzer die Röcke, desto höher ist der Status des jeweiligen Partners. Nur dann kommt es glaubwürdig rüber, wenn der grauhaarige Partner vielsagend auf seinen Schreibtisch klopft und seinem jungen Associate zuraunt: »Wenn Sie wüssten, wie viele Sekretärinnen ich da schon rübergezogen habe.«

Besonders gut macht sich die hübsche Assistentin, wenn Folgendes hinzukommt. Die ...

... KANZLEIADRESSE IN BESTER LAGE

Je teurer die Lage, desto teurer die Kanzlei, heißt die Grundformel für Kanzleien. Nur ausnahmsweise sitzen junge Kanzleien in den schönsten Villen der Stadt. Dann kann das an den guten Verbindungen der Anwälte liegen. Sprich, ein alter Herr hat seinen Füxen einfach die Büroräume günstig überlassen. Oder an ihrer Nähe zu Notaren, die aufgrund ihrer Nähe zu Immobilien wiederum schöne Immobilien bewohnen.

Internationale Großkanzleien oder Boutiquen streben dagegen räumlich hoch hinaus. Für sie muss der Blick von der Lounge, wo der Kaffeevollautomat leise summend den Latte macchiato ausspuckt, durch die Glasfront auf die tief unten wuselnde Fußgängerzone fallen.

Apropos Fußgängerzone: Zu viel Nähe zum gemeinen Volk kann sich rächen, etwa bei einer Kanzlei, in deren Büroturm unten ein Imbiss mit Schädlingsproblem aufgemacht hatte. Fast hätte der Anwalt den Latte macchiato über seine Seidenkrawatte geschüttet, als er gebannt auf die Wandvertäfelung starrte, denn quer über den Designerteppich flitzte wieselflink eine – Kakerlake.

Gott sei Dank, dachte der Anwalt, und wischte sich den Kaffee vom Jackett, ist mein Mandant noch nicht da, und er beschloss, den Imbiss noch am selben Tag dem Erdboden gleichzumachen, bevor er sich wieder auf geistige Höhenflüge begab, quasi up in the air, womit sich auch das nächste Statussymbol beschäftigt, die ...

»Up in the Air« heißt das Motto für die Vielflieger unter den vielbeschäftigten Anwälten. Selbst wenn sie nicht ganz so viele Meilen wie George Clooney in dem Film *Up in the Air* zusammenbekommen, können einige dennoch über die Senator Card nachdenken.

Und was tat daher jüngst ein Partner, der sich ärgerte, dass er die nötigen Meilen nicht zusammenbekam? Er meldete einen Wohnsitz in Polen an, weil da die Senator Card schon ab weniger Meilen zugeteilt wurde.

Wir hingegen kommen zurück auf den Boden und sehen uns das nächste Statussymbol an, auch bekannt als ...

... SCHICKER TITEL

Mit welchem Namen du kommst gegangen, so wirst du empfangen. Wer nur Thilo Müller heißt, muss mindestens einen Doktortitel haben, um in Anwaltskreisen was herzumachen, oder einen Adelstitel oder einen LL.M. Weil wir darüber in Grund 102 noch sprechen, kommen wir hier unmittelbar zum nächsten Statussymbol, das sind ...

... GUTE EXAMENSNOTEN

Alle guten Kanzleien werben damit, dass sie nur Prädikatsexamen einstellen. Das ist ein Statussymbol. Leider eines, das unsichtbar wird, sobald der betreffende Associate (Junganwalt oder Junganwältin) in der Kanzlei angestellt ist. Denn so sehr Anwälte mit allem anderen werben, ihren Aufsätzen, Vorträgen etc. Niemand schreibt hin: Rechtsanwältin Verena Muster LL.M. Harvard, Examensnote: 9,3 (erstes Examen) und 10,3 (zweites Examen). Allerdings deutet ihre Anstellung in einer Großkanzlei darauf hin, dass sie irgendwann gute Noten hatten, sonst wären sie nicht imstande und könnten sich all die anderen Statussymbole leisten, die wir hier nur noch am Rande aufführen, unter …

… SONSTIGES

Dazu gehören die Golf- oder Skiausrüstung, die Rolex am Handgelenk und natürlich die Kleidung. Aber die ist ein eigenes Thema und erhält deshalb einen eigenen Grund.

§ 5. GRUND §

Weil sie so aussehen, wie sie reden

Wegen des Buchtitels, in dem das Wörtchen »hassen« vorkommt, könnten Sie den Eindruck bekommen haben, Anwälte wären nicht nett. Nichts könnte weniger wahr sein. Anwälte sind zuvorkommend, nett, höflich, können mit Messer und Gabel essen, manche wissen sogar, wie man ein Hummerbesteck hält. Und außer im Gerichtssaal, bei Verhandlungen oder an der Bar werden sie nie ausfällig. Und manche sehen sogar richtig gut aus. Die Scherzfrage »Hat dir schon mal jemand gesagt, wie sexy du bist? Wird auch niemand tun!« verfängt bei ihnen nicht. Zumindest ziehen sie sich immer gut an. Zumindest besser als Richter. Die spüren einfach nicht so viel Druck und tragen, wenn sie auf Publikum treffen, ja ohnehin immer eine Robe. Zahnpastaspritzer auf der Krawatte sieht man da nicht, außer ganz oben, wo sie aus der Robe rausschaut – und auch nur bei rosa Zahnpasta.

Anwälte und Anwältinnen treffen dagegen meistens ohne Robe auf ihre Mandanten, die ziehen sie erst im Gerichtssaal an.[17] Das ist eigentlich schade, denn so eine Robe macht schon was her.[18] Vor allem, was dicke Mandate angeht, ist das Outfit ein Honorarargument. Erfahrungsgemäß bezahlt der Mandant eine Rechnung über 100.000 Euro bereitwilliger, wenn der Anwalt Budapester Schuhe trug beziehungsweise die Beraterin ein Tuch von Hermès.

Das Prinzip dahinter ist die Mimikry. Das ist die optische Angleichung an den Feind, die Insekten oder andere Tiere betreiben. Ungiftige Schlangen ahmen die Muster ihrer giftigeren Artgenossen nach, in der Hoffnung, für einen von ihnen gehalten zu werden. Wirtschaftsanwälte versuchen daher immer, so auszusehen, als seien sie reich und erfolgreich. Der normale Anwalt kündigt lieber das Abo bei C.H. Beck als die Leasingraten für den neuen Porsche.

Man kann über Wirtschaftsanwälte so viel lästern, wie man will, aber in einem Punkt muss man sie wirklich loben: Sie tragen nie, aber auch wirklich nie Sandalen mit Tennissocken. Das liegt daran, dass schon junge Anwälte sorgfältig darin unterwiesen werden, was sie anzuziehen haben. Tipps wie etwa im Inside-Dossier *Karriere in der Großkanzlei* gibt es für keine Lehramtsanwärter oder Junginformatiker.

»Zwei Dinge sind es, die ein Businessoutfit seriös erscheinen lassen: starke Hell-Dunkel-Kontraste und dezente Farben beziehungsweise Muster.« – »In konservativ geprägten Büros bestehen zudem möglicherweise Vorbehalte gegenüber braunen, beigen oder sehr sportlichen Anzügen.«[19]

Für Hemden gilt: je heller, desto besser. Den Kragen trägt man am liebsten Button-Down, also mit Knöpfchen. Beim Polosport (das mit dem Pferd, was auch Prinz Charles spielt) verhindern die Knöpfchen, dass der Kragen beim Reiten hochschlägt. Die Queen würde sonst die Augenbrauen hochziehen. Im normalen Anwaltsalltag ist es vermutlich auch zu irgendetwas nütze. Ich habe leider nicht herausgefunden zu was.

Und Schuhe und Strümpfe? Sind ebenfalls Pflicht. Bitte gediegen und no brown after six. Und Frauen? Gibt es auch in Anwaltsbüros.

Ihnen »ist grundsätzlich mehr modische Extravaganz gestattet als Männern«, weiß der *Insider Report*. Heißt: Kostüme dunkel, Rock knielang, nicht aufreizend (außer man respektive frau ist Sekretärin).

Und wann lassen die Anwälte kleidermäßig mal so richtig die Sau raus? Vielleicht am Casual Friday, dem lockeren Freitag, den sich seit einigen Jahren die meisten Großkanzleien verordnet haben? Da lassen sie höchstens die Krawatte weg. Wer da mit Flipflops anschlappt, lässt die Karriere floppen.

Ich war daher bass erstaunt, als ich die Website einer ganz internationalen und ganz große Fische beratenden Transaktionskanzlei entdeckte, die bei ihren jungen Anwälten damit warb, dass sie Jeans tragen dürften. Ich habe sofort nachgesehen, ob Larry Fink etwa Jeans trägt,[20] aber Fehlanzeige. Er verwaltet in Anzug, Hemd und Manschettenknöpfen. Meine Prognose: Der Anzug bleibt den Anwälten erhalten. Er sitzt und kaschiert kleine Pölsterchen, später, wenn der Hintern ein bisschen platt gesessen ist.

§ 6. GRUND §

Weil alleine ihre Briefköpfe schon zwei Drittel der Seite bedecken

Wo wir gerade bei den positiven Seiten des Anwaltsberufes sind. Wer vom Anwalt einen Brief bekommt, bekommt für sein Geld meistens ziemlich viel Brief. Bei den seriösen Kanzleien meist mit ziemlich viel Buchstaben, was daran liegt, dass sie Rechtsfragen immer fundiert prüfen (mehr dazu im 11. Grund), und bei denen, die nur so tun, als ob sie fundiert prüfen, daran, dass sie so viele Zeichen brauchen, um so zu tun als ob.

Doch selbst wenn in einem Brief vom Anwalt nichts weiter mitgeteilt wird, als dass bestimmte »Unterlagen zur Akte genommen«

wurden, ist der Brief mindestens zwei DIN-A4-Seiten lang. Das liegt am Briefkopf, der alleine schon drei Viertel der Seite einnimmt. Briefköpfe von Kanzleien entsprechen mit ihren Inschriften den Grabsteinen. »Grabsteine haben in der abendländischen Bestattungsgeschichte eine lange Tradition, waren nicht selten ein teures Privileg der sozialen Oberschicht […] und prägen im Zusammenspiel aller Einzelgrabmale das Erscheinungsbild unserer Friedhöfe«, erläutert die Arbeitsgemeinschaft Friedhof und Denkmal auf ihrer Homepage www.grabmal-portal.de.

Genau so ist es mit den Briefköpfen. Im Briefkopf sind alle Köpfe der Kanzlei inklusive der oft schon toten Kanzleigründer eingemeißelt. Die anwaltliche Berufsordnung verlangt, sämtliche Anwälte mitsamt Fachanwaltstitel im Briefkopf zu nennen.[21] Bei großen Kanzleien mit 200 Anwälten und mehr dürfte der eigentliche Brief daher erst auf Seite 15 beginnen. Doch so viele Inschriften im Grabstein sind dann selbst den Großen zu imposant. Sie nennen deshalb ihre Anwälte nur auf der Rückseite der Briefbögen.

Mehr zu den anwaltlichen Briefen und der Kriegstaktik erfahren Sie im übernächsten Kapitel. Hier geht es weiter mit dem Denken der Anwälte.

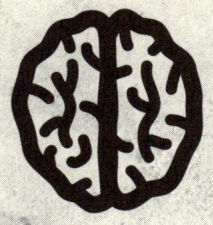

ANWÄLTE UND IHR DENKEN

§§

»DER ROTE FADEN IST ALLER KNÄUEL ANFANG.«
Sprichwort

Weil sie in die Zukunft blicken können

Anwälte können, was keine Glaskugel kann: in die Zukunft blicken. Sie wissen, was die naiveren Normalsterblichen gern verdrängen: dass sie böse ist. Und dass von allen möglichen Ausgängen immer der Worst-Case eintritt.[22] Schüttet ein Mitarbeiter Bohnerwachs aufs Parkett, weil er seinen Konkurrenten kurzfristig aus dem Feld ziehen will, wird der Kerl nicht nur ausrutschen, sondern sich den Kopf anschlagen, ins Koma fallen und anschließend mit Querschnittslähmung wieder erwachen. Noch bevor der Mitarbeiter das Fläschchen aufschraubt, sieht der Jurist das alles vor sich. Nur leider fragt ihn keiner.

Wie das rote Blinklicht an einer Bahnschranke blinken in seinem Kopf die Rechtsfolgen auf: Strafanzeige wegen gefährlicher Körperverletzung, Ansprüche auf Schmerzensgeld, Schadensersatz, Rehabilitationskosten, lebenslange Rente und so weiter. Juristen sind darauf getrimmt, Katastrophen vorherzusehen. Das macht sie für die Herrschenden unentbehrlich und den normalen Leuten unheimlich.

Nur Kleingeister empfinden Anwälte deshalb als Reichsbedenkenträger. Dabei wäre Mitleid angebracht. Wer immer nur den Worst Case vor Augen hat, verwendet irgendwann selbst beim Fernsehsessel Anschnallgurte (siehe 21. Grund).

Weil sie extraterrestrisch schlau sind

Sind Anwälte und Anwältinnen besonders intelligent? Braucht man einen bestimmten Intelligenzquotienten (IQ), um gut in Jura zu sein? Sehr fraglich. Von Ludwig Thoma, Jurist und Dichter, stammt der Satz: »Er war ein guter Jurist und auch sonst von mäßigem Verstande.«[23]

Ein sehr schlauer Jurist warnt sogar davor, die Rolle von Intelligenz oder Begabung für den Erfolg im Jurastudium zu überschätzen. Erfolg im Jurastudium sei vorwiegend eine Frage von Strebertum, behauptet der höchst renommierte und respektable Berliner Juraprofessor Uwe Wesel. »Mit Begabung hat dieses Studium sowieso weniger zu tun. Eher zählen Anpassungsfähigkeit, Kritiklosigkeit, Hartnäckigkeit«[24], schreibt Wesel. Und vielleicht auch die Fähigkeit, die richtigen Lehrbücher zu hamstern oder den Professor zu umgarnen (siehe 35. Grund).

Das passt zu dem Bild, das Hirnforscher zeichnen. »Beruflicher Erfolg«, so etwa Gerhard Roth, »hängt nur zu einem Drittel von der Intelligenz ab.« Der größere Rest sei bereits mit Motivation und Fleiß zu erreichen – fehlt dies, so scheitere auch mancher intelligente Zeitgenosse.[25]

Legt man diese Aussagen zugrunde, bedeutet das: Nur die angepassten Streber bekommen die guten Noten und erwerben damit die Eintrittskarten in die besser bezahlten juristischen Berufe in Gerichten, Verwaltungen und (Groß)Kanzleien. Und die anderen? Die werden mit »Ausreichend« benotet und landen im sogenannten Anwaltsprekariat (siehe 39. Grund).

Oder gehört doch Intelligenz dazu? Manche gehen die Sache umgekehrt an. Übt jemand einen bestimmten Beruf aus, gehen sie davon aus, dass die Person schlau genug ist dafür. Es gibt sogar Tabellen, welcher IQ für bestimmte Berufe nötig ist. Für Handwerker reicht 70, für Verkäufer 90, für Juristen und Anwälte 125. Die Intelligenzforscherin und Professorin Linda S. Gottfredson verwendet eine solche Tabelle in einem Aufsatz in *Spektrum der Wissenschaft*.[26]

Wenn erfolgreiche Anwälte wirklich bei einem IQ von 125 starten, wäre das verdammt viel. 125 liegt nur 5 Punkte unter der

Schwelle zur Hochbegabung, die bei 130 beginnt. Hochbegabt ist, wessen Intelligenzquotient höher liegt als bei 98 Prozent der Bevölkerung.[27] Eine Tatsache, die Leben für Hochbegabte manchmal etwas schwierig macht, schließlich können sie nur mit zwei Prozent der Bevölkerung auf Augenhöhe sprechen.

Linda S. Gottfredson sagt, Intelligenz erlaube es, den schulischen, sozialen und beruflichen Erfolg vorherzusagen. Daraus lässt sich folgern, dass erfolgreiche Anwälte intelligent sind, zumindest soweit man Intelligenz auf die in gängigen Tests messbare Intelligenz beschränkt oder von guten Schulnoten auf Intelligenz rückschließt. Nach Meinung des Rechtswissenschaftlers Claus Roxin, Strafrechtsprofessor, Lehrbuchautor und Träger von mindestens 30 Ehrendoktorwürden, kann jemand mit einer Abiturnote von 1 bis 1,5 im Examen auf 10 oder mehr Punkte hoffen.[28]

Aber lässt sich daraus schließen, dass nicht so erfolgreiche Anwälte dumm sind? Ich fürchte, nein. Ihnen fehlen vielleicht einige andere Eigenschaften zum Erfolg. Nach Claus Roxins Ansicht brauchen gute Juristen/Juristinnen unbedingt:

- Ein gutes Gedächtnis.
- Eine überdurchschnittliche schriftliche und mündliche Ausdrucksfähigkeit, weil es bei Juristen »auf die allein durch Sprache vermittelte argumentative Genauigkeit und Schlüssigkeit« ankomme.
- Interesse an sozialen Konflikten und Problemen, der Beseitigung sozialer Störungen und dem Ausgleich verschiedenartiger Interessen.
- Die Fähigkeit, mit juristischen Denkmethoden und unter assoziativer Verknüpfung zahlreicher Informationsdetails eine Lösung für die genannten Konflikte und Probleme zu finden.

Für nicht so notwendig hält Roxin die mathematische und die praktische Intelligenz. Falls Sie Eltern sind, machen Sie sich keine Sorgen. Roxin sagt: Auch wenn Ihr Kind keinen Nagel in die Wand schlagen kann, steckt in ihm womöglich großes juristisches Talent.

Weil sie ignorieren, dass Normalmenschen
nicht so abstrakt denken wie sie

Abstrakte Kunst kennen Sie. Das sind Bilder ohne Menschen, Bäume oder Hirsche drauf. Abstraktes Denken kennen Sie vielleicht noch nicht, aber das geht so ähnlich. Es denkt, aber ohne Menschen, Bäume oder Hirsche. Juristen üben das vom ersten Tag ihres Jurastudiums an. Das wirkt von außen ein bisschen merkwürdig, aber es ermöglicht ihnen, abstrakte Konstrukte zu erdenken. Und noch besser: Es befähigt sie, selbst so konkret blutige Angelegenheiten wie einen Mord in ein unpersönliches Gesetz zu pressen.

Schauen wir uns also das Verbrechen *Mord* an. Täglich bringen Menschen einander um die Ecke. Sie stoßen sich vor den Zug, rammen sich ein Messer zwischen die Rippen oder sprengen sich mit drei Pfund Nitroglyzerin in die Luft. Geht mal schneller, mal weniger schnell, mal bleibt die Leiche am Stück, mal fliegt sie 30 Meter weit.

Müsste man all diese Methoden detailliert in einem Strafgesetzbuch schildern, würde das in kein Bücherregal mehr passen. Das ist der Grund, warum Juristen abstrahieren und verallgemeinern. Mord heißt verallgemeinert: Am Ende gibts immer eine Leiche. Der Mordtatbestand lautet daher: »Mörder ist, wer (unter Erfüllung bestimmter Mordmerkmale, die wir hier nicht weiter erörtern[29]) einen Menschen tötet.«

So weit, so nachvollziehbar. Schwierig wird es im Einzelfall. Vielleicht ist a) das Nitroglyzerin nur aus Versehen explodiert? Vielleicht war b) der Täter psychisch krank und hat seinem Opfer nur deshalb den Kopf abgehackt, weil er Stimmen hörte, die ihm das befahlen? Vielleicht war c) der Täter Soldat und hat sein Opfer mit Sprengstoff in die Luft gejagt, weil sein Vorgesetzter gesagt hat: »Los, du Sau!«

Das versuchen die Juristinnen und Juristen in den Griff zu bekommen, indem sie versuchen, die unterschiedlichen Fälle jeweils bestimmten Kategorien zuzuordnen. Rechtsanwendung nennt man das.[30]

Fall a) Betriebsunfall, keinerlei Tötungsvorsatz.

Fall b) Mordvorsatz, aber schuldunfähig.

Fall c) Vorsätzliche Tötung mit gemeingefährlichen Mitteln, jedoch im Rahmen eines Verteidigungskrieges durch Notwehr gerechtfertigt.[31]

Mit dieser Methode, das echte Leben in abstrakte Kategorien einzusortieren, arbeiten sie dauernd. Zack, Schublade auf, Etikett »nicht schuldfähig« oder »gerechtfertigt« drauf, Täter rein, zack, Schublade zu. Wenn Sie dieses Prinzip verstanden haben, haben Sie einen großen Schritt getan, um das anwaltliche Denken zu verstehen. All das leidige Juristendeutsch, mit dem wir uns noch befassen, hilft, das wirkliche Leben in abstrakte Kategorien zu packen.

Übrigens: Wer die Kunst beherrscht, abstrakte Kategorien oder Definitionen zu finden oder sie bei Bedarf abzuändern, kann sich aus mancher Klemme winden. Den Beleg dafür lieferte kürzlich das renommierte Onlineportal *Postillon*. Es berichtete, dass das amerikanische Magazin *Esquire* die neue Sexiest Woman Alive gekürt hatte. Auf Deutsch etwa: Die sexuell begehrenswerteste noch lebende Frau.[32] Laut *Esquire* kam es zu Protesten, weil zahlreiche Frauen aus aller Welt behaupten, nie für den Titel begutachtet worden zu sein. »Wir haben willkürlich Frauen auf der ganzen Welt angerufen und gefragt, ob sie vom *Esquire*-Magazin auf ihre Sexyness überprüft wurden«, erklärte der Medienforscher Günter Esslinger dem *Postillon*. »Nicht eine einzige konnte dies bestätigen. Das riecht nach Betrug.«

Was tat das Magazin *Esquire*? Es rief seine Anwälte an und die änderten unverzüglich den Titel. Statt »Sexuell begehrenswerteste noch lebende Frau« lautete der Titel ab sofort: »Wahrscheinlich eine der sexuell begehrenswertesten noch lebenden Frauen aus einem eher kleinen Pool hauptsächlich amerikanischer oder englisch sprechender Schauspielerinnen, Models und Sängerinnen«.

Alles eine Frage der Definition. Der Nachteil: Das ganze Abstrahieren und Denken in Definitionen und Kategorien geht Juristen und Juristinnen dermaßen in Fleisch und Blut über, dass sie es nicht mehr abstellen können und völlig vergessen, dass normale Menschen dieses nicht so gut draufhaben wie sie. Ein Grund, Anwälte … Sie wissen schon.

§ 10. GRUND §

Weil ihr Hirn nur Gutachtenstil kann

Wenn so ein Anwalt den Auftrag bekommt, einen psychisch kranken Mörder zu verteidigen, beginnt er also mit der Frage: Kann ich den Kerl (Mörder sind statistisch meistens männlich) da raushauen? Kann man ihm die Tat überhaupt nachweisen? Wenn ja, gibt es Rechtfertigungsgründe oder Schuldausschließungsgründe, die dazu führen, dass er nicht bestraft werden darf? Wenn nein, gibt es mildernde Umstände? All das zu prüfen, braucht seine Zeit. Deshalb antworten Anwälte immer erst mal mit »das kommt darauf an« (siehe 11. Grund).

Mit dieser Antwort hat das Anwaltshirn Zeit gewonnen. Zeit, um wie ein Hochleistungsrechner sämtliche Worst-Case-Szenarien durchzurattern. Es summt und brummt im Hirn, dass man das Zischen hören könnte, wäre nicht der Schädel drumherum. Die Frage, die es prüft, lautet beim Mord: Könnte mein Mandant wegen Mordes bestraft werden? Es wirft also eine mit Ja oder Nein zu beantwortende Frage auf und prüft dann wie ein TÜV-Gutachter durch, ob alle Voraussetzungen dafür vorliegen, ob sein Mandant der Täter ist, ob zu seinen Gunsten Rechtfertigungs- oder Schuldausschließungsgründe eingreifen, welche das jeweils sein könnten, ob deren Voraussetzungen vorliegen und so weiter. Das kann schon mal ein bisschen dauern. Manche Anwälte verheddern sich dabei. Manche tun nur so, als würden sie die Sache durchdenken. In Wirklichkeit denken sie an Sex. In jedem Fall rücken sie das Ergebnis erst ganz am Ende raus.

Als Anwalts-User sollten Sie das wissen. Wenn Sie Ihren Anwalt oder Ihre Anwältin um einen Ratschlag bitten, so antwortet er oder sie nicht einfach »ja« oder »nein«, sondern sagt erst: »Kommt darauf an.« Dann prüft er oder sie das Ganze und schickt Ihnen ein zehnseitiges Schreiben. Auf Seite 10, ganz unten, steht dann der Satz: »Unter den vorgenannten Voraussetzungen kommen wir zu dem Ergebnis »ja«. Das nennt man dann Gutachtenstil.

Das ist bei allem so. Angenommen, Sie fragen: »Soll ich den Sack jetzt verklagen oder nicht?« Oder: »Kann ich das Haus auf diesem Grundstück jetzt bauen?«, fängt es im Anwaltshirn an zu rattern, und am Ende bekommen Sie ein Schreiben, in dem ganz am Ende das Ergebnis steht.[33] Wenn Sie damit klarkommen, wunderbar. Wenn nicht, bitten Sie ihn oder sie, das Ergebnis nach vorn zu ziehen. Das nennt man dann Urteilsstil. Da steht das Ergebnis vorn und wird danach begründet. Normalerweise machen das nur die Richter, aber gelernt haben es die Anwälte früher auch mal.

§ 11. GRUND §

Weil sie immer »es kommt darauf an« sagen

Naive Mandanten erwarten von ihren Anwälten klare Aussagen. Kluge Mandanten wissen, dass Anwälte jede Frage mit »es kommt darauf an« beantworten. Das liegt am zuvor beschriebenen Gutachtenstil. Manchmal ist das aber nur ein billiger Trick aus der anwaltlichen Trickkiste, weil Anwälte ganz genau wissen, was ihren Mandanten erwartet und welche Möglichkeiten er hat. Fast immer

gibt es mehr als eine Möglichkeit. Dass Dinge *alternativlos* seien, behauptet nur Angela Merkel.[34] Und Anwälte wissen oder können sich zumindest vorstellen, welche Konsequenzen die jeweilige Handlung hat.

Oft haben die guten Anwälte aber einfach Schiss. Sie wollen vermeiden, von ihrem Mandanten wegen einer eindeutigen, aber falschen Aussage zur Verantwortung gezogen zu werden. Deshalb formulieren manche Handlungsempfehlungen absichtlich verschwurbelt. Dann können sie nachher immer noch sagen: So habe ich das aber nicht gemeint.

ANWÄLTE UND IHRE SPRACHE

§§

»ES GIBT WORTE, DIE EINEM MACHT VERLEIHEN, UND ANDERE, DIE EINEN IMMER NOCH HILFLOSER MACHEN, UND VON DIESER ART SIND DIE WORTE DER EINFACHEN LEUTE, DENEN'S DER HERR NICHT GEGEBEN HAT, SICH IN DER UNIVERSALEN SPRACHE DES WISSENS UND DER MACHT AUSZUDRÜCKEN.«

Umberto Eco, »Der Name der Rose« [35]

Weil ein Baum für sie kein Baum
und Deutsch nicht Deutsch ist

Fangen wir mit einem leichten Beispiel an: *dem Baum*. Für normale Menschen ist ein Baum ein Baum. Für Gärtner ist ein Baum entweder ein Forstgehölz oder ein Parkgehölz, für Botaniker ist ein Baum entweder ein Quercus pedunculata (Deutsche Eiche) oder ein Acer platonoides (Spitzahorn), und für Anwälte ist ein Baum ein Gegenstand, der sich im Eigentum eines Grundstückseigentümers befindet, der dafür verantwortlich ist, seine Verkehrssicherungspflicht nicht zu verletzen, sprich: das feuchte Laub wegzufegen und morsche Äste zu entfernen, bevor sie Passanten auf den Kopf fallen.

So weit, so einleuchtend, jeder Beruf hat seine Fachsprache, und Juristen definieren nun mal alles, was nicht bei drei auf den Bäumen ist, denn sie müssen ja prüfen, ob ihr jeweiliger Fall unter diese Definition passt oder nicht.

Manchmal ist das Definieren ein bisschen manisch. Man könnte sagen: Menschen handeln, Juristen definieren. Nehmen wir das Navigationsgerät. Das ist so ein Ding im Auto, wo eine Frauenstimme sagt: »nach hundert Metern rechts abbiegen«, und Sie mit etwas Glück pünktlich am Ziel ankommen.

Das wäre für Juristen viel zu einfach. Für sie ist ein Navi ein Fahrzeugleitsystem, das Richtungsanweisungen erteilt, wodurch es einem Fahrzeugführer ermöglicht werden soll, sein Fahrzeug zu einem gewünschten Bestimmungsort zu steuern, auch wenn er die Fahrstrecke noch nicht kennt. Es enthält eine mechanische Streckenfortschrittsanzeigevorrichtung, bei der ständig eine Position entlang einer vorherbestimmten Strecke angezeigt wird und Anweisungen erteilt werden, welches Verhalten bei Erreichen einer bestimmten Position erforderlich sei. Dazu wird bei der Streckenfortschrittsanzeigevorrichtung mit einem am Armaturenbrett zu befestigenden Gehäuse über ein Vorschubrad auf einer Führungsbahn ein Bahnmaterial bewegt. Zugleich werden Angaben über die Position entlang der Fahrstrecke angezeigt, während bestimmte Kalibrierungen Anweisungen erteilten, wie weiter zu fahren sei ... [36]

Der Unterschied zwischen Ihnen und dem Juristen ist der: Sie kommen dank Ihres Navis irgendwann am Ziel an. Der Jurist kommt im Begriffshimmel an (siehe Grund 110), aber dafür mit einer schönen Definition. Damit alleine kann man leben, nur das Heimtückische am Juristendeutsch ist: Es klingt wie Deutsch, meint aber was völlig anderes. Das ist eine böse Falle.

Nehmen wir das Wort *grundsätzlich*. Sie, in Ihrer unjuristischen Naivität, gehen davon aus, dass es so viel heißt wie *immer* oder *echt in jedem Fall*. Für Hinz und Kunz ist eine grundsätzlich nette Person ein von Herzen netter Mensch. Für Anwälte ist eine grundsätzlich nette Person jemand, der genau so lange nett ist, wie es ihm nützt, und der einem hinterfotzig in die Parade fährt, wenn ihm eine Laus über die Leber gelaufen ist.

Ein anderes dieser doppeldeutigen deutschen Wörter ist *unverzüglich*. Benutzen Juristen gern in ihrer Schriftsprache. Kann man auf Neudeutsch locker mit *asap* übersetzen, also mit *as soon as possible* oder mit *zeitnah*. Juristen übersetzen es mit *ohne schuldhaftes Zögern*, was letztlich genauso wenig weiterhilft, denn Gerichte haben schon entschieden, dass unter bestimmten Voraussetzungen auch eine Reaktion nach drei Jahren noch unverzüglich sein kann.

§ 13. GRUND §

Weil sie Wörter wie »Nichtzulassungsbeschwerdezurückweisungsbeschluss« verwenden

Das Wort ist der Mantel, in dem der *Sinn* schweigend auf seine Entkleidung wartet. Wie es sich für *Voll*juristen gehört, benutzen sie bevorzugt sinn*volle* Wörter. Naturgemäß sind diese besonders lang. Damit grenzen sie sich hervorragend vom einfachen Volk ab, das bevorzugt kurze Wörter liest wie »du«, »ich«, »Sex« oder »Tod«.

So was kommt Anwälten nicht in den Text. Statt »du« sagen sie in der dritten Person »der Mandant« oder noch lieber »die Mandantschaft«, statt »ich« sagen sie »diesseits« oder »unsererseits«, statt vom »Sex« reden sie vom »Geschlechtsverkehr« oder, wenn es BGH-Richter sind, von »ehelichen Pflichten«. Verben plustern sie zu Substantiven auf, indem sie ein »ung« oder ein »heit« oder ein »prinzip« daran hängen. Das erzeugt so schöne Wörter wie »Abwägungsdisproportionalität« oder »Güterabwägungsprinzip« oder »Grunddienstbarkeitsbestellung«.

Und wenn sie richtig Eindruck schinden wollen, setzen sie mehrere solcher Wörter zusammen. Mal angenommen, ein Anwalt hat sich beschwert, weil die blöden Richter seine Revision nicht zugelassen haben. Daraufhin könnten die Richter beschließen, sich sein Gemecker jetzt erst recht den Buckel runterrutschen zu lassen. Auf Juristisch heißt das: Sie reagieren auf seine Nichtzulassungsbeschwerde mit einem zurückweisenden Beschluss. Und was ist das Ergebnis? Ein stolzes 48 Buchstaben langes Wort: der Nichtzulassungsbeschwerdezurückweisungsbeschluss,[37] was eindeutig die Frage klärt: Wer hat den Längsten?

§ 14. GRUND §

Weil man ihre Sätze dreimal um den Block wickeln kann

Wer lange Wörter kann, kann erst recht lange Sätze. Deshalb (bitte tief Luft holen) vervollkommnen Anwälte im Laufe ihres Berufslebens die Fähigkeit, Dinge, von ihnen manchmal Sachverhalt genannt, in einer für Nichtanwälte schier unerträglichen Weise, nämlich mit viel zu vielen Wörtern, viel zu langen und komplizierten Sätzen, auch Schachtelsatzmonster genannt, und langen Wörtern wie zum Beispiel »das Strafzumessungsermessen« auszudrücken, und auf diese Weise dafür zu sorgen, dass ihnen am Endes des Satzes (von der Atemluft ganz zu schweigen) jegliche Erinnerung daran abhandenkommt, was sie eigentlich sagen wollen, was ein Außenstehender als maßlose berufliche und menschliche Arroganz wie auch als Zeichen kompletter sprachlicher Inkompetenz interpretieren kann.

Alles klar bei Ihnen? Denn das war nur der Anfang. Gerichte können noch viel länger, zum Beispiel das Bundespatentgericht:[38] *Anders als für die Bejahung der Ausführbarkeit einer Erfindung genügt es für die Zulässigkeit einer Beschränkung auf eine bestimmte Ausführungsform nicht, daß der Fachmann erst dann zu dieser die Ausführung der Erfindung gestattenden Ausgestaltung kommt, wenn er sich nähere und weiterführende Gedanken über die Ausführbarkeit macht und dabei durch die Beschreibung nicht vermittelte Informationen mit seinem Fachkönnen aus seinem Fachwissen ergänzt, auch wenn dies erfinderische Überlegungen nicht erfordert.*

Anwälte finden solche Sätze normal. Andere finden, solche Sätze grenzen in ihrer grenzenlosen Unverständlichkeit an Körperverletzung. Dabei steht im Gesetz[39] folgender einfache Satz: »Die Gerichtssprache ist Deutsch.« Deutsch, nicht Juristendeutsch. Irgendwas haben die Juristen da missverstanden. Gilt übrigens auch für die Sprache der Verwaltung. (Für Genießer eine Textprobe in den Anmerkungen.[40])

Weil ihre Sätze stärker verschachtelt sind als russische Matroschkas

Lange Sätze kann mit ein bisschen Übung jeder, doch Anwaltssätze sind obendrein verschachtelt. In ihnen stecken die Informationen drin wie in den russischen Matroschkas. Vielleicht kennen Sie diese Souvenirs aus Moskau: Eine Puppe steckt in der Puppe in der Puppe und so weiter. Gleiches Prinzip gilt für die Anwaltssätze. Erfunden haben es nicht die Anwälte. Sie benutzen es nur, damit niemand außer ihnen kapiert, was sie meinen.

Wenn Sie sich nicht so für Sprache interessieren wie ich, können Sie gleich zum nächsten Grund springen. Ansonsten erzähle ich Ihnen jetzt, warum die lateinische Sprache mit daran schuld ist, dass Sie Ihren Anwalt nicht verstehen.

Latein, das ist die Sprache von Cäsar und den anderen spinnenden Römern, die vor rund 2.000 Jahren die halbe Welt eroberten, und früher war Latein die Sprache der Wissenschaft. Das gesamte Mittelalter hindurch bis in die Neuzeit sprachen und schrieben die Gelehrten lateinisch. Logisch, dass dies ihr Denken prägte.

Ein Merkmal von Latein sind die Partizipien. Das sind zusammengestauchte Verben, quasi zu einem Wort verdichtete Daten. Das Partizip ist gewissermaßen die ZIP-Datei für Informationen. Wer diese Informationen dekomprimieren will, vergrößert ihr Volumen; wer die Partizipien entpackt, verlängert logischerweise den Satz. Das passiert, wenn man lateinische Sätze ins Deutsche übersetzt: All die Informationen, die vorher kompakt in Partizipien steckten, blähen nun als Nebensätze den Satz auf.

Ein Beispiel: »Imperator cohortes adhortatus fundā vulneratus est« lautet wörtlich übersetzt »Der seine Kohorten ermuntert habende Feldherr wurde durch ein Geschoss verletzt.« Auf Deutsch völliger Quatsch, mal abgesehen davon, dass der Inhalt Banane ist. Damit es vernünftig klingt, braucht man Hilfsverben und Nebensätze – was eine Fülle von Variationen erlaubt: »Nachdem der Feldherr seinen Kohorten aufgemuntert hatte, wurde er von einem Geschoss getroffen.« Gemeint könnte auch sein: »Als der alte Knacker seine Soldaten endlich wach gerüttelt hatte, traf ihn seine letzte Kugel.« Oder: »Der Kaiser hatte kaum seine Fußtruppen aufgepeitscht, da traf ihn selbst ein Geschoss.«

Schauen wir uns das Ganze mal mit einem typischen juristischen Satz an – zur Frage *Wie ordentlich muss man mit geliehenen Sachen umgehen?*. Gerichte haben entschieden, man müsse nur die »Diligentia quam in suis (rebus adhibere solet)« aufwenden. Das ist eine lateinische Redewendung, die wörtlich übersetzt komisch klingt: »Sorgfalt wie in eigenen (Dingen angewendet werden soll)«. Erst wenn man noch Hilfsverb und Nebensatz zu Hilfe nimmt, klingt es auf Deutsch vernünftig: »Die Sorgfalt, wie man sie auch in eigenen Angelegenheiten aufbringt ...«

Sie ahnen, worauf das hinausläuft. Das, was Übersetzer machen, wenn sie lateinische Partizipien ins Deutsche übersetzen, machen auch Anwälte. Sie erläutern und begründen und dann packen sie alles möglichst eindrucksvoll in einen Satz. So entstehen Schachtelsätze.[41]

§ 16. GRUND §

Weil sie den Zugang zum Recht mit Stacheldraht verbarrikadieren

Quizfrage in die Runde: Muss man sich an Gesetze halten? Die Antwort ist: Ja, man muss, es sei denn, sie sind verfassungswidrig. Hätten Sie's gewusst? Wenn ja, haben Sie hundert Punkte. Das Schlimme ist nur, es nützt Ihnen nichts.

Viele Leute sind wie Sie, liebe Leserin und lieber Leser, vollkommen willig, die Gesetze zu befolgen. Mal abgesehen von dem bisschen Schwarzfahren oder Steuerhinterziehen. Und den Nachbarn lassen wir auch mal außen vor; da muss es doch, jetzt mal ehrlich, erlaubt sein, die Bäume ab und an mit etwas Schwefelwasser zu gießen. Aber im Großen und Ganzen bekennen sich die Leute zur herrschenden Rechtsordnung.

Das Problem ist ein anderes. Viele Leute kapieren sie nicht, die Rechtsordnung. Die Leute verstehen das Recht genauso wenig wie die Bedienungsanleitung ihres SAT-Receivers. Sie kapieren nicht, was ihnen die Arbeitsagentur mit einem dreiseitigen »Bescheid« mitteilen will. Liegt es daran, dass Empfänger von Sozialhilfe leben, mittlerweile Hartz-IV-Empfänger, arbeitsfaul und römisch dekadent sind, wie einige Politiker das schon mal gern behauptet haben? Etwa der Rechtsanwalt Guido Westerwelle (FDP), besser bekannt als ehemaliger FDP-Vorsitzender und Bundesaußenminister.

Wenn das so wäre, dürften alle anderen keine Probleme mit der Rechtssprache haben, doch die haben das Problem auch. Sie verstehen nicht, was ihnen der Notar sagen will, der ihnen im Akkordtempo den Grundstückskaufvertrag runterrattert. Sie begreifen nicht das Kleingedruckte (falls sie es überhaupt lesen), wenn sie im Internet bei Zalando oder anderswo ein neues Paar Schuhe oder einen Heizlüfter bestellen, der ihnen anschließend beim ersten Gebrauch die Bude abfackelt.

Sie klicken auf »Allgemeine Geschäftsbedingungen akzeptieren« und wissen nicht, dass sie sich damit einen Rechtsstreit einhandeln können, der sie im Extremfall auf die Fidschi-Inseln führt. Aber nicht, um dort Urlaub zu machen, sondern um sich wegen der Brandschäden durch den Heizlüfter zu streiten. Überall tritt den Menschen das Recht entgegen, immer und überall. Ob sie Firmenchefin, selbstständige Handwerker oder Freiberufler sind, Hausmann oder Buddelschifffahrtskapitän.

Aber das Recht ist niemals klar erkennbar, sondern kommt immer in einer Art Tarnumhang daher. Man kann nicht genau erkennen, was die Formulierungen eigentlich bedeuten und wohin sie letztendlich führen. Der Zugang zum Recht ist mit formulierungstechnischem Stacheldraht verbarrikadiert.

Und dann kommen die Anwälte daher und sagen: Hey, du brauchst uns! Denn nur mit uns findest du einen Zugang zum Recht. Du gehörst zwar zum Volk und das Volk hat die Staatsmacht, aber den Zugang zur Macht und zum Recht, den haben wir.[42]

Finden Sie das demokratisch? Ich habe da meine Bedenken. Wenn das Volk via Wahlen über die Gestaltung der Staatsmacht bestimmt, sollte es theoretisch auch den Überblick haben, über was entschieden wird. Uwe Wesel, Rechtsprofessor aus Berlin, bringt das perfekt auf den Punkt. Er schreibt: »Wenn das Volk in Wahlen diejenigen bestimmt, die den Staat bilden, dann geschieht das (…) in erster Linie im Hinblick auf die Gestaltung von Recht. Deshalb müssen sie darüber informiert sein. Und Information wiederum setzt Öffentlichkeit voraus. Öffentlichkeit bedeutet Durchsichtigkeit staatlichen Handelns, Transparenz.«[43]

Ist staatliches Handeln transparent, wenn man nicht versteht, was der Staat sagt oder macht? Wesel findet nein. Er sagt weiter: »Die Durchsichtigkeit fehlt, wenn staatliches Handeln, also Handeln von Parlament, Regierung und Gerichten, in einer Sprache stattfindet, die der normale Bürger, der Wähler, nicht verstehen kann.«[44] Das Gleiche gilt für die Gerichte. Die Richter und Richterinnen sind dazu da, durch Gerichtsentscheidungen für Recht und Ordnung zu sorgen. Das muss öffentlich geschehen.[45] Öffentlich ist aber nicht öffentlich, wenn keiner kapiert, worum es geht. Jaja, die Sachverhalte sind so komplex, das geht nicht, heißt es dann immer. Meine Meinung: Es geht schon, die Schreiber müssen sich nur ziemlich anstrengen, um den komplizierten Sachverhalt oder die komplizierte Entscheidung so runterzubrechen, dass Laien sie verstehen können.

Ich bitte hiermit um folgende gesetzliche Regelung: Es wird für jeden langen Rechtstext, jedes Gesetz, jeden Schriftsatz und jedes Verwaltungsschreiben eine einfache Zusammenfassung vorgeschrieben, die das Wesentliche in einfacher Sprache auf den Punkt bringt. Wenn Anwälte ihren Grips und ihre Lobbymacht dazu einsetzen, das auszutüfteln und durchzusetzen, werde ich sie nur noch loben, versprochen!

§ 17. GRUND §

Weil sie alles tun, damit's nicht verständlicher wird

Ich hatte kaum den vorigen Grund runterdiktiert,[*] da fragte mich schon mein Agent[46]: »Und, warum muss das alles so sein? Weil Geld mit der Geheimwissenschaft verdient werden muss oder weil die Sprache ein verteufeltes Zeug ist?« Den Fragen bin ich nachgegangen. Die Antwort lautet: weil Sprache Macht bedeutet. Oder anders gesagt: Sprache ist ein Schutzwall, hinter dem sich die Mächtigen verstecken.

Natürlich können sich auch die Angehörigen der bildungsfernen Schichten hinter ihrem Slang verstecken (»Isch mach disch Krankenhaus«). Nur, juckt das keinen, weil zu denen eh keiner gehören möchte. Zu denen, die das Sagen haben, dagegen schon, doch die grenzen sich ab.

Schon im Mittelalter, als der Adel und die Kirche aus ihren Burg- und Klostermauern heraus die Welt regierten und Frauen als Hexen verbrannten, war das so. Kennen Sie den berühmten Film

---

[*] *Das ist eine Lüge. Ich habe den Satz direkt in meinen Computer getippt – im Gegensatz zu immer noch sehr vielen Anwälten, die druckreif mehrseitige Schriftsätze diktieren, aber es klingt halt so gut.*

Der Name der Rose mit Sean Connery? In Umberto Ecos zugrunde liegendem Roman gibt es eine Stelle, wo die Inquisitoren der katholischen Kirche ein junges Mädchen aufgreifen. Sie hat das Pech, als Entlohnung für Prostitution ein schwarzes Hühnchen erhalten zu haben. Für die anwesenden Geistlichen ist klar, dass sie eine Hexe erwischt haben, die sie jetzt genüsslich foltern können. Das Mädchen versucht verzweifelt zu erklären, wie es zu dem Hühnchen gekommen ist, doch »soviel sie auch schreien mochte, sie war wie stumm«, lässt Umberto Eco, der Autor des Buches, den jungen Mönch, Adlatus von Melk, sagen. »Es gibt Worte, die einem Macht verleihen, und andere, die einen immer noch hilfloser machen, und von dieser Art sind die Worte der einfachen Leute, denen's der Herr nicht gegeben hat, sich in der universalen Sprache des Wissens und der Macht auszudrücken.«[47]

Heute ist es genauso. Wer die Sprache der Macht, und dazu gehört das verklausulierte Deutsch der Juristen, beherrscht, beherrscht die Szene. Und bekommt das meiste Geld. Haben Sie sich schon mal gefragt, warum ein Notar für das Abstempeln einer Unterschrift (Beglaubigen) mehr Geld bekommt als eine Hebamme für eine Beratung einer Schwangeren? Der Notar bekommt 20 Euro plus Mehrwertsteuer, die Hebamme 5,81 Euro.

Weil Notare ein juristisches Staatsexamen haben und deshalb naturgemäß höhere Gebühren verlangen können? Vergessen Sie die Natur. Gebühren beruhen auf keinem Naturgesetz. Gebühren werden von Menschen festgelegt. Und wer, glauben Sie, kann wohl mit wohlgesetzten Worten in den entscheidenden Gremien dafür sorgen, dass höhere Gebühren festgesetzt werden? Die Hebammen oder die Notare?

Was hätten Notare davon, sich simpel auszudrücken? Nichts. Im schlimmsten Fall könnte jemand auf die Idee kommen, das, was sie tun, sei gar nicht so kompliziert, dass es gerechtfertigt wäre, dafür so hohe Gebühren zu nehmen, und das wollen wir alle ja nicht – oder?

Tipp für User: Wann immer Ihnen ein Anwalt oder eine Anwältin über den Weg läuft, der oder die nicht nur ihr Geschäft, sondern auch die Kunst beherrscht, Ihnen die Dinge einfach zu erklären, behandeln sie ihn oder sie gut. Es sind nicht alle so.

§ 18. GRUND §

Weil sie schwache Argumente mit Geschwurbel tarnen

Während gute Anwälte ihr sprachliches Arsenal einsetzen, um bestimmte Ziele zu erreichen, versuchen schlechte Anwälte, mit all ihrem Kauderwelsch oft nur zu übertünchen, dass sie eigentlich nichts zu sagen haben.

Schon Goethe wusste: Je größer das Gelaber, desto schwächer die Argumente. Daran hat sich bis heute nichts geändert. Sie als User merken das sehr leicht am Geschwurbel. Je unverständlicher, desto unklarer die Erfolgsaussichten oder wie Rolf Dobelli, Autor des Buches *Die Kunst des klugen Handelns*, sagt: »Geplapper markiert Nichtwissen.« Oder: »Ist etwas nicht klar ausgedrückt, weiß der Sprecher nicht, wovon er spricht.«[48]

Trotzdem tun Anwälte alles, damit der Gegner das nicht merkt. Anwaltsbriefe werden daher zu wahren Floskelbombern: *»Der Empfänger eines Anwaltsbriefes soll glauben, dass ihm gegenüber ein gut eingespieltes Orchester von Fachanwälten, Gutachtern, Privatdetektiven, Schlägertrupps und Zeugen bereitsteht, während er klein und allein diese letzte großmütige Chance zur gütlichen Einigung – sprich vollständigen Kapitulation – nutzen sollte.«* So weit ein Auszug aus *Stupipedia.de*, dem renommierten zwölfbändigen Kompendium zur gesamten Anwaltswissenschaft, auf Seite 3465 unter § 320, Randziffer 95, 13. Auflage, 2013.

Übrigens gilt: Je verpeilter der Anwalt, desto blumiger die Ausflüchte. Zum Beispiel, wenn sie eine Frist verschwitzt haben (»Alle

Welt redet von Selbstfindung, und nur weil ich mal einen Tag nach mir gesucht habe, wollen Sie mir keine Wiedereinsetzung in den vorigen Stand gewähren!«)

ANWÄLTE UND IHR SENSIBLES EGO

§§§

»DIE HARTEN TYPEN SIND NICHT MEHR IN MODE.
JETZT IST SENSIBEL GEFRAGT«[49]
Mel Gibson, Schauspieler

Weil sie selbst ihr Spiegelbild von oben herab betrachten

Einmal begann der irische Dichter und Priester Jonathan Swift eine Predigt mit folgenden Worten: »Hochmut, liebe Gemeinde, ist eine der verwerflichsten Eigenschaften. Vornehmlich gibt es dreierlei Formen, in denen er uns begegnet: als Hochmut der Geburt, als Hochmut des Reichtums und als Hochmut des Verstandes. Über die dritte Art dieser Sünde brauche ich hier ja wohl nichts zu sagen, denn es dürfte kaum einer unter euch sein, den sie betrifft.«[50]

Jonathan Swift muss in Wahrheit Anwalt gewesen sein. Jedenfalls sprach er wie ein Anwalt, dessen Kennzeichen der Hochmut des Verstandes ist. Darin werden sie höchstens von Richtern übertroffen. Bei Richtern gründet sich der Hochmut vor allem darauf, dass sie vor sich nur das Gesetz und über sich den blauen Himmel wähnen.

Bei den Anwälten ist es ihr Berufsstand, der den Berufsdünkel erzeugt. Frei nach Karl Marx: Das Sein bestimmt das Bewusstsein. Kurt Tucholsky zufolge hat »Der Berufsstolz in Deutschland ... ein Ausmaß angenommen, das nur von der Engstirnigkeit seiner betriebsamen Träger übertroffen wird.«[51] Tucholsky war selbst Jurist und Journalist und schrieb unter dem Pseudonym Ignaz Wrobel als Redakteur für die Zeitschrift *Die Weltbühne*.

Der Berufsstolz äußerte sich nach Tucholskys Ansicht in diversen Marotten, in den Verbandstagungen, in ihrer Art, sich wie ein Staatsgebilde zu organisieren, in ihrer Fachsprache und in ihrem Titelwahnsinn. Tucholsky schrieb nicht ausdrücklich über die Anwälte, aber viele seiner Aussagen aus dem Artikel kann man eins zu eins auf die Kommunikation zwischen Laien und anwältisch sprechenden Rechtsverdrehern übertragen:

Auch darüber, dass sich Angehörige eines bestimmten Standes gern darauf zurückziehen, dass ihr Fachgebiet ja so »komplex« ist, spottet Tucholsky. Das diene eigentlich nur dazu, den Leuten mehr Eindruck zu machen: »Großer Nebel vor dem eigentlichen Tun, unter strengem Ausschluss des ›Laien‹. Der Arzt hat an solchem Hokuspokus noch ein gewisses verständliches Interesse: die Suggestion auf den Kranken wird größer.«[52]

Das Gegenstück zum Herabsehen auf die Nichtjuristen ist der Respekt vor der Obrigkeit, der Untertanengeist, einen Völkermord und einen Weltkrieg ermöglicht. Tucholsky: »Das Militär, dieser tiefste Ausdruck der deutschen Seele, hats ja nur deshalb so leicht gehabt, weil an das Letzte im Deutschen gerührt wurde: an das Gefühl vom Unwert des Individuums und an den Gruppenstolz.«[53]

§ 20. GRUND §

Weil sie das letzte Haar in der Suppe finden

Dass Anwaltshirne höhertourig laufen als normale Gehirne, bleibt nicht ohne Folgen für ihr Handeln. Zwar sind Anwälte eigentlich perfekt, aber wie der Dichter Arthur Schnitzler schon sagte: »Dem vollkommen wahrhaften Menschen haftet meist etwas Pedantisches, zuweilen etwas Schrullenhaftes, gelegentlich sogar etwas Bösartiges an, so daß man sich seiner hohen Tugend so recht von Herzen doch nicht erfreuen kann.«[54]

Ob der österreichische Dramatiker dabei an Anwälte gedacht hat, ist nicht überliefert. Aber betrachten wir die Sache nüchtern. Wer schlauer ist als 95 Prozent aller Sterblichen und wer obendrein noch in die Zukunft blicken kann, entwickelt mit der Zeit einen etwas schärferen Blick als andere.

Man könnte auch sagen, Anwälte tragen ständig ein Sieb bei sich. Damit sieben sie alles durch, nur damit sie sagen können: »Hab ich's nicht gesagt? Ein Haar in der Suppe!«

Weil sie beim Fernsehsessel Anschnallgurte empfehlen

Anwälte können in die Zukunft sehen, und sie wissen, dass überall Risiken lauern. Gute Juristen entwickeln im Laufe der Zeit ein Gefühl dafür, dass das Böse immer und überall lauert, und dass man ihm – oder ihr – dafür die Schuld in die Schuhe schiebt. Deshalb weisen sie alles und jeden beständig auf mögliche Risiken hin, nur damit sie hinterher sagen können: »Ich hab Sie ja gewarnt. Da, sehen Sie? Auf Seite 37 des Vertrages im Kleingedruckten!«

Das Gemeine für die Anwälte ist, man macht sie trotzdem verantwortlich, wenn etwas schiefgeht. Wehe dem Anwalt, der damals den Vertrag entworfen hat. Kennen Sie das Damoklesschwert?[55] Das schwebt unsichtbar über den Köpfen der Anwälte und droht bei jedem Fehler, auf sie herabzufallen. So ist es mit der Haftung. Sie droht den Anwälten, kaum dass sie die Anwaltszulassung bekommen haben.

Das unterscheidet die Anwälte von den Werbern. Die einen locken die Menschheit mit psychologischen Tricks und glänzenden Werbespots in die Baumärkte (»Es gibt immer was zu tun«[56]) und verleiten sie, doch mal eben schnell die Wand einzureißen. Aber wer muss nachher die Suppe auslöffeln, wenn der Heimwerker sich in die Hand statt in die Wand bohrt? Richtig, die Anwälte. Sie wissen, was der normale Heimwerker nicht weiß oder verdrängt. Alle sechs Sekunden ereignet sich zu Hause oder in der Freizeit ein Unfall mit teilweise schwerwiegenden Folgen.[57] Heimwerker leben gefährlicher als Geheimagenten, aber halten sich für unverwundbar. Und wenn etwas passiert, dann zahlt es schon die Versicherung. Glauben sie.

Die Anwälte wissen es besser: Versicherungen sind dafür da, um zu kassieren. Und wenn sie doch mal zahlen müssen, rufen sie ihre Anwälte, um die Versicherten abzuwehren. Und wenn die Anwälte das nicht schaffen, reißen ihnen die Versicherungen den Arsch auf. Das bleibt nicht ohne Folgen für das Gemüt von Anwälten. Nicht, dass sie aggressiv oder schlechtlaunig werden, aber sie verbittern.[58] Kein Mensch erträgt es, immer nur das Schwarze zu sehen.

Manche setzen einen Abwehrzauber ein, in der Hoffnung, damit die Haftungsdämonen zu bannen. Der Abwehrzauber heißt Haftungsausschluss. Ist er gut gemacht, bewirkt er, dass Anwälte oder ihre Mandanten nicht schuld sind, wenn etwas schiefgeht. Ist er schlecht, müssen sie trotzdem zahlen. Sollte Ihnen Ihr Anwalt oder Ihre Anwältin empfehlen, beim Fernsehsessel Anschnallgurte anzulegen, wissen Sie jetzt warum.

§ 22. GRUND §

Weil ihr Kontrollzwang ansteckend ist

Anwälte sind, man kann es nicht anders sagen, anfällig für Kontrollzwänge. Kontrollzwänge gehören zu den Zwangserkrankungen, bei denen die Betroffenen fürchten, durch Unachtsamkeit und Versäumnisse eine Katastrophe auszulösen. Kontrollfanatiker ängstigen sich beispielsweise davor, dass die Wohnung in Flammen aufgeht, weil sie vergessen haben, den Herd auszuschalten. Deshalb überprüfen sie immer und immer wieder, ob der Herd auch wirklich aus ist. Trotzdem nagt der Zweifel weiter, wenn sie vor der Haustür stehen. Ist der Herd auch ganz sicher aus?

Anwälte leiden am Pingelvirus oder Korinthenkackerbazillus. Ein Symptom ist die pathologische Kommakorrigierwut. Sobald der Anwaltsblick auf bedrucktes Papier fällt, beginnt er, wie ein Scanner die Zeilen entlangzurattern. Bei jedem fehlenden Komma macht es »Kling«, und vom Anwaltshirn zuckt ein Blitz zur Hand, die sich zur Tastatur hebt und das Komma einfügt.

Wenn Kanzleimitarbeiter graue Haare bekommen und beim geringsten Kommafehler in einem Schriftsatz plötzlich aufgeregter als eine aufgescheute Amselmama zu keifen beginnen, haben sie sich eindeutig infiziert. Es gehört schon viel Phlegma dazu, sich in Anwaltsnähe die Gewissheit zu bewahren, dass von einem falsch gesetzten Komma nicht die Welt untergeht.

Ihnen, liebe Leserin und lieber Leser, ist das völlig klar? Dann beobachten Sie mal Ihren Anwalt oder seinen Kommunikationsmanager, und Sie begreifen, dass das Anwaltsuniversum anders tickt. Der PR-Chef beginnt vor unterdrückter Wut zu dampfen, wenn in einem Text statt des Wörtchens »und« das kaufmännische &-Zeichen steht, also »Superrechtsanwälte & Partner« statt »Superrechtsanwälte und Partner«.

»Das geht doch nicht, solche Fehler kosten mich wertvolle Zeit«, schnaubt er los. Für ihn und seine Anwälte sind solche Banalitäten veritable Mängel, deshalb sorgen sie höchstpersönlich dafür, sie auszumerzen. Selbst vor einer simplen Pressemitteilung machen sie nicht halt. Dem armen Texter schreiben sie dann Folgendes: »Anbei (das heißt auf Anwältisch »Als E-Mail-Anhang«) finden Sie den überarbeiteten Entwurf der Pressemitteilung. Die roten Stellen sind Verbesserungen von Fehlern und Änderungen. In der ersten Zeile ist in dem Wort »und« eine Leerstelle enthalten – bitte entfernen Sie diese.«

Natürlich erschrickt der arme Texter zu Tode oder glaubt, er habe sich bis auf die Knochen blamiert. Wenn er sich dann zusammenreißt und den Anhang öffnet, ist er bass erstaunt: Der Anwalt hat genau ein einziges Komma ergänzt, ferner ein »t« bei »selbst« und die »Schlamperei« hat er durch »Nachlässigkeit« ersetzt. Ansonsten ist die Pressemitteilung unverändert.

Fairerweise muss man sagen: Die netten und guten Anwälte machen von derartigen Kleinigkeiten weniger Aufhebens als ihre, sagen wir mal, bissigeren Kollegen. Aber drüber hinwegsehen können auch sie nicht. Das sitzt zu tief.

Weil sie einander nicht die Butter aufs Brot gönnen

Wissen Sie, warum dieses Buch entstanden ist? Weil der Verleger über keinen Berufsstand mehr Gehässigkeiten fand als über Anwälte.[59] Und von wem stammten die Boshaftigkeiten? Von Juristen und Anwälten selbst. Das kennzeichnet die bewusstseinsgespaltene Welt der Anwälte. Überall sind die Fronten klar. Bayern lästert über Schalke, Borussia Dortmund lässt an Leverkusen kein gutes Haar. Engländer machen Witze über Franzosen, Deutsche über Holländer, Köln über Düsseldorf, Männer über Blondinen und umgekehrt.[60]

Nur Anwälte lästern am liebsten über ihresgleichen. Das liegt nahe, schließlich führen sie auch Prozesse gegen andere Anwälte. Doch die wahren Gründe liegen tiefer. Psychologen kennen das Phänomen des selbstverletzenden Verhaltens als Folge von Selbstablehnung.[61] Die Selbstablehnung wiederum führen Forscher auf eine traumatisierende Ablehnung in der Kindheit zurück.

Traumatisierte Kinder reagieren leicht mit selbstverletzendem Verhalten wie dem Ritzen der Arme oder mit einer exzessiven Lebensweise, Drogen und dergleichen mehr. Damit riskieren sie unbewusst, Schaden zu nehmen. Bei Anwälten äußert sich das subtiler. Nach außen demonstrieren sie stets, dass sie sich selbst für die Krone der Schöpfung halten und die anderen für Schwachköpfe. Nur psychologisch geschulten Betrachtern fällt auf, dass sie damit in Wahrheit von etwaigen Selbstzweifeln ablenken. Auch die von Dienstleistern oder Untergebenen oft beklagte Beratungsresistenz oder Ruppigkeit ist auf die Selbstablehnung zurückzuführen. Statt nach innen kehren die Anwälte ihre latente Aggressivität nach außen.

Dabei gehen Anwälte durchaus gut miteinander um, wenn es ihren Zielen dient. Sie gehen zum Beispiel problemlos strategische

Allianzen ein. Doktoranden loben ihre Doktorväter (und Doktormütter) in Festschriften und Fußnoten über den grünen Klee. Großkanzleien, die es geschafft haben, einer anderen Großkanzlei einen umsatzstarken Partner oder eine Partnerin abzujagen, preisen deren Kompetenzen aufs Höchste.[62]

Aber wenn es sein muss, schrecken Anwälte nicht davor zurück, Witze übereinander zu machen und einander vor Gericht zu zerren. Das geht durch alle Etagen des Anwaltsuniversums. Ob Abmahnanwälte gegen Abmahnanwaltsbekämpferanwälte ins Feld ziehen oder High-End-Wirtschaftskanzleien gegen High-End-Wirtschaftskanzleien – Anwälte streiten sich wie die Kesselflicker.[63] Erstaunlicherweise haben sie es damit aber noch nicht geschafft, ihren Ruf gänzlich zu ruinieren. Laut dem Allensbacher Institut für Demoskopie liegen Rechtsanwälte mit 25 Prozent der Stimmen auf dem siebten Platz der angesehensten Berufe. Damit rangiert ihre Beliebtheit hinter Ärzten, Polizisten, Apothekern, Hochschulprofessoren und Lehrern.

Das könnte sich ändern. Schuld wären dann die Staatsanwälte. Die haben nämlich vor einigen Jahren begonnen, verschärft gegen Manager wegen des Verdachts auf Wirtschaftsstraftaten vorzugehen. Und neuerdings nehmen sie sogar die Anwälte der Manager ins Visier.[64]

§ 24. GRUND §

Weil sie Spitzenplätze auf der Psychopathenskala belegen

Einen für Anwaltskenner nicht überraschenden Befund hält dieser Tage übrigens die Psychologie bereit: Der Anwaltsberuf gehört zu den psychopathischsten Berufen der Welt. Das hat der bekannte Psychologe aus Oxford Kevin Dutton untersucht und in einem Buch dargestellt: *Psychopathen – was man von Heiligen, Anwäl-*

ten und Serienmördern lernen kann.[65] Es gebe, so Duttons These, auch außerhalb des kriminellen Firmaments Psychopathen, die oft bestens in Berufen wie den folgenden zurechtkommen: Chirurg, Anwalt oder Firmenchef. »Eine psychopathische Strategie verhilft nicht nur zu Erfolg im Bett, Sie kann sich zum Beispiel auch im Sitzungssaal als äußerst nützlich erweisen«, sagte Dutton.[66]

Andere Forscher bestätigen das. »Nicht jeder Psychopath wird zum Vergewaltiger oder Mörder, doch viele sind äußerst erfolgreich im Beruf«, sagt Niels Birbaumer, Professor für Medizinische Psychologie und Verhaltensneurobiologie der Universität Tübingen. Ihre Rücksichtslosigkeit, ihr übersteigertes Selbstwertgefühl und ihre Risikobereitschaft bringe sie in Machtpositionen.[67]

Dutton: »Die Kombination von geringer Risikoaversion und fehlenden Schuldgefühlen oder fehlender Reue kann je nach Umstand zu einer erfolgreichen Karriere im kriminellen Milieu oder im Business führen.«[68]

Psychopathische Persönlichkeitsmerkmale können Menschen im Beruf nützen, ja mehr noch, bei einer Untersuchung unter 200 US-amerikanischen Topmanagern erzielten diese höhere Werte auf der Psychopathenskala, auch als PCL-R bekannt, als die durchschnittliche Bevölkerung. Und das Erstaunliche war: Psychopathische Merkmale wurden, so Dutton, positiv mit betriebsinternen Bewertungen von Charisma und Präsentationsstil in Verbindung gebracht: mit Kreativität, gutem strategischen Denken und ausgezeichneten Kommunikationsfähigkeiten.[69]

James Bond, berühmtester Geheimagent aller Zeiten, wäre wohl nie so erfolgreich gewesen, wenn er nicht hohe Werte auf der Psychopathenskala erzielen würde. Narzissmus, Erlebnishunger gepaart mit Furcht- und Skrupellosigkeit sowie Arglist und Ausbeutertum könnten nach Ansicht von Dutton helfen, in gewissen Gesellschaftsschichten bestens zurechtzukommen.

Und um welche Merkmale geht es allgemein? Dazu ziehen Psychologen die *Big Five* heran. Das sind fünf entscheidende Bestandteile oder Faktoren der Persönlichkeit.[70]

- Offenheit für Erfahrung
- Gewissenhaftigkeit
- Extraversion
- Verträglichkeit
- Neurotizismus

Zu ergründen, wie hoch der Regler bei jedem dieser fünf Faktoren ausgeprägt ist, hilft zum Beispiel Arbeitspsychologen, die Eignung für bestimmte Berufe einzuschätzen. Wer zum Beispiel bei Nr. 3 »Extraversion« niedrige Werte hat, also introvertiert ist, eignet sich besser für einsame Berufe: grafische Gestaltung oder Buchhaltung. Wer bei Verträglichkeit, wozu Vertrauen, Freimütigkeit und Altruismus zählen, niedrige Werte hat, profitiert, wenn es um erbitterte Auseinandersetzungen etwa vor Gericht oder bei Verhandlungen geht.

- Bei Nr. 1 (Offenheit für Erfahrung) erzielten Psychopathen hohe Werte bei ihrer Handlungsfähigkeit.
- Bei Nr. 2 (Gewissenhaftigkeit) hohe Werte für Kompetenz und Leistungsstreben.
- Bei Nr. 3 (Extraversion) hohe Werte für Durchsetzungsfähigkeit und Erlebnishunger sowie einen relativ hohen Wert für Geselligkeit.
- Bei Nr. 4 (Verträglichkeit) erzielten sie besonders niedrige Werte bei Gutherzigkeit, Bescheidenheit und Entgegenkommen.
- Bei Nr. 5 (Neurotizismus) niedrige Werte bei Ängstlichkeit und Depression, hohe Werte dagegen bei Reizbarkeit.

Als ich diese Werte das erste Mal las, erinnerte ich mich an ein Gespräch mit einem Rechtsanwalt. Über 1,90 Meter groß, charmant, Praxisgruppenleiter einer internationalen Großkanzlei, Alphatier durch und durch. Gefragt, was für ihn einen erfolgreichen Rechtsanwalt ausmache, antwortete er: Er braucht juristische Kompetenz, Empathie und Durchsetzungsstärke. Es gibt Parallelen.

Dutton spricht übrigens von den Siegermerkmalen, wenn er von den Grundprinzipien der Psychopathie spricht. Dies sind: Skrupellosigkeit, Charme, Fokussierung, Mentale Härte, Furchtlosigkeit, Achtsamkeit, Handeln. Diese Merkmale können, richtig dosiert, helfen, vom Opfer zum Sieger zu werden.[71] Erfolgreiche Psychopathen und Psychopathinnen können diese Merkmale einblenden, wenn die Situation es erfordert. Zum Beispiel im Verhandlungsmarathon. Und sie können sie wieder ausblenden wie die Regler an einem Mischpult. Zum Beispiel, wenn sie zu Hause mit ihren Kindern herumtoben oder ihre kranke Mutter pflegen.

ANWÄLTE UND IHRE VERGANGENHEIT

§§§

»DIE OPFER RESIGNIERTEN, VERBITTERTEN –
DIE TÄTER UND IHRE GESINNUNGSFREUNDE
ETABLIERTEN SICH ALS HONORIGE BÜRGER.«[72]
Ernst Klee, Journalist

Weil sie zwischen 1930 und 1945 den Machthabern zu Diensten waren

Vielleicht haben Sie bei den vorigen Gründen den Kopf geschüttelt und gesagt: Da geht es doch nur um die Professoren, aber nicht um die Anwälte. Ja stimmt, Anwälte sind zwar Organe der Rechtspflege, aber keine Professoren oder Richter, deren Rolle im Dritten Reich keine rühmliche war.

Wie sah es zwischen 1933, der Machtergreifung Hitlers, und 1945, der bedingungslosen Kapitulation Deutschlands nach dem Zweiten Weltkrieg, mit der deutschen Anwaltschaft aus? Waren die Rechtsanwälte die Aufrechten, die von den bösen Nazis quasi gezwungen wurden, sich am Unrecht zu beteiligen?

Ein erster Blick auf die Seiten des Deutschen Anwaltvereins fördert nicht viel Brauchbares zutage. Dabei vertritt der Berufsverband immerhin fast 70.000 Anwälte. Sein Zweck ist die Wahrung, Pflege und Förderung aller beruflichen und wirtschaftlichen Interessen der Anwaltschaft einschließlich des Anwaltsnotariats.

Auf der Website findet man unter dem Stichwort »Unsere Geschichte« einen dürftigen Absatz zur NS-Zeit: »*1933/34 – das gehört zu den dunklen Seiten unserer Geschichte – ließ sich der DAV gleichschalten. Nicht so schnell wie andere Vereinigungen, aber doch ohne große Widerstände. Schließlich wurden er und die örtlichen Anwaltvereine förmlich aufgelöst. Die Anwälte hatten sich in die Fachgruppe Rechtsanwälte des Bundes nationalsozialistischer deutscher Juristen einzugliedern.*«[73]

Und auf der Website der Bundesrechtsanwaltskammer, dem Organ der anwaltlichen Selbstverwaltung aller 163.000 Anwälte in Deutschland? Kein Ton zu der Mitwirkung der Anwälte am nationalsozialistischen Terror,[74] ebenso wenig wie in der Broschüre *Unabhängig und frei – Die anwaltliche Selbstverwaltung.*

Doch mit der anwaltlichen Unabhängigkeit zwischen 1933 und 1945 war es nicht weit her, und zwar nicht, weil die Anwälte von dubiosen Mächten gleichgeschaltet wurden, sondern weil sie aktiv mitmachten, nachzulesen in Eva Doumas Buch *Deutsche Anwälte zwischen Demokratie und Diktatur 1930 bis 1955*.

Damit waren sie keine Ausnahmeerscheinung. Auch der Richterbund und viele Professoren marschierten in vorauseilendem Gehorsam schneller und weiter nach rechts, als man es ihnen befohlen hatte. Viele Juristen betätigten sich als Vordenker des nationalsozialistischen Unrechtsregimes und fanden juristische Begründungen für die Nazidiktatur.

In Doumas Buchs heißt es: »Am 7. April 1933 forderte der Vorsitzende des Deutschen Anwaltvereins, Dix, die jüdischen Vorstandsmitglieder auf, unverzüglich ihre Ämter niederzulegen, um den DAV selbst zu erhalten. Seine ›arischen‹ Kollegen rief er auf, sich den hinter der Regierung stehenden Bünden und Parteien anzuschließen.«[75] Leider halfen diese »Unterwerfungsgesten«, so Douma, nicht, die Organisation zu retten. Die Anwaltvereine wurden schließlich aufgelöst.

In den weiter bestehenden Anwaltskammern übernahmen die Nationalsozialisten die Führung. Die Selbstverwaltung wurde jedoch abgeschafft. Der Reichsjustizminister bekam das Weisungsrecht sowie die neu eingerichtete Reichsrechtsanwaltskammer. Die Anwaltskammern wurden im Nationalsozialismus zu staatstragenden Vollzugsorganen ohne inhaltlichen Gestaltungsspielraum. Warum gab es keinen Widerstand? Douma meint dazu: »Dass sich die Kammervorstände dem kaum widersetzten, dürfte auch darin begründet sein, daß sie schon in der Weimarer Zeit von etablierten und konservativ orientieren Anwälten geleitet wurden.«

Dass die Kammern ohne großen Einfluss weiter bestanden, half ihnen, sich nach dem Krieg neu zu konstituieren. Auch die Anwaltvereine gründeten sich rasch wieder und übernahmen teilweise das alte Personal. Zudem konnten diverse Juristen nach 1945 zu

Anwälten werden, die wegen ihrer nationalsozialistischen Vergangenheit keine Justizämter mehr bekleiden durften.

Ernst Klee, Rechercheur und Journalist, nennt in seinem Buch *Was sie taten – was sie wurden – Ärzte, Juristen und andere Beteiligte am Kranken- oder Judenmord* zahlreiche hochrangige NS-Unrechtsbeteiligte, die später Anwälte wurden.[76]

Etwa Dr. Heinz Kümmerlein, ab 1941 Ministerialrat im Reichsjustizministerium und dort persönlicher Referent von Reichsjustizminister Dr. Otto Thierack, ehemaliger Präsident des Volksgerichtshofes.

1949 trat er der 1927 gegründeten Essener Kanzlei Hertzfeld/Wenmakers bei, die da nur noch aus dem Anwalt Erich Wenmakers bestand, da die Nationalsozialisten den jüdischen Partner Dr. Julius Hertzfeld zum Aufgeben gezwungen hatten.[77]

Unter Dr. Heinz Kümmerlein begann das Wachstum der heute als Kümmerlein Simon & Partner firmierenden Essener Wirtschaftskanzlei. Der Namenspartner wurde zum hoch angesehenen Essener Bürger, der bis zu seinem Tod 1979 unter anderem mit Krupp-Erbe Berthold von Bohlen und Halbach im Vorstand des Folkwang Museumsvereins[78] saß.

Und vorher? Kümmerleins Chef in der Nazizeit, Reichsjustizminister Thierack, hatte dafür gesorgt, dass sogenanntes unwertes Leben in Zuchthäusern der »Vernichtung durch Arbeit« zugeführt wurde.[79] Im Klartext: Die Gefangenen kamen nach dem Ende ihrer Gefängnisstrafe ins Konzentrationslager (KZ) und mussten sich dort zu Tode arbeiten.

Das Reichsjustizministerium und die dort beschäftigten Juristen waren gut über die Sterblichkeitsrate in den KZs informiert: Sie betrug bis zu 35 Prozent. Der justizkritische ehemalige Richter Dr. Helmut Kramer, Richter a. D. am Oberlandesgericht Braunschweig, schrieb 2010: »Juristen waren unentbehrlich, um dem Mordvorhaben den Anschein des Legalen zu verleihen.«

Wurden sie deshalb bestraft? Nicht wirklich. 1970 stellte die Staatsanwaltschaft Köln in einem schließlich doch noch gegen Kümmerlein und andere angestrengten Strafverfahren fest, es habe eine »objektive Förderung der Aktion ›Vernichtung durch Arbeit‹ gegeben. Doch die Beschuldigten hätten die Bedeutung der Begriffe ›Sonderbehandlung‹ und ›Vernichtung durch Arbeit‹ nicht gekannt.«

1979 stellte die Staatsanwaltschaft das Strafverfahren gegen Kümmerlein daher ein.[80] Was ließ die Juristen davonkommen?

Helmut Kramer schreibt über Kümmerlein: »Zu der – mitunter fragwürdigen – Kunst von Juristen gehört eine besondere Gewandtheit im Umgang mit der Sprache. Ihre von den Vertretern der Rechtsgeschichte und der juristischen Methodenlehre bislang kaum beachtete, aber vor allem von autoritären Regimes geschätzte Kunstfertigkeit besteht darin, Unrecht als Recht erscheinen zu lassen. […] Nicht zuletzt ihre sprachliche Begabung war es gewesen, der aufstrebende junge Juristen wie Ebersberg und Kümmerlein ihre Abordnung in das RJM zu verdanken hatten.«

Dieselbe Fähigkeit setzte die Justiz ein, um die furchtbaren Juristen davonkommen zu lassen.

Was war die Folge für die innere Haltung und Reformbereitschaft der deutschen Anwaltschaft, dass NS-Funktionäre und nicht verurteilte Schreibtischtäter weitgehend unbehelligt als Anwalt Karriere machen konnten? Erstarrung? Rückwärtsgewandtheit?

Nach Eva Douma zeichnete sich die anwaltliche Berufspolitik zwischen 1930 und 1955 (Doumas Untersuchungszeitraum) vor allem durch eine geringe Veränderungsbereitschaft aus. Ein Neuanfang wurde nicht gewagt«[81]. Ein Zustand, an dem sich bald 60 Jahre nicht so viel geändert hat.

Weil ihre Vorgänger Juden von der Rechtsberatung ausschlossen und sie das relevante Gesetz erst im neuen Jahrtausend geändert haben

Vor 1932 war die Zulassung zur Anwaltschaft frei. Wer ein zweites Staatsexamen hatte, konnte die Zulassung beantragen. Ende 1932 sprach sich die 29. Abgeordnetenversammlung des Deutschen Anwaltvereins für die Einführung einer Zulassungsbeschränkung aus. Das war kurz bevor die Nationalsozialisten an die Macht kamen.

Am 7. April 1933 trat das Gesetz über die Zulassung zur Rechtsanwaltschaft in Kraft. Damit musste jüdischen Anwälten (in der damaligen Sprache der Nazis »nichtarische Anwälte«) und kommunistischen Anwälten die Zulassung entzogen werden. Eine Ausnahme bildeten die Frontkämpfer. Weil darunter auch viele jüdische Anwälte fielen, behielten sie ihre Zulassung.

Am 13. Dezember 1935 trat das Gesetz zur Verhütung von Missbräuchen auf dem Gebiete der Rechtsberatung in Kraft. Dieses Gesetz knüpfte das Recht zur Rechtsberatung an eine behördliche Erlaubnis. Jene gab es laut Gesetzestext nur, »wenn der Antragsteller die für den Beruf erforderliche Zuverlässigkeit und persönliche Eignung sowie genügende Sachkunde besitzt und das Bedürfnis nicht bereits durch eine hinreichende Zahl von Rechtsberatern gedeckt ist«. In einer Ausführungsverordnung wurde festgelegt, dass Juden die Erlaubnis nicht zu erteilen sei. Für nationalsozialistische Organisationen galt eine Ausnahmeregelung. Sie durften auch ohne Erlaubnis beraten. Allen anderen war die Rechtsberatung verboten. Sogar die unentgeltliche Beratung, etwa von Hilfsorganisationen, war verboten.

Das Rechtsberatungsgesetz hatte eine doppelte Zielrichtung. Die erläutert der schon erwähnte ehemalige Richter am OLG Helmut

Kramer auf der Website des von ihm mitgegründeten Forum Justizgeschichte e. V.: »Es richtete sich sowohl gegen die jüdischen Anwälte als auch gegen alle wegen ihres politischen Dissidententums mißliebig gewordenen und deshalb aus Anwaltschaft, Justiz und Verwaltung entfernten Juristen.«[82]

Das Unschöne an diesem Gesetz war: Es blieb nach dem Krieg in Kraft. Lediglich die antisemitische Ausführungsverordnung wurde gestrichen, aber das Gesetz als solches galt weiterhin, und zwar bis zum 30. Juni 2008. Erst dann wurde es vom *Rechtsdienstleistungsgesetz* abgelöst. Ein Anachronismus, denn in allen anderen EU-Mitgliedstaaten durften Nichtanwälte Rechtsrat erteilen. Vor allem aber durften soziale Organisationen Bedürftige kostenlos juristisch beraten, außer in Deutschland. Doch anstatt das Gesetz, das die Nazis erlassen hatten, aufzuheben, sorgte die Anwaltslobby erfolgreich dafür, dass das Beratungsverbot bestehen blieb. Schließlich war es so schön praktisch, Berufsfremde vom Rechtsberatungsmarkt fernzuhalten. Ja, sie verschärften das Verbot sogar noch.

Mit einer Änderung des Rechtsberatungsgesetzes vom 18. August 1980 wurde die Möglichkeit, die Erlaubnis zur Rechtsberatung zu erhalten, auf nur sechs Berufsgruppen begrenzt: Rentenberater, Versicherungsbeamte, Frachtprüfer, Versteigerer, Inkassounternehmer und Rechtskundige in einem ausländischen Recht.[83] Anderen Bürgern, ja selbst Rechtskundigen ohne Anwaltszulassung, war damit die karitative oder altruistische Rechtsberatung verboten.[84]

Erst im neuen Jahrtausend ging ein Grüppchen von geschichtsbewussten Juristen gegen das Gesetz vor, darunter der schon erwähnte Richter im Unruhestand, Helmut Kramer. Er zeigte sich selbst wegen unerlaubter Besorgung fremder Rechtsangelegenheiten an und erklärte, künftig ohne Zulassung zur Anwaltschaft weiterhin Rechtsberatung betreiben zu wollen. Dafür wurde er zu einer Geldbuße verurteilt. Wegen der Geldbuße erhob er Verfassungsbeschwerde und hatte Erfolg. Das Bundesverfassungsgericht erklärte die Geldbuße für verfassungswidrig, da offenbar kein Schaden zu befürchten sei, wenn ein pensionierter Richter kostenlos Rechtsrat erteilte.

Das besiegelte das Ende des Rechtsberatungsgesetzes und nach zahlreichen Beratungen trat am 1. Juli 2008 schließlich das Rechtsdienstleistungsgesetz in Kraft. Leider kein kompletter Erfolg für alle rechtsberatenden Nichtanwälte, denn das neue Gesetz behielt das Verbot der unentgeltlichen Rechtsberatung weitgehend bei. Nur im Familienkreis oder unter Anleitung eines Volljuristen darf gemäß § 6 Rechtsberatungsgesetz unentgeltlich beraten werden.[85] Voraussetzungen, die für soziale Beratungsstellen gerade nicht zu erfüllen sind.

§ 27. GRUND §

Weil sie ihre braune Vergangenheit nur im Schneckentempo aufarbeiten

Was für alle Deutschen galt, traf auch auf die Anwälte zu. Sie haben sich nur schwer von ihrer braunen Vergangenheit gelöst. Es begann damit, dass nach dem Krieg zunächst die im vorigen Grund bestehenden Zulassungsbeschränkungen noch galten. Zusätzlich zu diesem Gesetz führten die Nationalsozialisten weitere Beschränkungen ein.

Seit 1935 galten allgemeine Zulassungsbeschränkungen. Damit konnten die Justizverwaltung und damit der Reichsminister der Justiz »eine Auswahl der zukünftigen Rechtsanwälte nach politischen Kriterien« vornehmen. Umgekehrt konnten sie ab sofort jeden Bewerber und jede Bewerberin nach freiem Ermessen ablehnen. Entscheidend war, ob der Bewerber die »Gewähr« dafür bot, »jederzeit rückhaltlos für den nationalsozialistischen Staat«

einzutreten. Weiteres Kriterium war der Bedarf. Bei einem Gericht sollten nicht mehr Rechtsanwälte zugelassen werden, als einer geordneten Rechtspflege entsprach. Die Zulassungsbeschränkungen wurden nach dem Krieg bis Ende 1950 endgültig aufgehoben.[86]

Warum ist ein Blick auf die Zulassungsbeschränkungen interessant? Weil die Anwaltschaft mit ihnen bestimmte Juristengruppen systematisch ausgrenzen konnte und das auch tat. Das waren jüdische und kommunistische Anwälte und Frauen. »Die Zulassung von Frauen war im ›Dritten Reich‹ nicht erwünscht, in der Nachkriegszeit wurde sie nicht generell befürwortet«, schreibt Eva Douma.[87] Nach dem Krieg wurden ortsansässige gegenüber den ortsfremden Rechtsanwälten bevorzugt.

Das führte wie im 25. Grund dargestellt dazu, dass ehemalige Verwaltungsbeamte oder Richter, die Nationalsozialisten gewesen waren, problemlos als Anwälte arbeiten durften – die alten Seilschaften hielten –, während Flüchtlinge oder Anwälte, die im Dritten Reich Berufsverbot hatten oder keine Zulassung bekommen hatten, nach dem Krieg auch nicht zugelassen wurden.

Dass als ehemalige NS-Mitglieder belastete Juraprofessoren weiter unterrichten und Lehrbücher herausgeben konnten, werden Sie im 29. Grund erfahren. Erst zum Ende des 20. Jahrhunderts machten sich nicht nur einzelne Anwälte und Juristen, sondern die Verbände der Anwaltschaft daran, sich ihrer braunen Vergangenheit zu entsinnen.

Ein Beispiel dafür ist die Ausstellung *Anwalt ohne Recht* zum Gedenken an verfolgte Juristen im NS-Staat. Sie entstand nach Angabe der BRAK 1998 auf Initiative des späteren Präsidenten der BRAK Dr. Bernhard Dombek. Aufgearbeitet wurden zahlreiche Schicksale jüdischer Rechtsanwälte zwischen 1933 und 1945.

2011 erschien vom Deutschen Anwaltverein herausgegeben das Buch *Anwälte und ihre Geschichte: Zum 140. Gründungsjahr des Deutschen Anwaltvereins*, ein 1.242 Seiten starker Wälzer, dessen stolzer Preis von 144 Euro ihn aber nicht zu einem Kassenschlager macht.[88]

Und last but not least unterstützen BRAK und Anwaltverein das Forum Anwaltsgeschichte. Das beschäftigt sich, wie der Name schon sagt, mit der Geschichte der Anwaltschaft. Die nicht immer ganz rühmlich war.[89] Anwälte würden sagen, bleibt zu hoffen, dass sich noch recht viele Anwälte ihnen anschließen.

§ 28. GRUND §

Weil Recht für sie nichts mit Gerechtigkeit zu tun hat

Anwälte haben die Aufgabe, den Zugang zum Recht zu schaffen. Das führt zu der Frage: Ist alles, was rechtlich erlaubt ist, auch gerecht? Die Antwort ist traurig. Nicht alles, was per Gesetz für Recht erklärt wurde, ist auch gerecht. Schon der Philosoph Immanuel Kant, wohnhaft in Königsberg in Ostpreußen, hat erklärt, dass Recht und Gerechtigkeit zwei unterschiedliche Paar Stiefel seien.

Gesetze machen die, die es können. Es gilt der alte persische Aphorismus »Was gerecht und was ungerecht ist, bestimmen die Mächtigen.« Oder das lateinische Zitat: »Auctoritas non veritas facit legem.« Die Macht, nicht die Wahrheit, bestimmt das Gesetz. Eine Rechtsordnung ist niemals Ausdruck irgendeines unverrückbaren, absoluten Naturrechts, sie ist immer Ausdruck der jeweiligen Machtvorstellungen.

Handelt es sich bei den Mächtigen um eine demokratisch gewählte Regierung, die sich auf ein Grundgesetz stützen kann, ist die Chance groß, dass Gesetze entstehen, die für das ganze Volk und nicht nur für wenige Mächtige Recht schaffen.

Diktatoren, die ihre Herrschaft mit einer Ideologie begründet haben, haben ein Interesse daran, ihr Unrechtsregime mit Gesetzen zu legitimieren. Es macht keinen Unterschied, ob die Gesetze

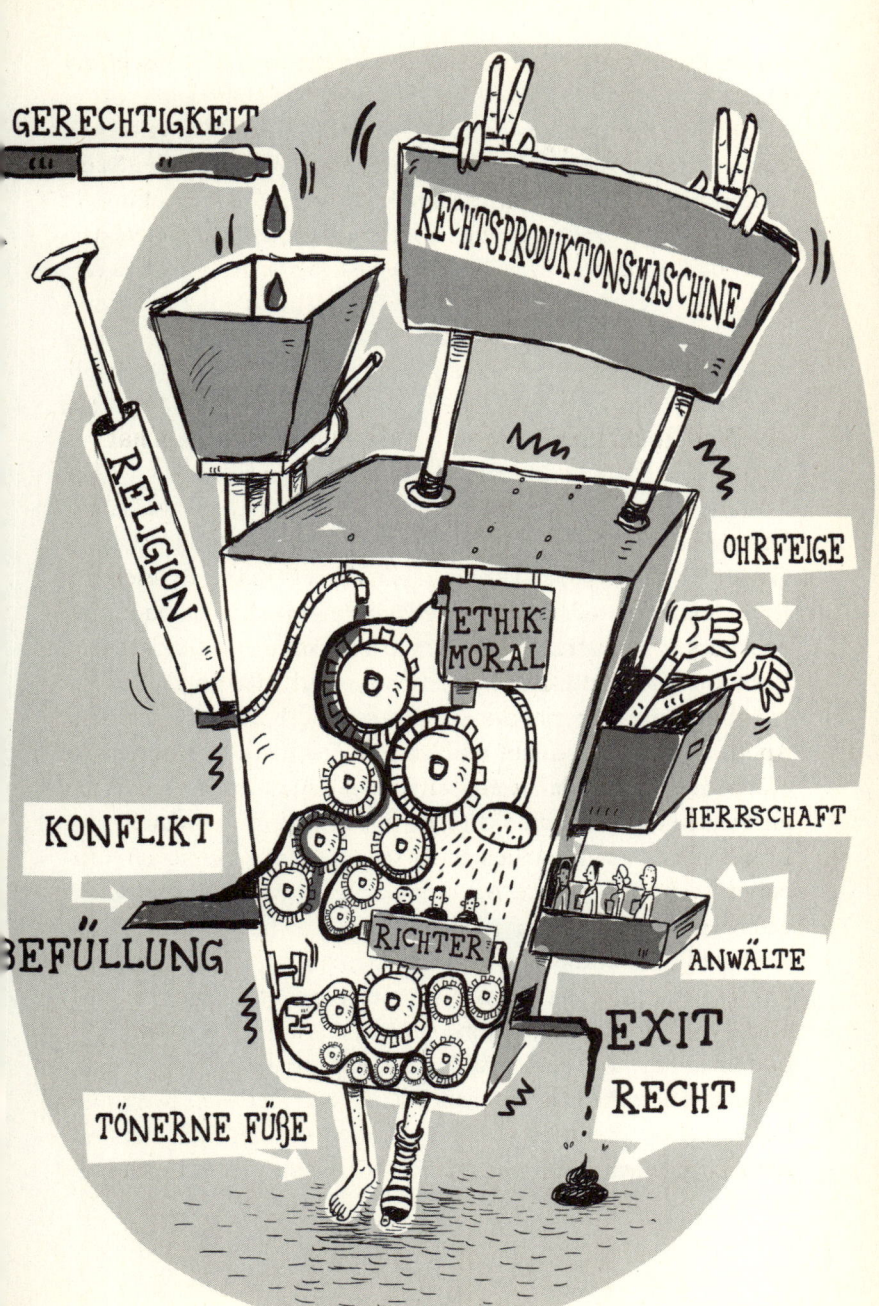

die nationalsozialistische Rassenideologie unter Adolf Hitler oder das kommunistische Gedankengut unter Josef Stalin transportieren sollen. Oder ob über die Scharia, das sogenannte Gottesrecht in den arabischen Staaten, der von Religionsschulen ausgelegte Wille Allahs im Zweifelsfall geschriebenes weltliches Recht bricht.

Der 1930 geborene Juraprofessor Bernd Rüthers sagt: »Gesetzestexte sind im Ablauf der Geschichte wie Kleiderhaken, an denen durch die Richtersprüche wechselnde weltanschauliche Zeitmoden aufgehängt werden.«[90] Und was haben die Juristen damit zu schaffen? Weil die Herrschenden sie brauchen. Um eine Ideologie durchzusetzen, brauchten die Herrschenden immer die Juristen und die Anwälte. Die helfen ihnen, Gesetze zu schreiben.

Und sie helfen, bestehende Gesetze neu zu interpretieren oder Unrecht in Recht umzudeuten, wie der im 26. Grund erwähnte Richter Helmut Kramer sagt. Ein Einfallstor dafür waren und sind die sogenannten unbestimmten Rechtsbegriffe, zum Beispiel die guten Sitten oder die öffentliche Sicherheit und Ordnung. Zum Beispiel begründeten die Nationalsozialisten ihren verbrecherischen Boykott jüdischer Geschäfte mit der Notwendigkeit für die öffentliche Sicherheit und Ordnung. Damit war der Boykott rechtlich begründet, also war er legitim. Trotzdem war er Unrecht und zwar umso mehr, als die Schikanen jüdischer Geschäftsleute nur den Auftakt bildeten – zu einer beispiellosen Verfolgung und schließlich einem in einen seiner Organisiertheit unfassbar grausamen Völkermord.

Ein anderes Beispiel war das »Gesetz gegen heimtückische Angriffe auf Staat und Partei und zum Schutz der Parteiuniformen vom 20. Dezember 1934, kurz »Heimtückegesetz«. Es stellte missliebige Äußerungen gegen den Staat unter Strafe. Es war Sache der Gerichte, im Interesse der Nationalsozialisten auszulegen, welche Äußerung heimtückische Angriffe darstellten und welche nicht.

Daraus ergibt sich folgende Erkenntnis, die für Gerichte, Professoren und Professorinnen und Rechtsanwälte und Rechtsanwältinnen gilt: Geltende Gesetze schaffen nicht per se Recht, sondern je nachdem auch Unrecht. Sie blindlings anzuwenden oder auszunutzen, kann Unrecht darstellen. Oder noch kürzer: Recht ist nicht gleich Gerechtigkeit.

Der berühmte Rechtsphilosoph Gustav Radbruch hat nach dem Zweiten Weltkrieg dafür eine Formel entwickelt, die sogenannte Radbruchsche Formel.[91] Sie besagt, dass man gegen die Gesetze entscheiden müsse, wenn der »Widerspruch des positiven Gesetzes zur Gerechtigkeit ein so unerträgliches Maß erreicht, daß das Gesetz als ›unrichtiges Recht‹ der Gerechtigkeit zu weichen hat« oder »wo die Gleichheit, die den Kern der Gerechtigkeit ausmacht, bei der Setzung positiven Rechts bewußt verleugnet wurde«.

Radbruch bezog sich auf das düstere Kapitel der Justiz im Dritten Reich. Die Frage, ob alles Recht ist, was Gesetz ist oder gesetzlich nicht verboten, kann man sich allerdings auch heute stellen, und zwar nicht nur Verwaltung und Gerichte, sondern auch die Anwaltschaft. Können Anwälte sich immer darauf berufen, dass sie ja nur RECHTSanwälte und -anwältinnen sind, aber keine Gerechtigkeitsanwälte und -anwältinnen? Nach dem Motto, alles, was nicht verboten ist, ist okay?

Ist es in Ordnung, massenhaft Abmahnungen zu verschicken? Ist es in Ordnung, Steuersparmodelle aufzusetzen, die darauf beruhen, dass das Finanzamt mehrfach ein und dieselbe Steuer erstattet? Sollten Menschen mit Anwaltszulassung nicht prüfen müssen, ob ihre Tätigkeit nicht nur den Gesetzen genügt, sondern Gerechtigkeit schafft? Ob sie das, was sie tun, vor ihrem eigenen Gewissen verantworten können? Manche stellen diese Fragen.

DIE ANWÄLTE UND IHRE RECHTSLEHRER

§§§

»SOUVERÄN IST,
WER ÜBER DEN AUSNAHMEZUSTAND
ENTSCHEIDET.«
Carl Schmitt, NS-Jurist[92]

Weil aus ihren Lehrbüchern übernommenes Gedankengut entnommen werden könnte

Fragen Sie sich langsam, warum Anwälte so sind, wie sie sind? Sind sie von Natur aus so oder werden sie dazu erzogen? Vermutlich beides, denn manche Menschen sind zum Anwalt bestimmt, noch bevor sie überhaupt geboren wurden. Doch auch sie müssen sich der Anwaltsausbildung unterwerfen.

Dass Anwälte so sind, wie sie sind, liegt an ihren Vorfahren und Lehrern. Generell ist es bei den Juristen so, dass sie ihre Vorfahren verehren. Der Ahnenkult erstreckt sich auch auf die Lehrbuchautoren. Ein Autor, der einmal überzeugt hat, wird nicht mehr ausrangiert, selbst wenn er schon lange tot ist. Misslich nur, wenn einige der wichtigsten Lehrbücher oder Kommentare ausgerechnet von überzeugten oder ehemals überzeugten Nationalsozialisten geschrieben wurden und weil sie, wenn kein Schnitt gemacht wurde, immer noch in den Regalen stehen. Bei juristischen Lehrwerken ist das so, schließlich sind das ja renommierte Autoren, die will man nicht einfach entsorgen.

Also haben weder die großen juristischen Verlage, allen voran der C.H. Beck Verlag in München, noch die Hochschulen irgendwann gesagt: »Jetzt ist Schluss. Sämtliche Namen, die mit dem nationalsozialistischen Verbrecherregime zwischen 1933 und 1945 in Verbindung gebracht werden können, sollen nicht mehr unsere Lehrbücher zieren.«

Gut, bei manchen Autoren hat sich das Thema mittlerweile durch Zeitablauf erledigt. Irgendwann waren die zähesten Nazis tot. An ihre Stelle traten auf den Buchdeckeln andere Rechtsgelehrte. Das Problem: Manchmal waren die Nachfolger nicht viel besser.

EIN PAAR BEISPIELE:

PALANDT BÜRGERLICHES GESETZBUCH AUS DER REIHE BECK'SCHE KURZ-KOMMENTARE.

Das Werk ist mittlerweile in 73. Auflage erschienen und unerlässlich für jeden Juristen und jede Juristin. Bei den Klausuren im zweiten Staatsexamen ist es sogar als Hilfsmittel zugelassen.[93]

Begründet wurde der Kommentar 1939 von dem Juristen Dr. Otto Palandt, seines Zeichens Präsident des Reichsjustizprüfungsamtes und Ernst Klee zufolge verantwortlich für die »Ausrichtung der Juristenausbildung im NS-Geist«[94]. Auch seine Mitherausgeber förderten nationalsozialistisches rassistisches Denken. Etwa Dr. Bernhard Danckelmann, Mitherausgeber der 1. bis 36. Auflage. Jens Kahrmann zufolge versuchte er über die Auslegung unbestimmter Rechtsbegriffe (wie wir wissen Einfallstore für Herrscherideologie) »eine nationalsozialistische Auslegung des Gesetzes zu begründen«, zum Beispiel des Begriffes der guten Sitten (§ 138 BGB).[95]

Mitherausgeber war auch Dr. Claus Seibert (1902–1977), Jurist und 1953 bis 1970 Richter am Bundesgerichtshof.[96] Laut Wikipedia stammt von ihm folgende Anmerkung im Palandt: »Fähig, Erbe zu sein, ist jeder Mensch, auch der Ausländer, der Rassefremde, der Erb- oder Geisteskranke wie der Verbrecher. Unbilligkeit bei Übergehung des Volksgenossen und Sippenangehörigen kann – vom Pflichtteil abgesehen – nur durch erhöhte Erbschaftssteuer ausgeglichen werden [...], falls nicht – z. B. bei Erbeinsetzung eines sippenfremden Juden – Nichtigkeit wegen Sittenverstoßes vorliegt. Für die Zukunft wäre eine Ausdehnung der Erbunwürdigkeitsfälle wünschenswert.«

MAUNZ/DÜRIG, GRUNDGESETZ, LOSEBLATTKOMMENTAR VON C.H. BECK.[97]

Der Verlag C.H. Beck wirbt für seinen Grundgesetzkommentar mit dem Slogan »Schon über ein halbes Jahrhundert – Klarheit von höchster Instanz!«. Dumm nur, dass das 1958 begründete Werk immer noch den Namen des Gründungsherausgebers Theodor Maunz trägt, in der Nazizeit kein Unbekannter.

Maunz (1901–1993) wirkte seit 1935 als Professor für Öffentliches Recht in Freiburg, später in München, und begründete, warum Aufträge von Hitler per se geltendes Recht wären. »Der Auftrag des Führers ist schlechthin das Kernstück des geltenden Rechtssystems und seinem innersten Wesen verbunden.« Was den Grundgesetzkommentar mit Maunz' Namen ziemlich braunfleckig macht und kein schönes Licht auf den C.H. Beck Verlag wirft, ist Maunz' Tätigkeit nach dem Zweiten Weltkrieg. Das CSU-Mitglied wurde 1957 bayrischer Kultusminister und trat 1964 wegen seiner Nazivergangenheit zurück, nachdem die FDP-Politikerin Hildegard Hamm-Brücher seine Nazischriften bekannt gemacht hatte.[98] Das hinderte ihn nicht, den DVU-Chef Gerhard Frey zu beraten und Beiträge in Freys rechtsextremer *National-Zeitung* zu schreiben.[99] Keine braunen Bezüge finden sich zu Maunz' Mitherausgeber Günter Dürig.

DREHER/TRÖNDLE STGB-KOMMENTAR C.H. BECK

Der Herausgeber Eduard Dreher war während der Nazidiktatur Erster Staatsanwalt am Sondergericht Innsbruck, wo der engagierte Jurist zahlreiche Todesurteile herbeiführte,[100] etwa wegen des Diebstahls von einem Fahrrad und etwas Speck. Nach dem Krieg und seiner Entnazifizierung wirkte der renommierte Jurist an einer Änderung des Strafgesetzbuches mit, die laut Ernst Klee dazu führte, dass »NS-Mordgehilfen ohne persönliche Mordmotive (etwa Rassenhaß) fortan wegen Verjährung nicht mehr bestraft werden konnten«. Die Folge der neuen Rechtslage: Die Planer des Massenmords konnten nicht mehr verfolgt werden.[101] Sauberkeit auf ganzer Linie.

Von 1961 bis 1977 (23. bis 37. Auflage) war Eduard Dreher Kommentator des Strafgesetzbuches. Dann kam Herbert Tröndle dazu.[102]

Ist Tröndle ein würdiger Nachfolger des Nazis Dreher? Der mittlerweile hochbetagte Rechtswissenschaftler Herbert Tröndle[103] ist Mitglied in der rechtskonservativen Juristen-Vereinigung Lebensrecht e. V.. Dazu später mehr. Seine Aufsätze tragen so bezeichnende Titel wie »Preisgabe des individuellen Lebensschutzes – Auswirkungen des 2. Fristenregelungsurteils«[104] und vertreten die Einstellung, dass das Lebensrecht Ungeborener über dem Recht der Frau, über eine Abtreibung zu entscheiden, stehen müsse. Auch die Gleichstellung Homosexueller lehnt er ab.

LEHRBÜCHER VON KARL LARENZ

Karl Larenz (1903–1933) war seit 1933 Inhaber des Lehrstuhls der »bedingungslos nationalsozialistischen Stoßtruppfakultät«[105] in Kiel und einer der wichtigsten NS-Rechtstheoretiker. »Volksgenosse ist, wer deutschen Blutes ist. Wer außerhalb der Volksgemeinschaft steht, steht auch nicht im Recht.«[106] Nach 1945 hatte er kurzzeitig Berufsverbot, aber schon 1948 ließ man ihn an die Universität Kiel zurück.

Von ihm sind noch mehrere Werke im Handel, etwa die *Methodenlehre der Rechtswissenschaft* (Springer-Lehrbuch) von Karl Larenz und Claus-Wilhelm Canaris[107] oder das *Lehrbuch des Schuldrechts*[108] oder *Allgemeiner Teil des deutschen Bürgerlichen Rechts*.[109]

Ich habe mit einem mittlerweile 75-jährigen Richter gesprochen, der bei Larenz in der Vorlesung war und mir versichert hat, dass Larenz kein nationalsozialistisches Gedankengut gelehrt hat. Überdies sei Larenz' Werk *Methodenlehre* nach 1945 entstanden und ebenfalls frei von jeglichem rechten Gedankengut. Und Larenz' Werk zum Schuldrecht sei ein Lehrbuchklassiker von höchster gedanklicher Klarheit.

Ich habe mir die *Methodenlehre* gekauft und nachgelesen.[110] Es stimmt. Die Frage ist: Wie soll man damit umgehen? Weiterhin die Lehrbücher benutzen? Vermutlich schon. Von den Verlagen mehr Transparenz und ein klares Bekenntnis zur Demokratie verlangen? Zumindest sollte man es wissen, auf welchem Boden manche Publikationen entstanden sind.

Bei den Zeitschriften ist die Lage unübersichtlicher, und schon der Versuch, den braunen Bodensatz der schon vor 1945 bestehenden Zeitschriften nachzuzeichnen, wäre besser für eine Doktorarbeit geeignet als für *111 Gründe, Anwälte zu hassen*. Und man muss aufpassen. Nehmen wir nur als einziges Beispiel die *Neue Juristische Wochenschrift*, die NJW, eine der bekanntesten rechtlichen Fachzeitschriften. Sie erkennen sie daran, dass sie die gleiche Farbe hat wie das Buch, das Sie gerade in Händen halten. (Signalrot – nur für den Fall, dass Sie rotgrünblind sind). Ihre Namensvorgängerin war die *Juristische Wochenschrift*, eine zwischen 1933 und 1945 stramm mit Nazis besetzte Zeitschrift[111] des Deutschen Anwaltvereins, im Verlag Moeser in Leipzig erschienen. Die NJW, wurde dagegen erst 1947 vom C.H. Beck Verlag in München gegründet und hat mit der JW nichts zu tun.[112]

Weil manche ihrer Profs
Recht mit rechts verwechseln

Zu den Lehrbüchern und Zeitschriften mit braunem Bodensatz passt es, dass die Juraprofessorenschaft in ihren Reihen Professoren duldet, die sich so konservativ positionieren, dass man sie als rechtskonservativ bezeichnen könnte, oder sogar rechtsextrem.

BEISPIEL 1

Ein Beispiel der rechtskonservativen Gruppe ist der Professor für öffentliches Recht an der Uni Bonn, Prof. Dr. Christian Hillgruber.[113] Er reklamierte kürzlich in der *Frankfurter Allgemeinen Zeitung* (FAZ) in verschwurbelten Worten das Recht, Homosexuelle weiterhin abartig finden zu dürfen, weil es seine Freiheit einschränke, wenn er es wegen irgendwelcher Diskriminierungsverbote nicht mehr dürfe.[114] Diese Argumentation ist perfide. Denn das Einzige, was durch Diskriminierungsverbote eingeschränkt wird, ist die Freiheit der Unterdrücker, weiterhin zu unterdrücken und das als normal proklamieren zu dürfen. Juristen wie Hillgruber wissen sehr genau, dass die sogenannten *freiheitlichen* Rechte der einen *immer* die freiheitlichen Rechte anderer einschränken. Dass Freiheitsrechte verletzt und Tugendterror ausgeübt würde, behaupten denn auch besonders gern solche Autoren und Betreiber von Websites, die in Wahrheit undemokratisches, frauenfeindliches, wenn nicht rechtsradikales Gedankengut propagieren. Grund genug, auf Hillgruber eine genaueren Blick zu werfen.

Hillgruber ist zusammen mit seinem Bonner Professorenkollegen Klaus Ferdinand Gärditz Vorstandsmitglied der 1984 gegründeten Juristen-Vereinigung Lebensrecht e. V.[115], wo auch der im vorigen Grund genannte Strafrechtskommentator Herbert Tröndle Mitglied ist. Diese Vereinigung vertritt vehement eine Rechtspflicht zum Gebären, hinter der das Recht der Frau, selbst über einen Schwangerschaftsabbruch zu entscheiden, zurückzutreten habe.

Damit wendet sich die Juristenvereinigung gegen den geltenden und vom Bundesverfassungsgericht nach einer Konfliktberatung erlaubten, das heißt straffreien Schwangerschaftsabbruch.[116] Hillgruber sagt dazu: »Würde die Verfügung über das Lebensrecht des nasciturus (er meint den Fötus, E. E.), wenn auch nur für eine begrenzte Zeit, der freien, rechtlich nicht gebundenen Entscheidung eines Dritten, und sei es selbst der Mutter überantwortet, wäre rechtlicher Schutz dieses Lebens nicht mehr gewährleistet.«[117]

Das Bundesverfassungsgericht hatte zwar selbst 1993 von einer Rechtspflicht zum Austragen und der Notwendigkeit, das ungeborene Leben zu schützen, gesprochen, allerdings hatte das Gericht – im Gegensatz zu den Lebensschützern – festgelegt, dass die Austragung unter bestimmten Umständen unzumutbar sei. Damit hatte es den Weg für die 1995 verabschiedete Gesetzesänderung frei gemacht, wonach ein Schwangerschaftsabbruch mit vorheriger auf die Austragung hinwirkender Beratung der Schwangeren innerhalb bestimmter Fristen straffrei ist.[118] Also ist der Schwangerschaftsabbruch nach der vorangegangenen Beratung legal und darf von den Krankenkassen bezahlt werden.

Dagegen wettern die Lebensschützer, zu denen leider auch einige Lebensschützerinnen gehören, die nicht begreifen, vor wessen Karren sie sich da spannen lassen. Juristen wie Hillgruber beklagen ein »Schutzdefizit« für das ungeborene Leben und »eine Deformation und Erosion des Rechtsbewusstseins«.

Die Notlage der abtreibenden Frauen ist den Lebensschützern reichlich egal. Die »besondere Lage der Frau darf von Rechts wegen nicht dazu führen, ihre Grundrechtsposition denen des ungeborenen Lebens überzuordnen«, so Hillgruber.[119]

SIE SOLLTEN MAL LÜFTEN

Wie wirkt es sich aus, wenn Professoren wie Hillgruber und Tröndle an einflussreicher Stelle Positionen vertreten? Sie liefern unter dem Deckmäntelchen des angeblichen Grundrechtsschutzes denjenigen die juristischen Argumente, die zur Hexenjagd auf die Ärzte von Abtreibungskliniken oder Beratungsstellen von Schwangeren blasen. Kliniken und Ärzte, die Frauen ersparen, an einer von Kurpfuschern illegal durchgeführten Abtreibung zu sterben. Denn abgetrieben wurde und wird immer.[120] Auch wenn Professoren wie Christian Hillgruber und die anderen Lebensschützer das offenbar nicht wahrhaben wollen. Doch leider waren Juristen schon immer gut darin, juristische Argumentationshilfe zu leisten. Zum Beispiel, als es ab 1933 das Naziregime juristisch zu legitimieren galt.

Die *taz schreibt*: »Christliche FundamentalistInnen und Rechtsextreme kämpfen Seite an Seite mit Wertkonservativen für die Anerkennung des Fötus als Rechtssubjekt, das man auch gegen die Frau ins Feld führen kann.«[121]

Eine, die in Bonn öffentliches Recht studiert hat, trägt Hillgrubers Saat bereits weiter, die Unternehmensberaterin Mechthild E. Löhr. Sie gibt zusammen mit dem Juristen Bernward Büchner, ebenfalls Lebensschützer, und einer Ärztin namens Claudia Kaminski das Buch heraus: *Abtreibung – ein neues Menschenrecht?*[122] Claudia Kaminski ist Bundesvorsitzende der Aktion Lebensrecht für Alle e. V. und publiziert in der *Jungen Freiheit*, einer bräunlich verfärbten Zeitschrift.

Ein Interview, das Hillgruber seinerzeit der *Jungen Freiheit* gegeben hatte, kostete ihn wahrscheinlich eine Karriere als Verfassungsrichter. Der Bonner Professor war kurze Zeit im Gespräch für den Posten eines Verfassungsrichters am Landesverfassungsgericht Nordrhein-Westfalen, schied aber aus, weil er sich 2002 in der vom Verfassungsschutz als rechtsextrem eingestuften Wochenzeitung *Junge Freiheit* kritisch zum Zuwanderungsgesetz geäußert hatte.[123] Hillgruber hatte erläutert, dass die Bundesrepublik in erster Linie ein Staat »des deutschen Volkes« sei.[124] Später distanzierte er sich laut dem in den Fußnoten erwähnten Artikel der Westdeutschen Zeitung davon und behauptete, er habe die Ausrichtung der *Jungen Freiheit* nicht gekannt.[125]

Ein Gründungsmitglied und langjähriger Autor der Juristen-Vereinigung Lebensrecht[126] ist ein ehemaliger Naziverbrecher: Professor Willi Geiger. Der spätere BGH-Richter wirkte als NS-Staatsanwalt an mehreren Todesurteilen maßgeblich mit.[127]

BEISPIEL 2

Ein Juraprofessor, der auch gegen Schwangerschaftsabbrüche agitiert, ist der Greifswalder Professor Ralph Weber.[128] Er ist bei Burschenschaften wiederholt zu Vorträgen angetreten. Interessantes berichtete der SPIEGEL über den Kleidungsstil des Juraprofessors. Weber trage an seinem Arbeitsplatz an der Universität Kleidung von der in Neonazi-Kreisen beliebten Marke Thor Steinar.[129] Die Universität Greifswald erließ daraufhin eine Kleiderordnung, die Neonazisymbolik verbot.[130] Warum sollte ein Lehrstuhlinhaber für Bürgerliches Recht, Medizinrecht, Arbeitsrecht und Rechtsgeschichte nicht Mode von Thor Steinar tragen? Weil das Label, wie die Gruppe *Investigate Thor Steinar* darlegt, aktuelle Modetrends aufgreift und diese mit Motiven verbindet, »welche positive Deutungsmöglichkeiten bezüglich nordischer-völkischer Mythologie, Kolonialismus und nationalsozialistische Ideologie zulassen. [...] Die Anspielungen sind meist so gestaltet, dass sie Neonazibezüge auf den ersten Blick nicht zulassen.« In der 36-seitigen Broschüre kommen sie zu dem Schluss: »Jede_r, die_der eine solche Marke (»Thor Steinar«, »Hemland«) kauft, unterstützt wissentlich oder unwissentlich eine totalitäre, rassistische und menschenverachtende Ideologie.«[131] Vielleicht sollte die Universität ihren Professor wegen Demokratiefeindlichkeit emeritieren, bevor er das Pensionsalter erreicht hat?

So weit rechtsaußen sind nicht alle Professoren und Professorinnen, zum Glück. Aber viel zu viele sind konservativ und lassen es an kritischer Distanz fehlen.[132] Und solche Professoren entscheiden dann darüber, ob die jungen Jurastudierenden die Befähigung zum Richteramt und damit den Weg in den Anwaltsberuf erhalten. Gott sei Dank, kann man nur sagen, dass es auch andere gibt.

§ 31. GRUND §

Weil sich manche ihrer Kirchenrechtler Opus Dei verschrieben haben

Genau hinsehen sollten Jurastudierende bei Professoren, die Kirchenrecht unterrichten. So ist der außerplanmäßige Professor an der Albert-Ludwigs-Universität Freiburg Professor Stefan Matthias Mückl (*1970) zugleich römisch-katholischer Priester der sogenannten Personalprälatur Opus Dei.[133] Juraprofessor Mückl lebt zölibatär, also sexuell enthaltsam.[134] Opus Dei kennen die meisten aus der Verfilmung von Dan Browns *Sakrileg*. Dieser katholischen Organisation werfen Kritiker vor, einen »fundamentalistischen katholischen Staat« anzustreben, der »die Ausgrenzung von Andersdenkenden vorsieht«.

Diese Einschätzung stammt von dem Theologen und Journalisten Peter Hertel (*1937), der schon zahlreiche Bücher über Opus Dei geschrieben hat.[135] Ist die Organisation ein geeigneter Aufenthaltsort für Professoren, die Jurastudierenden die Grundlagen unseres freiheitlich demokratischen Rechtsstaats beibringen sollen?

Zum Rechtsstaat gehört übrigens die Gleichberechtigung von Mann und Frau. Ein Punkt, mit dem das Opus Dei ebenfalls so seine Probleme hat. Frauen haben dort nichts zu melden, dürfen aber für die Herrschaften putzen und das Essen durch eine Klappe anreichen.[136] Wer dort etwas zu sagen hat, ist katholischer Priester, und die sind männlich.[137]

Von Opus Dei gibt es Verbindungen zu den Lebensschützern. Manfred Spieker etwa, Sozialwissenschaftler und Christian Hillgrubers Co-Autor, referiert beim konservativen Kölner Lilienthal-Institut der Lilienthal-Stiftung. Dessen Generalsekretär ist der Arzt und eines von etwa 600 deutschen Opus-Dei-Mitgliedern: Dr. Hans Thomas.[138] Die Kolloquien und Publikationen des Instituts beschäftigen sich mit »Wissenstheorie (zum Beispiel Naturwissenschaft/Philosophie), Ethik (insbesondere Ethik in der Medizin, Bioethik), Kultur der Arbeit (einschließlich Wirtschaftsethik)« und mit »Familie, Demografie, Familienpolitik«. Dabei verstehen sie unter Familie ausschließlich die Familie mit Mann und Frau.

Beim Thema Frau und Familie treffen sich alle harmonisch wieder: die konservativen Juristen und anderen Wissenschaftler und die fundamentalistischen Zweige der evangelischen und katholischen Kirche. Alle würden gern unter dem Deckmäntelchen des Schutzes der Familie das Rad zurückdrehen.

Sie erinnern sich: Bei den Nationalsozialisten war »die soziale Rolle der Frau auf ihre unbezahlte, sich aufopfernde Mutterrolle als Garant für ›stählerne, kampfbereite‹ Nachkommen reduziert«,[139] an die sie »hochwertiges« Erbgut weitergeben sollte. So weit gehen die »nur« Rechtskonservativen nicht, aber sie betonen die Wichtigkeit der klassischen Mann-Frau-Kind-Familie.

Ist Ihnen aufgefallen, dass die Rechtskonservativen alle Bestrebungen, die Gleichberechtigung der Frau zu fördern, als Angriff auf das vermeintlich gute alte Modell werten?[140] Und wer von den Anwälten hält sich in der Nähe von Opus Dei auf? Zwei Beispiele sind die Anwälte und CSU-Mitglieder und ehemaligen Bundestagsabgeordneten Norbert Geis und Aribert Wolf.[141] Letzterer hatte sich nach einer erfolglosen Bürgermeisterkandidatur in München aus der Politik zurückgezogen und ist nun wieder als Anwalt tätig. Er war, wie Geis auch, Chef der Rheinland-Stiftung, einer

Opus-Dei-nahen Stiftung. Ersterer schreibt unter anderem für die Junge Freiheit[142], das selbst ernannte Hetzorgan aller Rechten, die nicht begriffen haben, dass ihre Ansichten veraltet sind.

Hier eine Anregung an die Bundesrechtsanwaltskammer: genau erfassen, in welchen Organisationen Rechtsanwälte Mitglied sind und beim Verdacht auf eine demokratie- und frauenfeindliche Einstellung der Organisation sofort eine Abmahnung schicken und mit dem Entzug der Zulassung drohen. Das würde all diejenigen Anwälte und Anwältinnen stärken, die es mit dem Bekenntnis zur Verfassung und Demokratie ernst meinen.

DIE ANWALTSWERDUNG

§§

»ALS GREGOR SAMSA EINES MORGENS
AUS UNRUHIGEN TRÄUMEN ERWACHTE,
FAND ER SICH IN SEINEM BETT ZU EINEM
UNGEHEUREN ANWALT VERWANDELT.«
Frei nach Franz Kafka[143]

Weil sie die falsche Ausbildung haben

Die Anwaltsausbildung dauert so lang, dass es bei Anwälten nur heißen kann: Alter vor Schönheit. Anwälte sind mindestens 30, bevor sie überhaupt als Anwalt zugelassen werden.[144] Im Durchschnitt sind sie 47 Jahre alt,[145] ein Alter, in dem beispielsweise an der Elfenbeinküste die meisten Menschen schon tot sind.[146]

Warum beginnen Anwaltsprofis ihre Karriere in einem Alter, wo Fußballprofis längst in Rente sind oder Hartz IV beantragen?[147] Dauert es so lange, die Gehirnmasse durch Paragrafenzeichen zu ersetzen?[148] Es liegt daran, dass sie die falsche Ausbildung haben. Wer in Deutschland als Anwalt oder Anwältin arbeiten will, braucht kein Anwaltsexamen, sondern die Befähigung zum Richteramt.[149] Das ist ein Anachronismus, den sich nur die Juristen leisten. Wer Steuerberater werden möchte, muss eine Steuerberaterprüfung ablegen. Wer Wirtschaftsprüfer (WP) werden will, eine Prüfung zum Wirtschaftsprüfer. Letztere ist verflixt schwierig, deshalb gibt es insgesamt in Deutschland nur etwa 14.000 Wirtschaftsprüfer.[150]

Die Befähigung zum Richteramt bekommt, wer ein mindestens vier Jahre dauerndes Jurastudium mit dem ersten Staatsexamen und ein zweijähriges Referendariat mit dem zweiten Staatsexamen abschließt.[151] Macht mit der Wartezeit aufs Referendariat sechs bis acht Jahre. Wer als Mann mit 19 oder 20 Abitur gemacht hat, dann früher noch zwei Jahre zur Bundeswehr oder zum Zivildienst gegangen ist, war bisher mindestens 28, wenn er fertig war; Frauen, die keinen Wehr- oder Zivildienst machen mussten, entsprechend jünger. Mit dem abgeschafften Wehrdienst und dem in manchen Bundesländern auf acht Jahre verkürzten Gymnasium verkürzt sich die Ausbildungszeit für Männer und Frauen ein wenig.

Die lange Ausbildungsdauer wäre für sich genommen nicht schlimm, denn Lebenserfahrung ist kein Nachteil. Die supererfolg-

reichen Anwälte und Anwältinnen in den großen Wirtschaftskanzleien, die sogenannten Rainmaker, haben zu einem großen
Teil schon das gesetzliche Rentenalter erreicht. Doch durch die
lange Ausbildungszeit geht jungen Juristen wertvolle Lebenszeit
verloren, kritisiert Rechtsanwalt Dr. Michael Streck:[152] Zeit, in der
sich die angehenden Volljuristen eigentlich für einen sinnvollen
Beruf entscheiden könnten, rinnt ihnen erbarmungslos durch die
Finger, denn, das ist das Fatale, der Markt braucht sie nicht – oder
nur einen Teil von ihnen.

§ 33. GRUND §

Weil sie ihre Ausbildung nicht reformiert bekommen

Die großen Kanzleien, die Gerichte, Staatsanwaltschaften und
Behörden oder Unternehmen nehmen die mit den besten Noten,
der Rest muss Anwalt werden, auch wenn der Rest das vielleicht
nicht wollte. Deshalb steigen die Anwaltszahlen Jahr für Jahr. Der
Anwaltsstand täte gut an einer Reform, aber Reformen in eigener
Sache sind keine Stärke der Anwaltskammern und Verbände. Ob es
daran liegt, was der Dichter und Journalist Kurt Tucholsky über die
Berufsstände und ihre Sekretäre sagte? »… dass die Arbeiter und
Werkmeister, die dergestalt ›aufrücken‹, nicht zu den Tüchtigsten
ihres Fachs gehören. Es ist meist der schwach befähigte, der min-
derbegabte oder der minderfleißige Arbeiter, der sich nach einem
Loch umsieht, durch das er sich drücken kann.«[153]
    Die Reformmodelle laufen letztlich darauf hinaus, dass An-
wälte ein Jurastudium abschließen und sich danach auf ein Anwaltsexamen vorbereiten. Der Deutsche Anwaltverein hat einen
entsprechenden Gesetzentwurf vorgelegt, doch bisher noch nicht
geschafft, ihn durchzusetzen.[154] Er sieht vor, dass Richter, Anwälte
und Verwaltungsbeamte sich jeweils in ihren eigenen Vorberei-

tungsdiensten auf ihr Examen vorbereiten. So würde vermieden, dass die öffentliche Hand Geld verschwendet, indem sie Richter ausbildet, die nachher Anwalt werden.[155] Angesichts der vielen Anwälte im Bundestag sollte es eigentlich machbar sein, auf den Gesetzgeber respektive die gesetzgebende Gewalt einzuwirken, eine vernünftige Ausbildungsreform zu beschließen. Aber das ist, wie gesagt, schwierig.

Die einzige Konstante ist, dass alles bleibt, wie es ist. Und da eine Reform schon seit 100 Jahren auf sich warten lässt, wursteln Kanzleien und Anwaltskammern mit Behelfslösungen herum. Dass die Anwaltsstation im Referendariat und die Anwaltsklausur im Staatsexamen nicht das abbildet, was ein Anwalt wissen müsste, liegt auf der Hand, erst recht, wenn die Anwaltsstation nur benutzt wird, um für das zweite Staatsexamen zu lernen.

Also machen die Referendare das zweite Examen, beantragen die Zulassung und beginnen dann, sich anwaltsspezifisch fortzubilden. Die Bundesrechtsanwaltskammer bietet zum Beispiel ein Zertifikat »Qualität durch Fortbildung« an. Die Teilnehmer müssen über diverse Tätigkeiten, Seminare und Fachveranstaltungen eine Mindestanzahl von 360 Punkten erwerben.

Ferner gibt es mittlerweile 20 Fachanwaltstitel. Um sie zu erhalten, müssen die Fachanwälte einen Fachanwaltslehrgang mit Prüfungsaufgaben abschließen und eine Mindestanzahl von Fällen in dem jeweiligen Rechtsgebiet bearbeitet haben.[156]

Die großen Wirtschaftskanzleien sind längst dazu übergegangen, ihre Anwälte selbst fortzubilden. Erstens holen sie sich ihre künftigen Mitarbeiter am liebsten so früh wie möglich über Praktikantenprogramme in die Kanzleien. Haben sie die High-Potenzials erst mal in die Kanzlei geholt, bilden sie sie dann in eigenen Akademien und Sommerakademien aus.

Hengeler Mueller, eine der umsatzstärksten und bedeutendsten deutschen Wirtschaftskanzleien, kooperiert mit der schweizerischen Universität St. Gallen, einer »Hochschule für Wirtschafts-,

Rechts- und Sozialwissenschaften sowie Internationale Beziehungen«. Die fünfjährige berufsbegleitende Ausbildung an der HM Akademie St. Gallen soll Kenntnisse im Wirtschaftsrecht, Grundlagen der Betriebs- und Volkswirtschaftslehre und Soft Skills, etwa Verhandlungsführung oder Präsentationstechnik vermitteln, und endet mit einem »Diploma« der Universität St. Gallen.[157] Nach drei Jahren gibt es ein »Certificate«.

Und wie bildet sich der schlecht verdienende Bodensatz der Anwaltschaft fort? Wenn er sich kaum die aktuelle Fachliteratur und juristischen Datenbanken leisten kann? Er riskiert Beratungsfehler wegen mangelhafter Rechtskenntnisse.

Was würde eine Reform bringen? Sie könnte erstens den Zustrom zum Anwaltsberuf begrenzen und damit die Verdienstchancen für jeden einzelnen Anwalt erhöhen respektive jede einzelne Anwältin. Sie könnte zweitens die Ausbildung und die Zulassung an sich verbessern. Die alles andere als gut ist. Zum Beispiel gibt es kaum ein Studium, wo ein Großteil der Studierenden das Examen nur mit privatem Nachhilfeunterricht (dem sogenannten Repetitorium) schafft. Vielleicht würden dann – ein Wunschtraum – nicht nur die mit den besten Noten, sondern die mit der besten Eignung für den Anwaltsberuf zu Anwälten und Anwältinnen werden.

§ 34. GRUND §

Weil sie niemals die Note »Sehr gut« vergeben, aber bei Einstellungen nur auf gute Noten achten

Mit den Noten ist es so eine Sache. Juristen geben einander nur schlechte Noten, trotzdem achten sie bei Einstellungen nur auf die guten Noten. Das klingt schizophren, ist aber Ausdruck der bipolaren Selbst- und Fremdwahrnehmung von Anwälten. Aber fangen wir mit der Benotung im Studium an. Professoren vergeben so gut wie nie die Bestnote »Sehr gut« beziehungsweise 18 Punkte. Das Gleiche gilt für das zweite Staatsexamen. Die Prüfer dort, also Richter, Staatsanwälte, Ministerialbeamte und Anwälte, vergeben ausschließlich dann die Note »Sehr gut«, wenn ...

- Ostern und Weihnachten zusammenfallen.
- sie Gras geraucht haben.
- Sonnenfinsternis herrscht.

Also erhalten nach der Statistik der Justizprüfungsämter im zweiten Staatsexamen von rund 1.000 Prüflingen pro Jahr ganze 20 die Note »Gut« und nur einer die Note »Sehr gut«. Unter dem »Gut« liegt das »Vollbefriedigend«. Das bekommen rund zehn Prozent eines Jahrgangs. Es wird als Prädikatsexamen bezeichnet und beginnt bei 9 von 18 möglichen Punkten. Die Ergebnisse der übrigen Kandidaten liegen zwischen 4 und 8 Punkten. Fragen Sie mal Ihren Rechtsberater nach seinen Noten. Kommt der jeweilige Kollege aus einer Großkanzlei, ist die Wahrscheinlichkeit hoch, dass er mit mindestens einem, wenn nicht zwei »Vollbefriedigend« ins Berufsleben gestartet ist. Je kleiner und unbedeutender die Kanzlei, desto eher steht nur ein »Befriedigend« oder sogar nur ein »Ausreichend« auf dem Beipackzettel.

Dass Juristen ihrem Nachwuchs keine guten Noten erteilen, liegt an ihrem zuvor beschriebenen Selbstverständnis. Wer sich selbst insgeheim nicht zugesteht, perfekt zu sein, findet es unmöglich, andere überschwänglich zu loben.

Die schlechten Noten wären nicht weiter dramatisch, doch leider zählt in der gesamten Anwalts- und Juristenwelt nur die Note als Einstellungskriterium. Für Partner in Kanzleien gilt die simple Gleichung: gute Note = guter Anwalt/gute Anwältin. Ihre Erfahrung lehrt, dass nur Junganwälte mit guten Noten die juristischen Braintwister kapiert haben, etwa die bereicherungsrechtliche Rückabwicklung in Mehrpersonenverhältnissen mitsamt Leistungskondiktion, Nichtleistungskondiktion oder Dreieckskondiktion.[158] Natürlich hilft dergleichen im Anwaltsleben, zum Beispiel beim

Formulieren von Allgemeinen Geschäftsbedingungen oder bei der Lektüre von Entscheidungen der EU-Kommission. Ohne höhere Intelligenz sind sie schlichtweg unverständlich, wobei an EU-Texte, mal unter uns, eigentlich jedes Tröpfchen teuren Hirnschmalzes verschwendet ist.

Solche Richtlinien, Verordnungen und Entscheidungen sind in solchem Kauderwelsch abgefasst, dass man an solche Texte nur absolute Hirnbremsen setzen sollte. Und wenn die nicht sofort kapieren, was die EU da verzapft hat, sollte man Beschwerde einlegen und Schmerzensgeld fordern, dann bessern sich die europäischen Behörden vielleicht irgendwann.

Andererseits gibt es gute Argumente *gegen* die Notenhörigkeit der einstellenden Kanzleien. Wer nur auf die Note achtet, aber nicht auf die Persönlichkeit, verpasst die Chance, Persönlichkeiten zu finden, warnt zum Beispiel Marion Proft, auf juristische Berufe spezialisierte Personalberaterin (www.Legalprofession.de) in Berlin. Bisher behaupten Kanzleien nur, sie würden auf die Persönlichkeit achten, so hat Marion Proft mir erläutert: »Was Anwälte *sagen*, ist: ›Wir schauen nicht nur auf die Note, sondern auch auf die Soft Skills.‹ Was sie meinen ist: Sie achten nur auf die Note, erst dann auf die Persönlichkeit.«

§ 35. GRUND §

Weil sie sich im Studium wie Rekruten beim Schlammrobben benehmen

Weil die guten Noten über alles entscheiden, tun angehende Anwälte logischerweise alles, um sie zu bekommen. Welche Medikamente sich einige Jurastudierende einwerfen, um in der entscheidenden Lernphase nicht unter den Bibliothekstisch zu fallen, wollen wir hier nicht näher beleuchten. In jedem Falls gehört es

fast schon zum guten Ton, bei der Hausarbeit (so heißen die juristischen Seminararbeiten) die entscheidenden Bücher und Zeitschriften rechtzeitig und lange auszuleihen, und falls das nicht geht, zu verstecken, um zu verhindern, dass die Kommilitonen sie in die gierigen Griffel bekommen. Kommilitone heißt »Waffenbruder«, was bei kaum einem Studiengang so gut passt wie bei Jura. Militärstrategisch bereiten sie das Examen vor, horten Zeitschriften (das war früher wirkungsvoller als heute, wo vieles im Internet steht) und pauken sich den Stoff in die Birne, als gelte es, einen Krieg zu gewinnen. Doch wer tierisch schuftet, bei dem bleiben eventuell andere Qualitäten auf der Strecke.

Militärisch klingt übrigens auch die von Juristen erfundene frühe Examensprüfung, nämlich der Freischuss. Wer schon nach dem 8. Semester zur Prüfung antritt, und nicht erst nach dem 10. oder 12., wird beim Wiederholungsversuch behandelt, als wäre das sein erstes Mal. Er bekommt also einen zusätzlichen Wiederholungsversuch. Geht der erste Schuss respektive die Prüfung daneben, wird so getan, als hätte es den Versuch nicht gegeben. Hat schon der Freischuss getroffen, sprich, das Examen wurde bestanden, darf der Prüfling trotzdem wiederholen, wenn er die Noten verbessern möchte. Weil er noch nicht ins Schwarze getroffen, also mindestens ein »Vollbefriedigend« bekommen hat.

Zum Militär passt, dass in kaum einem Studiengang mehr Studenten den Studentenverbindungen beitreten als bei Jura. Mit Studenten sind in dem Fall tatsächlich die Männer gemeint, denn die meisten Verbindungen und Burschenschaften sind Männerbünde. Frauen sind dort nur als »Damen« willkommen, in langem Kleid bei besonderen Anlässen.

§ 36. GRUND §

Weil Karriereanwälte sich schon als Praktikanten perfekt ausdrücken

Karrierebewusste Jurastudierende erkennt man an ihrem Äußeren, aber auch an ihren Formulierungen. Wenn sie bei einem ihrer planvoll absolvierten Praktika einen Praktikumsbericht verfassen, geben sie Satz für Satz zu erkennen, dass sie innerlich und äußerlich für eine Karriere in der Großkanzlei bereit sind.

Gefragt, warum sie sich gerade für ein Praktikum bei der Superkanzlei End & Geil entschieden habe, antwortet die zielorientierte Praktikantin folgendermaßen: »*Zunächst einmal ist End & Geil eine der führenden internationalen Wirtschaftskanzleien, was die Kanzlei als Arbeitgeber natürlich für jeden Berufseinsteiger interessant macht.*«

Die Floskel »*zunächst einmal*« heißt: Es gibt ganz viele Gründe, angefangen von dem vernünftigen Kaffeevollautomaten über den nicht ganz schlecht aussehenden Senior Associate (das ist ein etwas höher in der Hierarchie stehender Kollege) und dem respektablen Praktikumsgehalt, das jeden Monat auf mein Konto flattert. Dieses ist zwar leider im Durchschnitt 42 Prozent niedriger als das meiner männlichen Kollegen, aber für Chanel und Dior reicht es allemal. Insgesamt sind Tonalität und Wortwahl das perfekte Pendant zu Hermèstüchlein und Pradatäschchen (respektive Ralph-Lauren-Shirt bei den männlichen High Potenzials).

»*Führende internationale Wirtschaftskanzlei*« heißt, dass die Kanzlei zu den 50 umsatzstärksten Kanzleien in Deutschland gehört. Das muss immer wieder betont werden. Natürlich sind nicht alle führenden Kanzleien gleich führend, aber das ist wie bei der Formel 1, da muss man sich die Poleposition immer wieder erkämpfen und laut röhren, wenn man sie hat.[160]

Lesen wir den Praktikumsbericht noch ein bisschen weiter: »*Insbesondere das internationale Netzwerk von End & Geil bei gleichzeitiger Eigenständigkeit der lokalen Büros macht End & Geil für jeden Berufseinsteiger, der bereits im Rahmen seiner Ausbildung über den Tellerrand hinausgeschaut hat und global denkt, als Arbeitgeber reizvoll.*« Sie merken, wie die Junganwältin die *Eigenständigkeit* betont. Sie stellt damit klar, dass ihr schon bewusst ist, dass sie in Deutschland arbeitet und es gut findet, wenn nicht alles in London oder New York bestimmt wird. In London und New York haben viele Kanzleien ihren Stammsitz. Andererseits freut sie sich, denn wenn viele Aufträge aus dem internationalen Kanzleinetzwerk kommen, muss sie selbst weniger Aufträge heranschleppen.

Und was ist mit dem *Tellerrand*? Der ist so was wie der Allrounder unter den sprachlichen Erkennungssignalen bei Anwälten und Anwältinnen. Man muss dieser Berufsgruppe zugutehalten, dass ihr Repertoire an Bildern oder Metaphern nicht besonders groß ist. Schließlich werden sie ja nicht für sprachliche Kreativität bezahlt und die schriftstellerisch begabten Juristen haben bereits die Flucht ergriffen.[161] Aber natürlich wollen auch sie ausdrücken, dass ihr Horizont weiter reicht als bis zum nächsten Schönfelder (das dicke rote Gesetzbuch aus dem C.H. Beck-Verlag). Deshalb freuen sie sich, dass sie eine Metapher dafür gefunden haben, und reden vom Tellerrand, wann immer sich die Gelegenheit dazu bietet.[162]

Und noch etwas müssen Praktikanten und Junganwälte in ihren Texten unter Beweis stellen: ihre Fähigkeit, immer Passivkonstruktionen einzusetzen und damit größtmögliche Distanz zum Objekt zu demonstrieren. Eindrucksvoll belegt dies unsere letzte Textprobe, entnommen aus der Ausbildungszeitschrift *stud. Jur.*

Auf die Frage W*ie sah Ihr Arbeitsalltag in den Vereinigten Arabischen Emiraten aus?* antwortet der aufstrebende Junganwalt: *Als Referendar wurde ich in die tägliche Beratungspraxis eingebunden und bekam dabei umfangreiche Einblicke in das Straf-, Zivil- und Wirtschaftsrecht des Landes.*[163]

Man sieht deutlich, er hat es geschafft, den ganzen farbenprächtigen Zauber des Orients in juristische Sprache zu fassen. Wie empfindsam er mit allen juristischen Sinnen das Erlebnis aufgenommen hat, macht seinen Bericht zu einer aufregenden Lektüre: *Eine besondere Erfahrung war die juristische Tätigkeit mit fremden Gesetzen in einer fremden Sprache. Auffallend war jedoch die Leichtigkeit im Umgang mit den lokalen Gesetzen, sofern man die sprachlichen Barrieren überwunden hatte.*

Dieser Aussage von vollendeter Weitsicht können wir uns nur anschließen: *Auffallend ist die Leichtigkeit im Umgang mit Anwälten, sofern man die sprachlichen Barrieren überwunden hat.*

§ 37. GRUND §

Weil sie auf gute Verbindungen achten

Die Neigung, sich in die richtige Richtung zu bewegen und mit den richtigen Kreisen zu klüngeln, haben Jurastudierende mehr als Studierende anderer Fachrichtungen. Traditionell werden männliche Jurastudenten daher gern Mitglied in Studentenverbindungen, Burschenschaften und Corps. Ich habe versucht, vom Cartellverband[164] zu erfahren, wie hoch der Juristenanteil der Verbindungsbrüder ist, aber man hat mir nicht geantwortet. Genaue Zahlen habe ich daher nicht.

Der Umkehrschluss erlaubt die Aussage, dass es einige sind, denn bei vielen bekannten Anwälten und Richtern finden sich Hinweise auf ihre Verbindungsmitgliedschaften, und leider sterben sie nicht aus. Wer es wagt, die Tochter zum Jurastudium an eine renommierte, aber konservative rechtswissenschaftliche Fakultät wie die der Universität Bonn zu schicken, muss unter Umständen auch im Jahr 2014 verkraften, dass sich das Töchterchen in einen jurastudierenden Burschenschaftler verknallt.

Nun ist Verbindung nicht gleich Verbindung. Es gibt katholische, farbentragende, nicht farbentragende, schlagende und nicht schlagende Verbindungen. Es gibt Corps und Sängerbünde und es gibt Burschenschaften. Entsprechend unterschiedlich sind die Gesinnungen, die man dort antrifft. Die einen bekennen und verteidigen den Rechtsstaat und sind offen für eine pluralistische Gesellschaftsordnung, und manche lassen sogar Schwule Mitglieder werden. Sie sind traditionell konservativ, aber nicht automatisch rechts. Andere dagegen lassen jede Distanz zu rechtskonservativen, ja verfassungsfeindlichen Parteien vermissen.

Doch auch bei den nur-konservativen Verbindungen des Cartellverbands bleibt als großer Kritikpunkt, dass Frauen nicht Mitglieder werden dürfen, sondern nur als »Damen« ihre Männer bei Festen begleiten. Die Begründung? Es störe die Männerfreundschaften, wenn Frauen dabei sind, da Männer ja irgendwie doch immer um die Frau konkurrieren, so die Aussage eines Verbindungsbruders zu meiner Studienzeit.

Was heißt es für die Anwaltschaft, dass Verbindungen für sie immer noch eine Rolle spielen? Fördert die konservative, überhebliche, klüngelnde, paternalistische und reformunfähige Geisteshaltung der meisten Verbindungen die entsprechende Geisteshaltung der Juristenschaft und Anwaltschaft? Oder studieren überwiegend Persönlichkeiten mit einer solchen Geisteshaltung Jura und sammeln sich halt in den Verbindungen? Und wie sollte die Anwaltschaft damit umgehen? Wie könnten die Kammern zum Beispiel verhindern, dass von rechten Verbindungen rechtes Gedankengut in unsere Hörsäle und die Köpfe des Nachwuchses schwappt?

Sie könnten von jedem Bewerber, der eine Anwaltszulassung beantragt, erfragen, ob er (die Bewerberinnen spielen hier praktisch keine Rolle) Mitglied in einer Verbindung, Burschenschaft oder in einem Corps ist und ob deren Ausrichtung mit der freiheitlich-demokratischen Grundordnung vereinbar ist oder nicht. Das würde eine Menge bräunlichen Schmutz verhindern helfen.

Burschenschaften etwa gelten mittlerweile als intellektuelles Refugium der neuen Rechten.[165] Wer als Juraprofessor oder als Anwalt offen mit Burschenschaften sympathisiert, muss sich die Frage gefallen lassen, ob er es mit seinem Bekenntnis zur Demokratie wirklich ernst meint.

Auch die Bräuche der sogenannten schlagenden Verbindungen, Burschenschaften und Corps stehen für die Vergangenheit. Wenn Sie sich mal gewundert haben sollten, warum bestimmte Personen so komische Narben an der Wange haben, könnte das auf ein Duell zurückzuführen sein.

Etwa der Rechtsanwalt Christoph Ahlhaus, von August 2010 bis März 2011 Erster Bürgermeister der Freien Hansestadt Hamburg,[166] hat komische Narben im Gesicht. Das ist der Schmiss. Er entsteht beim Duell, der sogenannten Mensur, wenn die beiden Duellanten mit einem Florett aufeinander einschlagen. Das sah man früher bei den Chefs des Allianzkonzerns. Da gehörte die Mitgliedschaft in einer schlagenden Verbindung zum guten Ton.[167]

Beispiele für Verbindungsmitglieder in Anwaltsreihen:

- Der frühere Präsident des deutschen Anwaltvereins (bis 2009), Hartmut Kilger[168], ist in der Tübinger Studentenverbindung A.V. Igel (A.V. = Akademische Verbindung).
- Der ehemalige Präsident des Bayerischen Anwaltsverbandes, Anton Mertl: Mitglied der katholischen Studentenverbindung K.D.St.V. Rhaetia München.[169] Zu den Ehrenmitgliedern dieser Verbindung zählt Papst Benedikt XVI.
- Rechtsanwalt Dr. Klaus Kinkel[170], CDU-Mitglied und bis 1989 Außenminister der Bundesrepublik Deutschland: Katholische Studentenverbindung A.V. Guestfalia Tübingen im CV (CV = Cartellverband).
- Der CDU-Politiker und Bundestagsabgeordnete Friedrich Merz[171] ist Mitglied in der katholischen Studentenverbindung K.D.St.V. Bavaria Bonn im CV.

- Rechtsanwalt Hans-Peter Uhl[172], Bundestagsabgeordneter für die CSU, ist Mitglied der pflichtschlagenden Burschenschaft Arminia-Rhenania.
- Corps-Mitglied ist der Rechtsanwalt und Notar in der Hannoveraner Kanzlei Habel-Garlipp-Kleinert.[173]
- Ehemaliges Bundestagsmitglied und Notar in Neuss, Bertold Mathias Reinartz[174], ist Alter Herr der Studentenverbindung K.D.St.V. Hercynia im CV.
- Der Partner der Wirtschaftskanzlei CBH, Prof. Dr. Winfried Pinger[175], der bis 1989 für die CDU im Bundestag saß, ist Mitglied der K.St.V. Rheinpfalz Köln im KV.

Zu der Liste der korporierten Anwälte gehören auch ehemalige Mitglieder der NSDAP:
- Rechtsprofessor Paul Mikat (†) (K.D.St.V. Rheinfels Bonn, später fusioniert mit K.D.St.V. Ascania Bonn) im CV.[176] Bezeichnend für das Verschweigen bräunlicher Verbindungen ist die Darstellung auf der Ascania-Homepage[177]: Erwähnt werden die Ämter von »Mikätzchen« nach 1945, u. a. Kultusminister NRW, nicht aber, dass Mikat einer von 40 Abgeordneten im Landtag NRW war, die in der Nazizeit Mitglied der NSDAP waren oder bei parteinahen Organisationen wie SS oder SA mitwirkten.[178]
- NS-Jurist und Grundgesetzkommentator Prof. Dr. Theodor Maunz[179]: K.D.St.V Aenania München im CV.

Auch Richter sind Mitglied in Verbindungen.
- Ernst-Wolfgang Böckenförde[180], Richter am Bundesverfassungsgericht, und Klaus Detter[181], Richter am Bundesgerichtshof, sind Mitglieder der K.D.St.V. Gothia im CV.
- Prof. Dr. iur. Paul Kirchhof[182], ehemaliger Bundesverfassungsrichter von 1987 bis 1999, in gleich drei Verbindungen: Rheno-Palatia Freiburg im KV, Saxonia München und Ehrenphilister der Arminia Bonn.

ANWÄLTE UND
DAS LIEBE GELD

§§§

»SAGT DER ARZT ZUM ANWALT: ›SAG MAL, ÜBERALL,
WO ICH PRIVAT LEUTE TREFFE, WOLLEN DIE EINEN RATSCHLAG
VON MIR HÖREN. WAS SOLL ICH DENN MACHEN?‹

ANTWORTET DER ANWALT: ›SCHICK EINFACH JEDES MAL,
WENN DU EINEN RATSCHLAG GEGEBEN HAST, EINE ARZTRECHNUNG.‹

WAS HAT DER ARZT AM NÄCHSTEN TAG IM BRIEFKASTEN?
EINE RECHNUNG.«[183]

Weil ein Bruchteil der Anwaltschaft
den Löwenanteil der Honorare kassiert

Anwalt ist nicht gleich Anwalt. Die Bundesrechtsanwaltskammer und der Deutsche Anwaltverein beschwören zwar noch immer die »Einheit des Berufsstandes«[184], aber was das Einkommen angeht, kann davon 2014 weniger denn je die Rede sein.

Nur 4,9 Prozent aller Anwälte beziehungsweise nur 0,09 Prozent aller Kanzleien (50 von 54.000) erwirtschaften 21,66 Prozent des gesamten Branchenumsatzes. Der liegt bei 18 Milliarden Euro.[185] Die Umsätze klaffen auseinander wie Tag und Nacht.

Am untersten Ende der Skala stehen die Allgemeinanwälte. Sie sind oft als Einzelkämpfer oder -kämpferinnen unterwegs. Zahlenmäßig bilden sie mit 77,5 Prozent die größte Gruppe. Entweder handelt es sich bei ihnen um gestandene Anwaltspersönlichkeiten, die nach guter alter Manier alles beraten, was rechtlich und menschlich Hilfe braucht, so wie der Hausarzt, der für jeden da ist, oder es sind Personen, denen ihr nur ausreichendes Examen keine andere Wahl ließ, als Anwalt zu werden. Sie sind die, denen Joachim Wagner in seinem Buch *Vorsicht, Rechtsanwalt!*[186] vorwirft, ihre Mandanten schlecht zu beraten.

Eine weitere Gruppe sind die *spezialisierten* Allgemeinanwälte, die aber zumindest einen Fachanwaltstitel haben und auf ein oder mehrere Rechtsgebiete spezialisiert sind, etwa Familienrecht, Verkehrsrecht oder Mietrecht, und daher finanziell besser dastehen.

Dann kommen die Spezialisten, die nur ein bestimmtes Rechtsgebiet oder eine bestimmte Mandantengruppe beraten. Das können Immobilienanwälte, auf Verkehrsrecht oder Anlegerschutz spezialisierte Kanzleien sein, aber auch Abmahnanwälte.

Darüber kommen die auf die Beratung von Unternehmen oder vermögende Privatpersonen spezialisierten mittleren Wirtschaftskanzleien. Sie decken alle Rechtsgebiete ab, die Unternehmen benötigen, darunter fallen das Arbeitsrecht, Gesellschaftsrecht, Wettbewerbsrecht, IT-Recht und Steuerrecht. Und sie haben manchmal auch ein Notariat dabei.

Von ihnen ist der Übergang fließend zu den international tätigen Großkanzleien. Diese beraten teilweise noch Full Service, also alle von Unternehmen benötigten Rechtsgebiete. Teilweise sind sie hoch spezialisiert beziehungsweise haben sie die Beratung auf das profitable Transaktionsgeschäft verengt oder auch auf bestimmte lukrative Mandantengruppen, etwa Banken oder Investmentbanken.

Was heißt das finanziell? Die Durchschnittszahlen sind nur durchschnittlich aussagekräftig. Der Jahresumsatz von Einzelanwälten lag im Jahr 2010 bei 133.000 Euro, ihr Jahresüberschuss bei 57.000 Euro.[187] Das klingt komfortabel hoch, ist aber eine rein statistische Größe. Dazu gehören die besser verdienenden Einzelanwälte ebenso wie die Feld-Wald-und-Wiesen-Anwälte am Rande des Existenzminimums.

Der Umsatz steigt, wenn sich Anwälte zu lokalen Sozietäten zusammengeschlossen haben. Dort liegt der durchschnittliche Umsatz pro Partner bei 186.000 Euro, der Gewinn bei 99.000 Euro, im Osten bei 133.000 Euro beziehungsweise 64.000 Euro.[188]

Noch lukrativer wird es bei den überörtlichen Sozietäten. Hier liegt der durchschnittliche Umsatz pro Partner bei 320.000 Euro und der Gewinn bei 158.000 Euro (West) beziehungsweise bei 216.000 Euro Umsatz und 94.000 Euro Gewinn (Ost).

Die Durchschnittszahlen sagen wenig aus. Zwischen überörtlicher Boutique und ebenfalls überörtlich agierender Großkanzlei liegen beim Umsatz Lichtjahre. Der höchste Umsatz pro Partner lag 2012/2013 bei 4,8 Millionen Euro.

Die 50 umsatzstärksten Kanzleien Deutschlands erzielten dem Kölner Branchenverlag JUVE zufolge im Jahr 2012/2013 einen Umsatz von knapp 3,9 Milliarden Euro und beschäftigten rund

7.900 Berufsträger.[189] Bezogen auf die Gesamtzahl von 162.600 Anwälten und 54.000 Kanzleien sind das nur 4,9 Prozent aller Anwälte. Bezogen auf den Gesamtumsatz des Rechtsberatungsmarktes in Deutschland von 18 Milliarden Euro ergibt das die eingangs genannten Zahlen, dass knapp fünf Prozent aller Anwälte über 20 Prozent des gesamten Branchenumsatzes erwirtschaften.

Den größten Umsatzbrocken davon erwirtschaften mit 1,87 Milliarden Euro die 17 Transaktions- und Finanzkanzleien. Das sind laut JUVE Sozietäten, die einen starken Schwerpunkt bei Mandanten aus dem Bank- und Finanzwesen haben.

Entsprechend hoch fallen deren Umsatzzahlen pro Partner und pro Berufsträger aus. Den höchsten Umsatz pro Berufsträger erzielte die Kanzlei Weil Gotshal & Manges LLP mit 994.000 Euro. Sie erwirtschaftete auch den höchsten Umsatz pro Equity Partner (das sind die Partner, die den Gewinn unter sich aufteilen); er lag bei 4.791.000 Euro. So viel zum Thema Einheit des Berufsstandes.

§ 39. GRUND §

Weil viele nur wegen ihrer schlechten Noten Anwalt werden

Und was bleibt denjenigen übrig, die keine Anstellung in Verwaltung oder Kanzlei ergattert haben? Sie werden zwangsweise Anwalt. Das sind meistens diejenigen, die im zweiten Staatsexamen nur ein »Ausreichend« erhalten haben. Das gilt für bis zu zwei Drittel aller Anwälte, das Anwaltsprekariat.[190] Sie kloppen sich mit der immer größer werdenden Konkurrenz um immer weniger Fälle. Und missachten immer öfter ihre Berufspflichten. All das könnten sie vermeiden, wenn sie bessere Noten bekommen hätten, doch leider gibt es in der Juristenausbildung keine guten Noten, oder wenn sie die lange Ausbildung nicht beendet hätten.

Wozu der Kampf um die Mandate führt? Zu immer geringeren Einnahmen bei der Heerschar von Einzelanwälten. Am mauesten sieht es bei den Einsteigern in Einzelkanzleien aus. 63 Prozent derer, die mit einem »Ausreichend« in den Beruf gestartet sind, schaffen den Einstieg nur mit Hilfe von staatlichen Transferleistungen.[191] Ein großer Teil der Selbstständigen und der als freie Mitarbeiter angestellten Rechtsanwälte kann den Lebensunterhalt am Anfang nur mit Nebenjobs oder Freunden und Familie bestreiten. 65 Prozent aller selbstständigen Anwälte und 48 Prozent aller freien Mitarbeiter sind zu Beginn ihrer Selbstständigkeit auf finanzielle Hilfe von Familie, Freunden oder auf einen Nebenjob angewiesen.[192] Viele arbeiten sogar danach noch im Zweitberuf, als Taxifahrer oder Barkeeper.

Und ihre Zukunftsaussichten? Sind nicht rosig. Nach Volker Tauschs Ansicht sind die Kleinkanzleien zum Aussterben verdammt.[193] Lediglich um ihre Rente müssen sich die Anwälte aus kleinen Kanzleien derzeit noch keine Gedanken machen, da sie Mitglieder im Versorgungswerk sind. Mehr dazu in Grund 49, »Weil sie ihr privates Rententöpfchen füllen«.

Was wäre die Alternative zum finanziell knappen Dasein als Prekariatanwalt oder -anwältin? Die Zahl der Anwälte insgesamt reduzieren? Ein Richter, mit dem ich mich unterhielt, der sich hier aber nicht namentlich zitieren lassen möchte, sagte: »Die Lösung ist doch ganz klar, man darf nur diejenigen zum Anwaltsberuf zulassen, die ihr Examen mit mindestens ›Vollbefriedigend‹ bestanden haben.« Eine solche Lösung würde die Zahl der Anwälte automatisch reduzieren. Den gleichen Effekt bekäme man mit einer Anwaltsprüfung. Die Wirtschaftsprüfer halten das seit Jahren so. Sie lassen nur ausgewählte Kandidaten und Kandidatinnen die Prüfung bestehen.

Eine derart späte Auslese ändert aber nichts an dem vorhin beschriebenen Problem, dass die Damen und Herren dann bereits acht bis neun Jahre Lebenszeit vergeudet haben, wenn sie fest-

Wenn Sie sich über die Rechnung Ihres Anwalts/Ihrer Anwältin är-gern sollten: Beachten Sie bitte, dass man Anwälte nicht der Beutel-schneiderei bezichtigen darf.[194]

stellen, dass sie auf einem Markt gelandet sind, wo sie überflüssig sind – nach einem Studium, das übrigens ebenfalls alles andere als optimal ist.

Leider waren die Anwaltskammern schon die letzten Jahre nicht in der Lage, das zu ändern. In Anbetracht der Dominanz konservativer Professoren muss man realistischerweise befürchten, dass sich das in den nächsten Jahren nicht ändert. Die Einzigen, die etwas ändern können, sind die Studierenden selbst, indem sie mit den Füßen abstimmen und dem klassischen Jurastudium den Rücken kehren und als Wirtschaftsjuristen ihr Glück versuchen.

§ 40. GRUND §

Weil sie als Wirtschaftsanwälte viel Geld verdienen – nicht immer, aber immer öfter

Um die in Grund 38 genannten Umsätze zu erwirtschaften, müssen die Wirtschaftskanzleien entsprechend hinlangen, wenn es um die Honorare und Stundensätze geht. Während die Allgemeinkanzleien oft nach dem RVG (Rechtsanwaltsvergütungsgesetz) abrechnen und auch Beratungshilfemandate und Prozesskostenhilfemandate übernehmen, rechnen die Großen nach Stundensätzen ab. Die Stundensätze von Partnern und Associates in Wirtschaftskanzleien liegen laut JUVE bei maximal um 700 Euro.[195]

Das Vergütungsbarometer 2009 von Christoph Hommerich und Matthias Kilian vom Soldan Institut für Anwaltmanagement ergibt eine Staffelung von 166 Euro (Einzelkanzlei) bis hin zu 376 Euro in Sozietäten mit mehr als 100 Anwälten. Das ist eigentlich eine komfortable Ausgangslage, sollte man meinen. Doch die Zeiten, wo Unternehmensmandanten anstandslos höchste Anwaltsrechnungen bezahlten, sind vorbei. Folglich sind die Wirtschaftskanzleien trotz hoher Stundensätze derzeit nicht besonders happy, denn was nützen hohe Stundensätze, wenn man sie nicht realisieren kann? Der JUVE Verlag schreibt im Zusammenhang mit den zuvor genannten Stundensätzen: »Die Realisierungsquote sinkt jedoch aufgrund alternativer Abrechnungsmodelle wie Pauschalen, Rabatte und Caps.« Sprich, die Kanzleien können ihre hohen Stundensätzen immer seltener abrechnen.

Unternehmen wollen am liebsten, dass die Kanzleien Pauschalpreise für bestimmte Leistungspakete nehmen. Am liebsten hätten sie Budgets, verkündete die Justiziarin von Bayer bei einer Veranstaltung zur Zukunft der Honorargestaltung. Das setzt die Finanzabteilungen der Kanzleien unter Druck. Um einen Pauschalpreis anzubieten, muss der Anwalt genau wie ein Handwerker überlegen, wie viel Zeit er für den Auftrag braucht. Anwälte können nicht wie Maler die zu streichenden Quadratmeter zählen. Sie müssen überschlagen, wie viel Zeit sie für einen vergleichbaren Auftrag beim letzten Mal benötigt haben, und das für das neue Angebot hochrechnen. Dafür müssen sie die Zeiten aber irgendwo erfasst haben.

Mandantenunternehmen machen das inzwischen immer öfter. Sie setzen eine Billing-Software ein, die in einer Datenbank das gezahlte Honorar erfasst, die abgerechneten Stunden, die erbrachten Leistungen und so weiter. Bewirbt sich eine neue Kanzlei um ein Mandat, sehen die Auftraggeber in ihrer Datenbank nach und sagen: »Sorry, Mate, aber dein Wettbewerber hat den Job letztens um 200 Prozent billiger gemacht. Schau doch mal, ob du noch an der Preisschraube drehen kannst. Wenn nicht, geh lieber nach Hause.«

Manchmal darf die teurere Kanzlei aber doch noch nach den alten Partnerstunden abrechnen, nämlich wenn es um sogenannte »Grey-Hair-Jobs« geht. Das sind Rechtsberatungsjobs, die so kompliziert sind, dass selbst beim Silberrücken die Hirndrähte heiß laufen. Die Herausforderung besteht darin, zu entscheiden, wie viel Grey Hair wohl für einen Job nötig ist und welche Leistungen vielleicht von erheblich billigeren Wirtschaftsjuristinnen erledigt werden können. Fazit: Wo Großkanzlei draufsteht, sind die Anwälte gut, aber teuer. Wenn man gut verhandelt, bekommt man sie inzwischen ein bisschen günstiger als früher.

§ 41. GRUND §

Weil die High Potentials ein hohes Einstiegsgehalt bekommen und trotzdem nicht zufrieden sind

Junge Anwälte und Anwältinnen wollen gern alles, und wenn sie zu den Auserwählten gehören, die ein Prädikatsexamen haben, einen Dr. und vielleicht noch einen LL.M., dann bekommen sie auch alles. Das trifft aber nur für etwa 900 Absolventen im Jahr zu. Um die kloppen sich nicht nur die 50 bis 80 Topwirtschaftskanzleien, sondern auch Rechtsabteilungen der DAX-Unternehmen, Gerichte und Behörden wie das Bundeskartellamt. »Der Markt ist ein Bewerbermarkt«, sagen Partner von Großkanzleien derzeit. Das bringt den High-Potential-Absolventen vor allem ein hohes Einstiegsgehalt, 80.000 Euro bis 125.000 Euro im Extremfall.

Dazu kommen zahlreiche andere Nettigkeiten. Die in Sachen Work-Life-Balance vom Magazin *azur* gut benotete Kanzlei Kanzlei P+P Pöllath + Partners beschäftigt eine Person, die den Anwälten nicht nur alle denkbaren Besorgungen – sei es der Kauf von Windeln oder Theaterkarten – abnimmt, sondern die Kinder auch mal in den Spielzimmern beaufsichtigt. Clifford Chance hat eine eigene Kindertagesstätte (Kids' Chance in Frankfurt). Alle Kanzleien fahren das Angebot an Kursen zur Weiterbildung und Persönlichkeitsförderung aus.

Sogar eine schöne Kanzleikultur gibt es bei manchen Kanzleien. Nicht nur, dass sie einen Kickertisch aufgestellt haben, nein, die moderne Kanzlei ist one big family und alle haben sich lieb. In einer Kanzlei duzt man sich sogar.[196] Und was ist der Dank? Die Associates schimpfen. »Die Arbeitsbelastung ist viel zu hoch«, »Associates werden nicht in Entscheidungen eingebunden«, »Frühstück, Mittag und Abendessen in der Kanzlei … Wo bleibt die Work-Life-Balance«, zitiert das *azur*-Magazin die Aussagen von Associates.

Dass die Junioren alles wollen, aber dafür nicht 50 bis 75 Stunden pro Woche knechten wollen und sogar freie Wochenenden beanspruchen, bringt den Lebensrhythmus der Kanzleien völlig durcheinander, und die altgedienten Partner ärgert es, denn sie haben seinerzeit immer die Wochenenden geschuftet und sich darauf gefreut, irgendwann ihre Junganwälte für sich arbeiten zu lassen. Und dann wollen die Youngster sogar noch echte Frauenförderung. Damit, dass nur 9,5 Prozent der Partner in Wirtschaftskanzleien Frauen sind, wollen sie sich nicht mehr abgeben. Was die Zukunft den Kanzleien mit ihren High Potentials bringt? Anwälte würden sagen: Das bleibt abzuwarten.

§ 42. GRUND §

Weil sie als Notare fürs Vorlesen mehr verdienen als Hebammen fürs Entbinden

Vergleichende Werbung ist verboten, aber nicht bei *111 Gründe, Anwälte zu hassen*. Machen wir also mal ein bisschen vergleichende Werbung für Notare. Womit wir sie vergleichen? Natürlich mit Hebammen, denn beide geben an, dass ihre Arbeit gesellschaftlich unverzichtbar sei und sich auch in Zukunft lohnen müsse.

Die Anwesenheit von beiden ist in bestimmten Fällen vorgeschrieben. Von Hebammen bei der Geburt. Von Notaren beim Grundstückskauf. Und beide dürfen für ihre Tätigkeit Gebühren erheben. Der kleine Unterschied ist: Notare erwirtschaften einen durchschnittlichen Jahresumsatz von 192.000 Euro.[197] Hebammen kommen auf 30.000 Euro.

Woher dieser Unterschied kommt? Von der traditionellen *Gering*schätzung des Hebammenberufs und der traditionellen Überschätzung des Notarberufs, perpetuiert durch eine bedauerliche Unfähigkeit zu wirksamer Lobbyarbeit auf der einen und eine an Pfründewahrung grenzende Lobbytätigkeit auf der anderen Seite? Oder sind die Tätigkeiten so unterschiedlich wertvoll? Vielleicht die Beurkundung eines Hauskaufs und die Begleitung bei einer Entbindung?

Ein Notar erhält für die schweißtreibende mittels blitzschnellem Vorlesen und anschließendem Stempeln erfolgende Beurkundung eines Hauskaufs 2.099,76 Euro.[198] Ist das zu verkaufende Haus teurer, steigen die Gebühren. Bei einem Geschäftswert von einer Million Kaufpreis beträgt die Gebühr schon 5.336 Euro.[199] Eine Hebamme erhält auch eine Gebühr für ihre Tätigkeit, allerdings gibt es *keine* Anlehnung an den Geschäftswert, der die Gebühr in die Höhe treibt. Ob sie nun vier oder sechs oder gar zehn Stunden an der Seite der Gebärenden ausharrt, hat keine Auswirkung auf ihre Gebühr. Auch nicht, ob die gebärende Frau vor Schmerzen schreit oder das Ganze mitten in der Nacht geschieht und auf dem Hebammenkittel nachher Blutspritzer sind.

Sie erhält zum Beispiel

- 5,81 Euro für Beratung der Schwangeren, auch mittels Kommunikationsmedium (während einer Schwangerschaft maximal zwölf Mal abrechenbar)
- 18,00 Euro für Hilfe bei Schwangerschaftsbeschwerden oder bei Wehen, für jede angefangenen 30 Minuten gemäß § 5 Abs. 1
- 6,43 Euro: Cardiotokografische Überwachung
- 5,71 Euro: Geburtsvorbereitung bei Unterweisung in der Gruppe, bis zu zehn Schwangere je Gruppe und höchstens 14 Stunden, für jede Schwangere je Unterrichtsstunde (60 Minuten). Macht zusammen maximal 79,94 Euro.

- 243,85 Euro: Hilfe bei der Geburt eines Kindes in einem Krankenhaus.[200]

Der Unterschied: Notare werden von ihrer Tätigkeit reich. Hebammen kommen durch ihre Tätigkeit auf 2,70 Euro Stundenlohn.[201] Finde den Fehler! Davon, dass bei Notaren die Zuständigkeitsbereiche staatlich garantiert sind und damit die Konkurrenz ausgeschlossen ist, wollen wir hier gar nicht reden. Und auch nicht davon, dass seit August 2013 die Notargebühren noch einmal gestiegen sind und notarielle Dienstleistungen dadurch um bis zu 80 Prozent teurer werden. In der gleichen Zeit wurden Hebammen die Krankenversicherungsraten erhöht, sodass sie sich angesichts ihrer mickrigen Gehälter nicht mehr leisten können, Geburtshilfe zu leisten.

Bundesgesundheitsminister Hermann Gröhe sagte am 20. März 2014 im Bundestag zum Thema Hebammen: »Die Arbeit der Hebammen ist unverzichtbar. Sie haben nicht nur Wertschätzung und eine angemessene Vergütung, sondern vor allem Sicherheit im Hinblick auf die Zukunft ihrer Berufstätigkeit verdient.«[202] Ich schlage vor, wir weiten das Notarmodell auf die Hebammen aus. Die Gebührenhöhe orientiert sich am Geschäftswert des Kindes. Für ein mickriges 3-Kilo-Baby gibt es dann 5.000 Euro, für einen stolzen Achtpfünder mindestens 6.000 Euro. Zuschläge gibt es für kräftiges Schreien nach der Geburt und ein herzerwärmendes erstes Lächeln.

Das würde ihnen zugleich die Sorge vor den hohen Haftpflichtprämien nehmen. Um die Kosten auszugleichen, orientiert sich das Honorar für die Notartätigkeiten probehalber die nächsten fünf Jahre ausschließlich an der Zeit, die sie tatsächlich für das Herunterrattern der Verträge aufwenden. Zuschläge gibt es, wenn sie besonders deutlich vorlesen oder die Mandanten zwischendurch freundlich anlächeln.

ANWÄLTE UND IHR BERUFSSTAND

§§§

»HIER SOLL VOM BERUFSSTOLZ GESPROCHEN WERDEN,
UND DER HAT BESONDERS IN DEUTSCHLAND EIN AUSMASS
ANGENOMMEN, DAS NUR VON DER ENGSTIRNIGKEIT SEINER
BETRIEBSAMEN TRÄGER ÜBERTROFFEN WIRD.«
Kurt Tucholsky, Dichter [203]

Weil sie das Märchen von der Einheit des Berufsstandes erzählen

Es war einmal vor langer Zeit, da gab es das heile Land der deutschen Anwälte. Dort war alles gut und schön. Jeder hatte sein Höfchen mit etwas Land drum herum und weidete sein Vieh. Die Anwältinnen beschäftigten sich mit der Aufzucht des Nachwuchses und kochten das Mittagessen. Doch eines Tages machten sich die wilden Angelsachsen auf, um ihr Vieh auf den saftigen deutschen Wiesen zu weiden. Sie lehrten sie mancherlei Techniken, Turbokühe zu züchten, und unterrichteten sie in der Kunst, sich mit anderen zu Großbauernhöfen zusammenzuschließen. Einige der heimischen Anwälte waren sehr gelehrig, andere wandten sich angewidert von den Neuankömmlingen ab und fuhren fort, ihre Höfe auf die hergebrachte Weise zu bestellen.

Nun gab es aber die alte Landwirtschaftskammer. Die war mit recht blinden Bauern besetzt. Die sahen nicht mehr so gut und waren auch sonst nicht die Hellsten. Sie fuhren fort, am Lagerfeuer die alten Legenden von der althergebrachten Einheit des Berufsstandes zu erzählen, und sie sahen nicht, dass sich der Berufsstand in solche und solche aufgespalten hatte: in Geringverdiener, in Abmahnanwälte, in solide mittelständische Unternehmerberateranwälte und in ganz oben sitzende gut verdienende Anwälte von Großkanzleien.

Und so geschah es, dass die jungen Bauern die Landwirtschaftskammer umzäunten und sich in aller Stille neu organisierten. Die alten Bauern aber merkten nichts davon. Und wenn sie nicht gestorben sind, dann sitzen sie noch heute am Lagerfeuer und erzählen ihre Legenden.

Weil sie vergessen, dass sie ein
Organ der Rechtspflege sind

Ein Anwalt beziehungsweise eine Anwältin ist ein unabhängiges Organ der Rechtspflege, steht im Gesetz, § 1 BRAO (Berufsordnung für Rechtsanwälte). Und was, bitte sehr, ist ein *Organ der Rechtspflege*? Das ist ein Mensch, der Ihnen Zugang zum Recht verschafft, so etwas wie ein Türsteher, der einem zuraunt: »Hey, du da! Komm mal zum Seiteneingang, dann lass ich dich rein.«

Die das geregelt haben, waren überzeugt, dass rechtskundiger Beistand den Menschen zu ihrem Recht verhilft. Deshalb haben sie dem Rechtsanwalt die Funktion eines unabhängigen Rechtsbeistands gegeben. Sie waren der Meinung, dass Richter und Gesetze alleine dafür nicht ausreichen, sondern dass man einen Rechtsanwalt braucht, also eine Person, die von der Obrigkeit unabhängig ist, die aber trotzdem nicht gegen die Rechtsordnung handelt.

Um Rechtsanwälten diese Unabhängigkeit zu geben, hat man sie mit bestimmten Rechten ausgestattet und ihnen bestimmte Berufspflichten auferlegt. Man hat Anwälte keinem Ministerium unterstellt, sondern ihnen gestattet, sich selbst zu verwalten und dafür zu sorgen, dass alle Regeln eingehalten werden. Zu den Pflichten gehören die gewissenhafte Ausübung des Berufes; die Wahrung des Berufsgeheimnisses und verschiedene Gebote und Verbote; er (sie) darf dem Richter die Rechtsfindung nicht erschweren; er (sie) darf nicht bewusst dem Unrecht dienen; er (sie) darf sich nicht von Gewinnstreben leiten lassen; er (sie) darf seine (ihre) Kollegen nicht unterbieten oder Beteiligung am Erfolg des Prozesses verlangen; er (sie) muss den Richter über alle wichtigen Maßnahmen und Vorgänge in der Sache unverzüglich unterrichten.

Schließlich gehört zur Wahrung der persönlichen und wirtschaftlichen Unabhängigkeit, dass weder bei anwaltlichen Personengesellschaften noch bei der Rechtsanwaltsgesellschaft mit beschränkter Haftung eine Beherrschung oder finanzielle Beteiligung durch Nichtanwälte zugelassen werden kann, wie dies für die Rechtsanwaltsgesellschaft mit beschränkter Haftung in § 59 e BRAO inzwischen vorgeschrieben worden ist. In der Praxis haben die Anwälte gewisse Schwierigkeiten mit der einen oder anderen Berufspflicht. Das liegt unter anderem daran, dass Anwalt zu sein heißt, Geld verdienen zu müssen.

§ 45. GRUND §

Weil sie Unabhängigkeit als Luxus betrachten, den sich nicht jeder leisten kann

Frei und unabhängig zu sein, bedeutet bei Anwälten, dass keine staatliche Behörde ihnen Weisungen erteilen darf, wie sie ihre Arbeit zu machen haben. Das war schon mal kurzfristig anders. Im Dritten Reich waren die Rechtsanwälte zwar formell unabhängig, aber durch die Hintertür der Ehrengerichte erhielten sie doch Weisungen.

Unabhängig müssen Rechtsanwälte auch von ihren Mandanten sein. Das heißt, sie sollten sie im wohlverstandenen Interesse des Mandanten so beraten, wie sie es selbst für richtig halten. Das darf sogar dazu führen, dass sie dem Mandanten den Wisch vor die Nase knallen und sagen: »So nicht, mein Freund.« Ein BGH-Anwalt hat das kürzlich gemacht und damit für viel Aufsehen gesorgt.

Gleich mehrere Branchenjournalisten, die ich nach der Unabhängigkeit von Anwälten gefragt habe, sagen mit einem Naserümpfen: »Wirtschaftsanwälte unabhängig? Die sind ein abhängiges Organ der Wirtschaft.« Auch Rechtsanwälte selbst sind sich da nicht ganz sicher. Rechtsanwalt Dr. Michael Kleine-Cosack schreibt: »Die entscheidende Gefahr für die Unabhängigkeit der

Rechtsanwälte geht aber heute nicht mehr vom Staat aus. Die offene Flanke des Ideals ist der nichtstaatliche Bereich.«[204]

Der Grund für das Problem mit der Unabhängigkeit? Anwälte müssen Geld verdienen. Nicht nur der am Existenzminimum krebsende Junganwalt in einer Einzelkanzlei oder in freier Mitarbeit, sondern mehr noch der umsatzgetriebene Partner oder die Partnerin einer internationalen Wirtschaftskanzlei. Der Platz im Haifischbecken will stets und ständig verteidigt werden.

Bricht der Umsatz ein, zum Beispiel weil Wirtschaftsflaute herrscht und der M&A-Markt einbricht oder ein Spezialbereich wegfällt, weil kein Mensch mehr ein Cross-Border-Leasing beauftragt, droht im Extremfall der Verlust der Partnerschaft. 2005, 2006, 2007 haben die großen Wirtschaftskanzleien recht gnadenlos ein Viertel ihrer Partner *deequitized*. Das ging zwar nicht von heute auf morgen. Die Partner bekamen ein Umsatzziel gesteckt, aber wenn sie das nicht erreichten, verloren sie ihren Partnerstatus, und anschließend legte man ihnen nahe, zu gehen. Wer derart Feuer unter seinem Hintern spürt, wagt nichts zu tun, was die Mandanten in irgendeiner Weise vergraulen könnte.

Die *WirtschaftsWoche*-Redakteurin Claudia Tödtmann hat beobachtet, dass man dies gut an den Äußerungen von Anwälten in der Presse sehen kann. Bittet sie Anwälte beispielsweise, etwas über die Deutsche Bank zu sagen, zucken die meisten erschreckt zurück. Es könnte ja sein, dass man später von der Deutschen Bank beauftragt wird beziehungsweise nicht beauftragt wird, weil man sich irgendwann in der Öffentlichkeit kritisch geäußert hat. Der Justiziar des Unternehmens könnte zufällig genau diese Äußerung gelesen haben und sich gegen die Mandatierung der betreffenden Kanzlei aussprechen. Dass Artikel noch nach Jahren im Internet gefunden werden können, macht die Angst der Anwälte nicht kleiner.

Dabei gibt es genug heikle rechtliche Themen, zu denen Anwälte etwas sagen könnten. Da muss es noch nicht mal um die ganz großen Moralfragen gehen. Es reicht ja schon, die Frage zu the-

matisieren, welche Vergütung Betriebsräte erhalten dürfen, ohne dass sich ihr Arbeitgeber damit wegen Betriebsratsbegünstigung strafbar macht.[205]

Wenn Mandanten allerdings wegen dieser Rechtsfrage gerade in den Schlagzeilen sind, bedarf es eines gewissen Standings, als Anwalt in der Presse zu erörtern, welche rechtlichen Folgen das haben kann. Das besitzen nur wenige Anwälte. [206]

»Es zeugt von Unabhängigkeit, wenn man sich hinstellen und erklären kann, dass ein bestimmtes Geschäftsgebaren gegen die Rechtsordnung verstößt«, sagt Tödtmann. Doch ihre Erfahrung zeigt: Nicht wenige Anwälte vermeiden es in solchen Situationen, überhaupt mit einem Statement in der Presse zu erscheinen. Selbst eine objektive Einschätzung der Rechtslage lehnen sie ab. »Bitte haben Sie Verständnis, dass wir uns hierzu nicht äußern möchten«, heißt es dann sogar im Hinblick auf Unternehmen, die *nicht* zu den Mandanten gehören. Es ist also nicht das Mandatsgeheimnis, das die Anwälte hindert, etwas zu sagen, sondern nur die Sorge davor, etwaige künftige Mandanten zu vergraulen.

Oft gehen Anwälte sogar noch weiter. Sie vermeiden nicht nur Äußerungen, die ein möglicher Mandant als Kritik empfinden könnte, sie antizipieren sogar dessen mutmaßliche Meinung. Stets nach Goethes Spruch »Wes Brot ich ess, des Lied ich sing«. Im Arbeitsrecht heißt das: Sie vertreten als Wirtschaftsanwälte die Meinung der Arbeitgeber, nicht die der Betriebsräte oder Arbeitnehmer. Das übernehmen sie dann manchmal in ihr Verhalten, sodass es passieren kann, dass sie am Taxistand eine Betriebsratschefin mit den Worten »Kein Betriebsrat kriegt das erste Taxi« abdrängen.[207] Naturgemäß lehnen sie Reformen, die ihren Unternehmensmandanten nicht gefallen, ab. Umweltschutzauflagen? Contra von den Anwälten. Frauenquote? Ebenfalls.[208]

Noch eine weitere Entwicklung trägt nicht zu mehr Unabhängigkeit von Wirtschaftsanwälten bei, nämlich dass sie nicht mehr wie früher von Mann zu Mann per Handschlag mandatiert werden, sondern immer öfter von einer Einkaufsabteilung. Die entscheidet nach einem strengen Auswahlverfahren darüber, welche Kanzlei die billigste oder jeweils genehmste ist – und erteilt dann das Mandat.[209]

Die naheliegende Folge wäre, abhängigen Wirtschaftsanwälten nicht mehr zu erlauben, sich Rechtsanwälte zu nennen. Wer nur noch im Dienst der Wirtschaft agiert, ist kein Rechtsanwalt mehr, sondern ein Wirtschaftsanwalt. Bei englischen Anwälten wäre das schwieriger. Sie tragen das Gesetz untrennbar im Namen. Statt »Lawyer« müsste man sie dann »Unlawyer« nennen. Klingt komisch! Vermutlich ist deswegen noch keiner auf die Idee gekommen.

§ 46. GRUND §

Weil sie ihre Privilegien für selbstverständlich halten

»Anwaltliche Dienstleistungen sind keine Ware wie jede andere, denn sie gewährleisten den Zugang zum Recht und sichern die Funktionsfähigkeit der Rechtspflege«[210], sagt der Berufsstand. Und weil das so ist, ist mit der Anwaltszulassung eine ganze Menge von besonderen Rechten verbunden.

VORRECHTE IM GERICHTSVERFAHREN

Als Teil der Justiz dürfen Anwälte vor Gericht als Rechtsvertreter auftreten. Bei Verfahren mit Anwaltszwang können Bürger ohne Anwalt das Verfahren gar nicht führen. Hierzu gehören bestimmte Rechte der Anwälte, zum Beispiel das Mandatsgeheimnis und das Aussageverweigerungsrecht. Daneben haben Anwälte weitere Privilegien, die sich weniger auf die forensische Tätigkeit beziehen, sondern dazu dienen, den Berufsstand an sich am Laufen zu halten.

Dazu gehört zum Beispiel, dass Anwälte von der Rentenversicherungspflicht befreit sind und ins Versorgungswerk einzahlen dürfen, anstatt in die gesetzliche Rentenversicherung. Dieses Privileg teilen sie mit anderen freien Berufen, etwa Ärzten oder Psychotherapeuten und anderen (siehe nächster Grund).

KEINE GEWERBESTEUER

Ein weiteres »Freie-Berufe«-Privileg ist, dass sie als Unternehmer keine Gewerbesteuer bezahlen müssen. §15 Abs. 2 Einkommensteuergesetz (EStG) beschreibt den Gewerbebetrieb als eine selbstständige, nachhaltige Betätigung, die mit der Absicht, Gewinn zu erzielen, unternommen wird und die sich als Beteiligung am allgemeinen wirtschaftlichen Verkehr darstellt. Das trifft für alle Kanzleien, die Gewinn erzielen, zu. Bisher schließt §18 Abs. 1 Nr. 1 EStG freie Berufe aus der Reihe der gewerbesteuerpflichtigen Berufe aus. Und warum? Nach der Auffassung von Gerichten, Kommentatoren und dem Gesetzgeber zeichnen sich die freien Berufe durch persönliche und sachliche Berufsunabhängigkeit aus, ein besonderes Maß an Verantwortung und hiermit ein korrespondierendes Vertrauensverhältnis zum Patienten, Mandanten oder Auftraggeber, ebenso wie ein gewisses Berufsethos und eine berufsständische Organisation.[211]

Das kann sich ändern. Entweder weil die Gewerbesteuer durch eine kommunale Wirtschaftssteuer ersetzt wird. Nach einem Vorschlag der Bertelsmann-Stiftung wäre diese Wirtschaftssteuer von all denen zu entrichten, die als Wirtschaftssubjekte von städtischen Infrastrukturleistungen profitieren. Dazu zählen auch die Freiberufler, also Ärzte, Notare, Wirtschaftsprüfer, Steuerberater und Anwälte.[212]

Was passieren könnte: Der Teil der Anwaltschaft, der sich mehr als Wirtschaftsberater denn als Organ der Rechtspflege betrachtet und das Berufsethos für eine zu vernachlässigende Größe hält, verliert die Anerkennung als freier Beruf und verliert die Gewerbesteuerbefreiung.

Zwar sind auch bei Wirtschaftsberatern Kompetenz und Vertrauensverhältnis nötig, aber das könnte für den besonderen Status des freien Berufes *Rechtsanwalt = Organ der Rechtspflege* nicht mehr ausreichen. Anwälte, die sich als hoch qualifizierte Unternehmensberater betrachten, aber nicht mehr den Anspruch haben, für alle Menschen Zugang zum Recht zu schaffen und dem Gemeinwohl zu dienen, könnten ihren Anspruch auf einen rechtlichen Sonderstatus verwirkt haben.

RECHTSBERATUNGSMONOPOL

Weiter gehört zu den Privilegien, dass Rechtsanwälte ein Rechtsberatungsmonopol haben (siehe 26. Grund). Abgesehen von einigen Ausnahmen dürfen nur Rechtsanwälte kostenpflichtig rechtsberatend tätig werden. Allen Hobbyjuristen, sogar Richtern oder Verwaltungsjuristen ist es verboten. Diese Sonderstellung existiert so in keinem anderen europäischen Land. Innerhalb ihrer Rolle als Rechtsberater sind sie jedoch unabhängig von staatlichen Weisungen. Sie dürfen selbst entscheiden, wen sie vertreten und wen nicht. Ausnahmen gelten für die Fälle der Pflichtverteidigung oder Beratungshilfe (§§ 48, 49 und 49 a BRAO).

FREIHEIT VON STAATLICHER BERUFSAUFSICHT

Die Tätigkeit von Anwälten wird nicht staatlich kontrolliert oder nur indirekt. Anwälte dürfen sich selbst beaufsichtigen, sich selbst die Zulassung erteilen oder sie wieder entziehen, und sie dürfen in einer nicht öffentlichen Sondergerichtsbarkeit über Berufsverstöße entscheiden. Das alles gehört zur anwaltlichen Selbstverwaltung. Die ist gut und schön, solange es der Berufsaufsicht gelingt, Auswüchse zu beschneiden – und zum Beispiel Abmahnanwälten oder aktiven rechtsextremen Rechtsanwälten das Handwerk zu legen. Schafft sie das nicht, kommen Zweifel an ihrer Wirksamkeit auf. Und was macht man mit einer Einrichtung, die sich als untauglich erwiesen hat? Richtig! Man schafft sie ab. Das ist 2007 in Großbritannien passiert, in diesem Jahr hat der Staat die Selbstverwaltung abgeschafft und durch eine staatliche Anwaltsaufsicht ersetzt.[213]

HONORAR NACH GEBÜHRENORDNUNG, BERATUNGSHILFE UND PROZESSKOSTENHILFE

Viele Anwälte, vor allem die wirtschaftlich erfolgreicheren, rechnen ihr Honorar individuell nach Stunden oder Pauschalen ab. Am unteren Ende der Einkommensskala helfen die Rechtsanwaltsgebührenordnung sowie die Beratungskostenhilfe und die Prozesskostenhilfe, Anwälten ihr Einkommen zu sichern. Anwälte, die das Recht, sich ihr Honorar aus öffentlichen Mitteln bezahlen zu lassen, missbrauchen, beschädigen das Ansehen aller Anwälte.

Einige der Privilegien stehen, was ihre moralische Rechtfertigung angeht, nur noch auf dünnem Eis. Zumindest aber stehen einige von ihnen auf dem Prüfstand. Einer der Prüfer ist die Europäische Kommission. Denn die Vorrechte der freien Berufe (also nicht nur der Anwälte) waren schon vor zehn Jahren dem EU-Wettbewerbskommissar Mario Monti ein Dorn im Auge. 2003 verkündete der italienische Wirtschaftswissenschaftler, er lasse untersuchen, ob Behinderungen des freien Wettbewerbs, die ihren Ursprung bei den mittelalterlichen Zünften hätten, noch zeitgemäß seien.[214]

2004 forderte die EU-Kommission die Organisationen und Mitgliedstaaten auf, im nationalen Rahmen restriktive, nicht gerechtfertigte Standesregeln den europäischen Wettbewerbsregeln anzupassen. Im Follow-up-Bericht vom 5. September 2005 begrüßte sie die Fortschritte und stellte weiteren Handlungsbedarf fest. Konkurrenz kommt auch von den neuen freien Berufen, die sich fragen, warum die traditionellen freien Berufe wie Rechtsanwalt, Arzt oder Apotheker Sonderrechte genießen, die neuen aber nicht.[215]

Das Europäische Zentrum für Freie Berufe im Institut für Arbeits- und Wirtschaftsrecht der Universität Köln untersucht derzeit den Status quo der freien Berufe.[216] Sie untersuchen die Frage, welche Bedeutung die freien Berufe noch haben und wie Anwälte ihre Zugehörigkeit zu den freien Berufen und die damit verbunden Privilegien rechtfertigen können. Es sieht so aus, als sollte der Berufsstand der Anwälte damit beginnen, die eigenen Privilegien zu überprüfen. Wenn nicht, erledigen das bald andere für sie.

§ 47. GRUND §

Weil sie Ethik für eine Rubrik im Anwaltsblatt halten

Wenn man als Kanzlei völlig abhängig von seinen Auftraggebern ist, ist es klar, dass bestimmte Fragen überhaupt nicht gestellt werden, nämlich ob das, was dem Mandanten zu seinem Recht verhilft, moralisch und ethisch vertretbar ist. Frei nach Bertolt Brecht: Erst kommt das Fressen, dann kommen die ethischen Werte. Dabei können Anwälte ihre Aufgabe ohne Moral nicht ordentlich erfüllen. Wenn Anwälte »Garant für die Existenz und die Funktionsfähigkeit des Rechts« sein sollen oder Waffengleichheit des Bürgers und der Bürgerin mit dem Staat herstellen sollen, geht das nicht, wenn sie im großen Umfang gegen ethische Werte verstoßen.

Rechtsanwalt Felix Busse findet, »Nach ›Anwaltsethik‹ zu fragen, setzt Klarheit voraus, was hierunter verstanden werden muss oder kann oder sollte.«[217] Er sagt: »Ethik ist die Lehre vom sittlichen Wollen und Handeln eines Menschen. Sie wird durch den Bezug auf die angestrebten Werte geprägt, die das für alle Menschen gewollte Glück ergeben sollen, oder durch die Steuerung des eigenen Verhaltens durch das gute Gewissen.«[218]

Weil das durch das Werteverständnis geprägt ist, müsse man also fragen, »welchen Werten sich in einem freiheitlich demokratischen und sozialen Rechtsstaat deutscher Prägung ein Anwalt heute verpflichtet fühlt, welche Schranken ihm sein Gewissen danach für sein Handeln setzen sollte«[219].

Früher setzte die Anwaltsgerichtsbarkeit den Rahmen für das anwaltliche Handeln und damit auch für die Ethik. Die in § 43 BRAO statuierte allgemeine Berufspflicht war eine Pflicht, deren Verletzung gemäß § 113 BRAO mit ehrengerichtlichen Maßnahmen bestraft wurde. Sie besagte: Der Rechtsanwalt hat seinen Beruf gewissenhaft auszuüben. Er hat sich innerhalb und außerhalb des Berufes der Achtung und des Vertrauens, welche die Stellung des Rechtsanwalts erfordert, würdig zu erweisen. 1987 sprach das Bundesverfassungsgericht den Standesrichtlinien der BRAK die rechtliche Geltungskraft ab. Anwaltsgerichtshöfe können jetzt nur noch Verstöße bestrafen, die konkret geregelt sind.

Und wer sorgt jetzt für die Ethik, die schließlich, so die Meinung des Bundesverfassungsgerichts, das Grundvertrauen in den Anwaltsberuf und das besondere Ansehen rechtfertigt?

Es gibt neuerdings Vorschläge, für Anwälte so etwas wie einen Corporate Governance Kodex zu etablieren. Juraprofessor Martin Henssler fordert, vor allem den Gemeinwohlbezug der Tätigkeit von Rechtsanwälten »leitbildprägend« herauszustellen, denn ohne Gemeinwohlbezug könnte es sein, dass man der Anwaltschaft ihren Status als freien aberkennt.[220]

§ 48. GRUND §

Weil sie geheime Sondergerichte haben

Haben Sie sich schon mal über einen Rechtsanwalt oder eine Rechtsanwältin geärgert? Also so richtig? Weil er oder sie mega-schlecht vorbereitet war? Weil er oder sie Geld nicht an Sie über-wiesen hat? Weil er oder sie vor Gericht gelogen hat? Was Sie tun können, ist, sich bei der Rechtsanwaltskammer zu beschweren. Sie sollten sie auf der Website des Anwalts finden. Wenn nicht, dann über das Bundesweite Amtliche Anwaltsverzeichnis der BRAK unter www.rechtsanwaltsregister.org. Dort können Sie erstens feststellen, ob die betreffende Person überhaupt als Rechtsanwalt in Deutsch-land zugelassen ist und zweitens bei welcher Rechtsanwaltskammer. Falls gegen den betreffenden Anwalt zufällig gerade ein Berufs- oder Vertretungsverbot verhängt sein sollte, erfahren Sie es hier.

Über Verstöße gegen die Berufspflichten eines Anwalts ent-scheidet aber nicht ein normales, sondern ein spezielles Anwalts-gericht. Ein solches mit Anwälten als ehrenamtliche Richter be-setztes Anwaltsgericht gibt es bei jeder Rechtsanwaltskammer, darüber als Berufungsinstanz bei jedem Oberlandesgericht einen Anwaltsgerichtshof und darüber einen Senat für Anwaltssachen beim Bundesgerichtshof in Karlsruhe.

Wie jedes normale Gericht können die Anwaltsgerichte Strafen verhängen, sogenannte anwaltsgerichtliche Maßnahmen, und zwar a) wenn die jeweilige Person gegen das Berufsrecht verstößt und b) für sonstige Straftaten oder Ordnungswidrigkeiten, wenn »das Verhalten« – »nach den Umständen des Einzelfalls in besonderem Maße geeignet ist, Achtung und Vertrauen der Rechtsuchenden in einer für die Ausübung der Anwaltstätigkeit bedeutsamen Weise zu beeinträchtigen«[221].

Der entscheidende Unterschied ist der: Was die Anwaltsgerichte an Maßnahmen verhängen, bleibt geheim. Verhandlungen des Anwaltsgerichts in standesrechtlichen Fragen finden unter Ausschluss der Öffentlichkeit statt. Nur wenn zuvor ein normales Amtsgericht den betreffenden Anwalt verurteilt hat, bekommen die Medien hin und wieder Wind von einem standesrechtlichen Verfahren, zum Beispiel im Januar 2014 gegen einen Papenburger Rechtsanwalt. Der war wegen Betruges in zwei Fällen zu einer Geldstrafe in Höhe von 3.600 Euro verurteilt worden, weil er Mandantengelder veruntreut hatte.[222] Mittlerweile hat er Insolvenz angemeldet. Das gilt als »Vermögensverfall« und führt immer zum Widerruf der Zulassung. Doch ob zusätzlich vom Anwaltsgericht ein Bußgeld oder vielleicht gar ein Berufsverbot verhängt wurde, ist nicht bekannt.

Die Höchststrafe der Anwaltsgerichtsbarkeit ist die Ausschließung aus der Anwaltschaft, die milderen Maßnahmen sind Warnung, Verweis, Geldbuße bis zu 25.000 Euro und schließlich das Verbot, auf bestimmten Rechtsgebieten als Vertreter und Beistand für die Dauer von einem Jahr bis zu fünf Jahren tätig zu werden. Vor dem endgültigen Ausschluss kann ein dreimonatiges Berufsverbot stehen.

Das Problem: Über was für Fälle sie entscheiden und gegen wen, bleibt geheim. Es gibt, wie gesagt, nur die Möglichkeit, im Rechtsanwaltsregister nachzusehen – falls man den Namen des betreffenden Anwalts kennt –, ob er gerade Berufsverbot hat oder nicht.

Das Statistische Jahrbuch der Anwaltschaft liefert nur dürre Zahlen. Wir wissen zum Beispiel, dass 2010 bei den 27 Anwaltsgerichten 666 Verfahren anhängig waren und bei den Anwaltsgerichtshöfen, also der nächsthöheren Instanz, 408 Verfahren. Wir wissen, dass 94 davon Rücknahme- und Widerrufsverfahren waren und dass bei der obersten Instanz, dem Senat für Anwaltssachen beim Bundesgerichtshof, 85 Verfahren anhängig waren. 46 davon betrafen den Vermögensverfall, also die Insolvenz des betreffenden Anwalts.[223] Sonst wissen wir nichts.

Und selbst diese Zahlen sind nur deshalb bemerkenswert, weil an den einzelnen Gerichten die Zahl der Verfahren abnimmt. Am

Berliner Anwaltsgerichtshof etwa gab es im Jahr 2001 noch 53 anhängige Verfahren, im Jahr 2010 aber nur noch 25 und das bei mittlerweile über 12.000 Anwälten. Da stellt sich die Frage: Ist die Anwaltschaft so viel pflichtbewusster geworden? (Wohl kaum!) Oder ist die Gerichtsbarkeit so ineffektiv, dass sie eine Vielzahl der anwaltlichen Patzer überhaupt nicht mitbekommt?

Dem Anwaltskritiker Joachim Wagner zufolge dürfte eher Letzteres der Fall sein. Er zitiert in seinem Buch *Vorsicht Rechtsanwalt* gleich mehrere Kritiker, die die Anwaltsgerichtsbarkeit für einen »zahnlosen Tiger« halten, die auf eine bestimmte Gruppe von Anwälten überhaupt keinen Eindruck macht und die »weite Bereiche der anwaltlichen Berufspraxis nicht mehr erfasst«. Die Kritiker fordern härtere Sanktionen oder bemängeln, wie der Rechtsanwalt Michael Streck, dass gerade die Sanktionen partielles Vertretungsverbot und Ausschließung aus der Anwaltschaft zu selten eingesetzt würden.[224]

Die Anwaltskammern haben es in der Hand, Verfahren in Gang zu setzen. Sie weisen die Staatsanwaltschaft auf Rechtsverstöße hin, woraufhin die Staatsanwaltschaft prüft und bei Gericht eine sogenannte Anschuldigungsschrift einreicht (§§ 121 ff BRAO, falls Sie nachlesen möchten), doch sie ermitteln nicht selbst. Vielleicht sollten sie es lieber tun, bevor es andere tun, oder ihnen ihre wirkungslosen Sondergerichte einfach wegnehmen.

§ 49. GRUND §

Weil sie ihr privates Rententöpfchen füllen

Rechtsanwälte zahlen nicht in die allgemeine Rentenversicherung ein, sondern in einen Extratopf namens berufsständisches Versorgungswerk. Von der Versicherungspflicht in der gesetzlichen Rentenversicherung sind sie deshalb befreit.

Die angenehme Folge: Die versicherten Anwälte erhalten mehr Rente als gesetzlich versicherte Rentner, obgleich sie nicht viel mehr einzahlen. »Wenn das berufsständische Versorgungswerk nicht völlig heillos wirtschaftet, ist eine Mitgliedschaft hier deutlich attraktiver als in der gesetzlichen Rentenversicherung«[225], schreibt die *WirtschaftsWoche*. 2010 meldete die Zeitschrift *Finanztest*, dass die Durchschnittsrenten der Freiberufler fast doppelt so hoch seien wie bei den gesetzlich Versicherten: rund 2.000 Euro monatlich.[226]

Der Unterschied zur gesetzlichen Rentenversicherung liegt im System. Berufsständische Versorgungswerke sparen die Beiträge an und finanzieren die Renten daraus (Kapitalgedecktes Rentensystem). Die gesetzliche Rentenversicherung dagegen bezahlt die laufenden Renten aus den Beiträgen der aktuell Erwerbstätigen (Umlagefinanziertes Rentensystem).

Der Nachteil der gesetzlichen Rentenversicherung: Schrumpft wegen der demografischen Entwicklung die Anzahl der Beitragszahler, finanzieren immer weniger Beitragszahler immer mehr Rentner. Schröpft obendrein die Politik den Rententopf, um zum Beispiel die Deutsche Einheit zu finanzieren, bleibt von den Überschüssen aus guten Zeiten nicht viel übrig. Die Folge sieht jeder normale Rentenversicherte auf seiner jährlichen Benachrichtigung vom Deutsche Rentenversicherung Bund: Die Rente ist mickrig und sinkt womöglich noch.

Die Renten der berufsständischen Versorgungswerke sind dagegen nicht nur höher als die gesetzlichen Renten, sondern bislang auch ziemlich sicher. Zwar munkeln einige Stimmen schon, die Versorgungswerke hätten sich verspekuliert und ihre Rücklagen aufgebraucht, doch bisher hat noch keines von ihnen Insolvenz angemeldet.

Natürlich können die berufsständischen Versorgungswerke nicht ganz sorglos wirtschaften. Im positiven Fall erwirtschaften ihre Kapitalanlagen mehr als erwartet, dann können sie Finanzpolster ansparen für schlechtere Zeiten oder höhere Renten bezahlen. Im schlechten Fall macht ihr eingesetztes Kapital Verluste. In diesem Fall müssen sie ihre Rücklagen aufzehren oder die Renten senken. Hinzu kommt der demografische Faktor. Schrumpft die Zahl der Beitragszahler, weil immer weniger junge Freiberufler ins Versorgungswerk eintreten, sinken die Einnahmen und damit letztlich die Renten. Das gilt umso mehr, als die vorhandenen Rentner ziemlich lange leben. Freiberufler wie Ärzte, Wirtschaftsprüfer und Anwälte haben eine höhere Lebenserwartung als Fabrikarbeiter.

Nutznießer dieser elitären Sonderbehandlung sind knapp eine Million Deutsche: Anwälte, Notare, Wirtschaftsprüfer, Steuerberater, Architekten und Ärzte, Apotheker und psychologische Psychotherapeuten müssen nicht in die gesetzliche Rentenversicherung einzahlen, sondern dürfen ihre monatlichen Beiträge an eines der 89 berufsständischen Versorgungswerke entrichten.

Laut der Arbeitsgemeinschaft berufsständischer Versorgungseinrichtungen[227] lag die Zahl der Mitglieder bei mehr als 830.000, davon waren 155.674 Rechtsanwälte (m/w). Nach Angaben der Bundeszentrale für Politische Bildung (Stand 01.01.2008) betrug die durchschnittliche Höhe der Altersrente 1.970 Euro.[228] Sprich, wer drin ist, bezieht eine höhere Rente. Wer freiwillig mehr einzahlt, kann sogar die Rentenanwartschaft noch erhöhen. Das klingt komfortabel über der Altersgrundsicherung von knapp 400 Euro. Anwälte, die sich damit nicht zitieren lassen wollen, sagen: »Das sind unsolidarische Sonderwerke.«

Unsolidarisch, weil die teilweise sehr gut verdienenden Anwälte nicht in die allgemeine Rentenversicherung einzahlen. Sie – ebenso wie andere freie Berufe mit Versorgungswerken – entziehen der staatlichen Rentenversicherung ihre höheren Beiträge. Das verringert die Rentenerwartung der staatlich Versicherten noch mal stärker. So entsteht zugunsten von Standesbewusstsein ein unsolidarischer Effekt gegenüber der Gesamtheit.

Die Versorgungswerke sehen das natürlich ganz anders. Sie behaupten, dass dank ihnen die gesetzliche Rentenversicherung frei von der finanziellen Belastung der hohen Lebenserwartung der freien Berufe bliebe. Zudem würden sich deren Angehörige als Steuerzahler an der Aufbringung der Bundeszuschüsse zur gesetzlichen Rentenversicherung beteiligen. Aber das tun die anderen auch.

Mittlerweile weht den Anwälten allerdings der Wind entgegen. Das Bundessozialgericht in Kassel hat im April 2014 die Syndikusanwälte zurück in die gesetzliche Rentenversicherung gezwungen. Die Richter in den rot-schwarzen Roben entschieden, dass Syndikusanwälte, also in Unternehmen angestellte Rechtsanwälte, innerhalb ihres Dienstverhältnisses kein unabhängiges Organ der Rechtspflege und damit Rechtsanwalt seien. Wer als »ständiger Rechtsberater in einem festen Dienst- oder Anstellungsverhältnis zu einem bestimmten Arbeitgeber steht (Syndikus)«, werde »in dieser Eigenschaft nicht als Rechtsanwalt tätig«. Und wer kein Rechtsanwalt ist, hat kein Recht, von der Rentenversicherungspflicht befreit zu werden.[229]

Nach dieser Definition könnten bald auch fest angestellte Anwälte in Kanzleien keine unabhängigen Rechtsanwälte mehr sein und ihre Befreiung von der Rentenversicherungspflicht verlieren. Nach der mündlichen Verhandlung hielten die Sozialrichter bei den Associates vertragliche Regelungen für möglich, die deren Unabhängigkeit sicherstellten und daher eine Befreiung von der Versicherungspflicht erlaubten.[230]

§ 50. GRUND §

Weil sie ihre Pfründe mit Zähnen und Klauen verteidigen

Falls Sie Kinder haben, liebe Leserin und lieber Leser, wissen Sie, dass alle Dämme brechen, wenn Sie Ihrem Sohn oder Ihrer Tochter nur einmal erlauben, bis 21 Uhr wach zu bleiben. Wenn Sie

VORRECHT   RECHT

das nächste Mal wieder verlangen, das Kind möge um acht ins Bett gehen, damit Sie endlich Feierabend haben, sagt Ihnen das Blag ins Gesicht: »Wieso? Ich darf immer bis um neun Uhr aufbleiben.« Das gleiche Geschrei gibt es beim Taschengeld, das Sie nur erhöhen, aber um Gottes willen niemals senken dürfen. Und das Gleiche gilt – seien Sie ehrlich – für alle Goodies, die Ihnen Ihrer Ansicht nach zustehen, etwa das Weihnachtsgeld. Wenn Sie es nicht bekommen, werden Sie stinkig.

Anwälte, bei all ihrer vermeintlichen Mäßigung, sind um keinen Deut besser. Nimmt man ihnen etwas weg, auf das sie glauben, ein Anrecht zu haben, machen sie ein Palaver, als sei die Sintflut ausgebrochen. Das konnte man hervorragend beobachten, als im April des Jahres 2014 das Bundessozialgericht in Kassel, einer Stadt irgendwo in Deutschland, wagte, Hand an die Versorgungswerke der Anwälte zu legen.[231]

Das Gericht entschied, dass Syndikusanwälte, also in Unternehmen angestellte Juristen, generell nicht mehr von der gesetzlichen Sozialversicherung befreit werden können. Ihre Tätigkeit in einem Unternehmen sei nicht mehr die eines unabhängigen Organs der Rechtspflege, sprich, sie seien nicht mehr Rechtsanwalt. Damit müssen die gut 40.000 deutschen Syndikusanwälte künftig in die gesetzliche Rentenversicherung einzahlen.

Die Lobbyorganisation der Syndikusanwälte ist der 2011 gegründete und ca. 1.400 Mitglieder starke Verband der Unternehmensjuristen (BUJ). Dessen Vorsitzende Elisabeth Rögele appellierte an den Gesetzgeber, per Gesetz Syndikusanwälte zu Rechtsanwälten zu erklären. Das würde nämlich dazu führen, dass sie weiterhin von der allgemeine Rentenversicherung verschont bleiben würden. Das begründete sie aber nicht so, sondern behauptete, dass es den »Berufsstand spalten« würde, zwänge man die Syndikusanwälte in die gesetzlichen Rentenversicherung.[232]

Noch mehr Argumente führten sie und andere Verbandsmitglieder an: Das Urteil des Bundessozialgerichts habe negative Auswirkungen für den Arbeitsmarkt. Unternehmen würden es »ab sofort deutlich schwerer haben, Rechtsanwälte für einen Wechsel ins Unternehmen zu begeistern«, wenn der Wechsel »den Verlust einer lückenlosen Altersvorsorge im berufsständischen Versorgungswerk nach sich« ziehe.

Ob das zutrifft, bleibt nun wirklich, wie Juristen zu sagen pflegen, *abzuwarten*. Denn wer die Aussicht auf einen schönen Job in einem Unternehmen mit einem auskömmlichen Einkommen hat, wird den nicht allein deshalb ablehnen, nur weil er nachher geringere Rentenansprüche hat. Das mag vielleicht den einen oder anderen Anwalt bei einer Großkanzlei abschrecken, garantiert aber nicht die Anwälte mit einem volatilen Einkommen in einer mittleren oder kleinen Kanzlei.

Eins dürfte jedoch sicher sein. Sollte das Bundessozialgericht – oder die Europäische Kommission – demnächst in einer Kanzlei angestellte Anwälte aus dem Versorgungswerk rauswerfen, würde der Aufschrei so laut, dass man ihn von Hamburg bis zum Bodensee hören könnte.

ANWÄLTE
UND IHRE ANWÄLTINNEN

§§

»IRGENDWANN SIEGT MEIST DIE VERNUNFT DES MENSCHEN.
KEINER WÜRDE HEUTE MEHR BESTREITEN, DASS ES
ABSURD IST, SKLAVEN ZU HALTEN. ODER DASS FRAUEN
NICHT STUDIEREN ODER RAD FAHREN DÜRFEN.«[233]
Sibylle Berg, Schriftstellerin

Weil Anwälte Brüder sind – bis auf die Schwestern

Wie lautete der Slogan der Französischen Revolution? Ganz richtig: Freiheit, Gleichheit, Brüderlichkeit. Die Anwälte haben das zusammen mit ihren Kollegen aus Gericht, Parlament und Verwaltung wörtlich genommen und den Spruch verstanden als »Alle Menschen sind Brüder, bis auf die Schwestern«. Dass schon damals eine Frau namens Olympe de Gouges forderte, die Frauen mit zu meinen, haben sie bis Anfang des 21. Jahrhunderts ignoriert.

In Deutschland gab es die erste deutsche Rechtsanwältin jedenfalls erst 1922. Da wurde Dr. Maria Otto durch das Bayerische Staatsministerium der Justiz »nach ihrem hartnäckigen Betreiben« zugelassen, übrigens nur wenige Jahre, nachdem Frauen 1918 das aktive und passive Wahlrecht erhalten hatten. Jura studieren durften Frauen schon seit der Jahrhundertwende.

Doch weiblich wurde die Anwaltschaft damit noch lange nicht. 1932 waren zwar knapp zwölf Prozent der Jurastudenten weiblich, aber nur 79 Frauen waren als Rechtsanwältinnen zugelassen (von insgesamt 18.036 Rechtsanwälten). Und dann wurde es für eine ganze Weile erst mal ganz finster. Die Nazis fanden, Frauen gehörten hinter den Herd oder ins Bett, wo sie möglichst viele arische Kinder gebären sollten, und die Anwälte hatten nichts dagegen einzuwenden. Genau so, wie sie die Berufsausübung für jüdische Anwälte einschränkten, gängelten sie die Frauen.

Anders als für Juden und Kommunisten erließen sie für die Anwältinnen keine eigene Regelung. Wer eine Zulassung hatte, konnte weiterhin tätig sein. Nur Beamtinnen wurde im Nachhinein die Berufsausübung untersagt, wenn ihre »wirtschaftliche Versorgung dauernd gesichert erschien«. Anwältinnen durften weiter arbeiten, doch Neuzulassungen von Anwältinnen gab es ab 1935 nicht mehr. Ein »Führerbescheid« untersagte für Frauen die Neuzulassung zur

Anwaltschaft. Das hieß aber nicht, dass die Herrschaften von der Anwaltskammer nicht schon vor 1935 versuchten, den wenigen Kolleginnen das Leben schwer zu machen.

Beachten Sie, mit welcher Logik die Anwaltskammer gegen die Berufstätigkeit von Anwältinnen argumentierte. Etwa in einem Brief, den die Anwälte der Hammer Anwaltskammer am 15. April 1934 dem Hammer Oberlandesgerichtspräsidenten schrieben. Eva Douma gibt ihn so wieder:

»Ein Anwalt müsse seinem Auftraggeber jederzeit zur Verfügung stehen.« Dies sei bei einer verheirateten Juristin nicht möglich, da sie anderweitig durch die Haushaltsführung in Anspruch genommen würde.

Außerdem sei es einem Ehemann gemäß § 1358 des Bürgerlichen Gesetzbuches (BGB) möglich, seiner Ehefrau eine Berufstätigkeit zu untersagen und damit die anwaltliche Tätigkeit der Juristin einzuschränken. Solch ein Eingriff eines Dritten in die Anwaltsarbeit sei mit dem Charakter eines freien Berufes nicht vereinbar.

Das heißt auf Deutsch: Die Frau gehört hinter den Herd, der Mann darf bestimmen. Also hat die Frau weder die Zeit noch mitunter das Recht, sich als Anwältin zu betätigen. Die relevanten Vorschriften im Bürgerlichen Gesetzbuch wurden erst ab 1957 so nach und nach abgeschafft, weil sie gegen Art. 3 Abs. 2 Grundgesetz »Männer und Frauen sind gleichberechtigt« verstießen. Noch bis 1977 brauchte das Parlament, bis es die Vorschrift aufhob, dass Frauen das Einverständnis ihrer Ehemänner benötigen, um einer beruflichen Tätigkeit nachgehen zu dürfen.

Mit der Frauenfeindlichkeit der Anwälte oder sagen wir mal der Aversion gegen Gleichberechtigung war es nach dem Zweiten Weltkrieg nicht vorbei. Teilweise verweigerten die Zulassungsstellen die Zulassung von Frauen mit den gleichen Argumenten wie die während des »Dritten Reiches«, teilweise fanden sie andere Gründe, zum Beispiel den fehlenden Assessordienst. Wer Anwalt

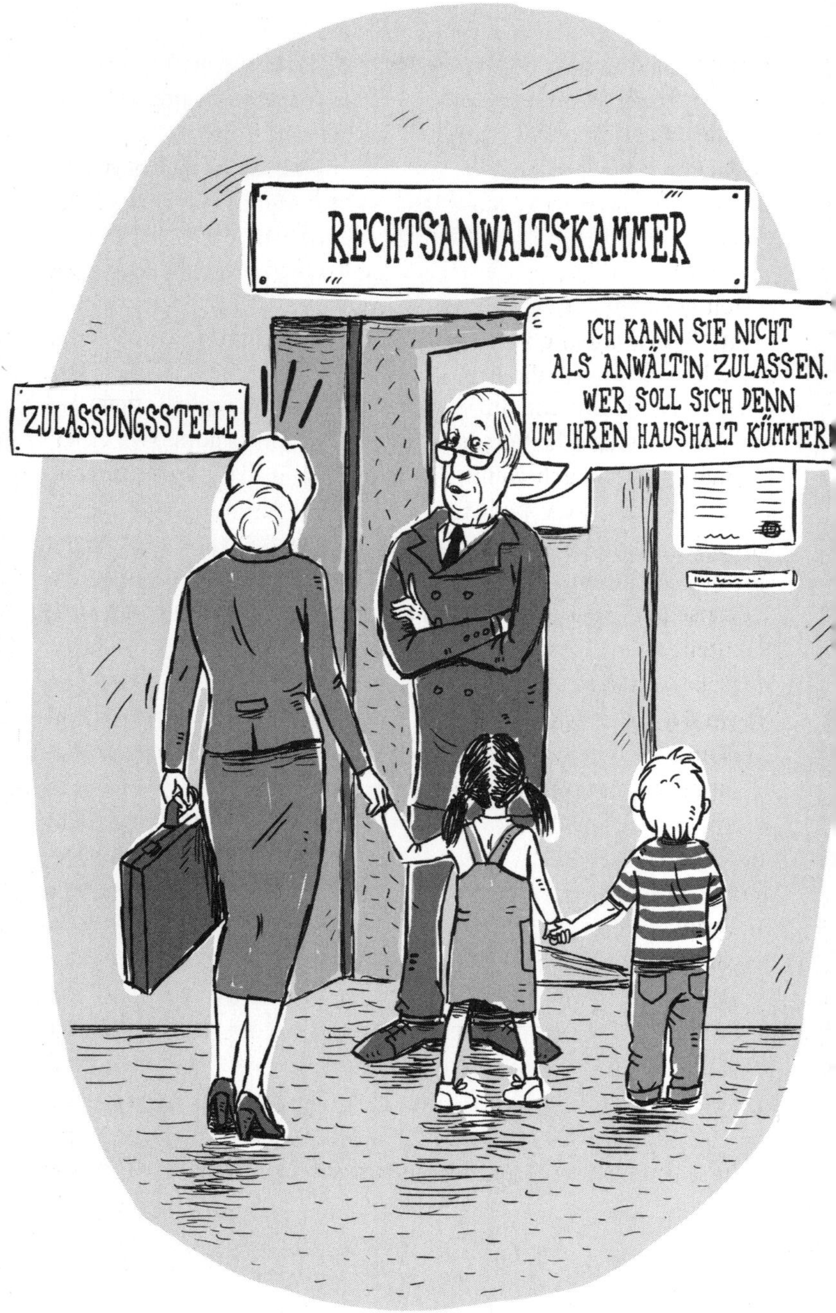

werden wollte, musste einen dreijährigen Assessordienst absolvieren oder Kriegsteilnehmer gewesen sein. Frauen, die mangels Zulassung keinen Assessordienst hatten absolvieren dürfen und nicht Soldat gewesen waren, wurden von der Anwaltskammer Hamm auf die Wartebank gesetzt. Sie vom Assessordienst zu befreien, hieße, sie gegenüber den Männern zu bevorzugen, die den Kriegsdienst geleistet hatten. Dass viele männliche Kollegen vom Kriegsdienst befreit gewesen waren und teilweise gut verdient hatten und dass nicht Nichtzulassung vor 1945 eine Diskriminierung von Frauen darstellte, ignorierte die Anwaltskammer getrost.[234]

Noch ein Argument, um weibliche Bewerber abzuwimmeln, fiel den Anwälten ein: die Versorgung durch den Ehemann. Wer einen Ehemann hatte, auch wenn der gerade noch in Kriegsgefangenschaft war, war nicht bedürftig und erhielt deshalb keine Zulassung. Schlaue Anwältinnen beantragten ihre Zulassung, solange sie noch unverheiratet waren, und heirateten erst dann.

Konsequenterweise brachte die Zurückstellung den Frauen auch Nachteile beim Notariat. Um Notar zu werden, muss man 15 Jahre lang als Anwalt zugelassen gewesen sein. Den Antrag einer Anwältin, Notarin zu werden, lehnten der Landgerichtspräsident in Duisburg und die Düsseldorfer Notarkammer ab, da sie noch nicht 15 Jahre lang Anwältin gewesen war. Ihr wegen der politischen Diskriminierung im Dritten Reich Wartezeit zu erlassen, sei nicht möglich. Sie fürchteten, ebenso wie die Herren vom Oberlandesgericht Düsseldorf, einen Präzedenzfall zu schaffen und weitere Bewerberinnen auf den Plan zu rufen. Erst der Justizminister Nordrhein-Westfalens sah das anders und ernannte die Frau zur Notarin.[235] Bis heute gibt es weniger Notarinnen als Notare.

Zumindest begann, als 1950 die Zulassungsschranken für die Anwaltschaft gefallen waren, die Zahl der Rechtsanwältinnen stetig zu steigen. 1970 lag der Frauenanteil bei vier Prozent, 1991 bei 16 Prozent. 2008 bei 30 Prozent. Mit dem Stand vom 1. Januar 2014 sind von 162.000 Anwälten 33,05 Prozent weiblich. Diese

Zahlen belegen, so Mechtild Düsing[236], Mitglied im Vorstand des Deutschen Anwaltvereins, einen »enormen gesellschaftlichen und sozialen Wandel«.

Finanziell haben die Anwältinnen noch nicht gleichgezogen. Einer Studie von 2001 zufolge verdienten Anwältinnen bei gleicher Arbeitszeit im gleichen Kanzleityp nur halb so viel wie ihre Kollegen.[237] Nach einer Befragung einer repräsentativen Stichprobe von Rechtsanwälten durch das »Institut für freie Berufe« (Nürnberg) im Jahr 2012 kam heraus, dass der Umsatz von Rechtsanwältinnen im Wirtschaftsjahr 2010 im Durchschnitt bei 51 Prozent des Umsatzes von Männern lag.[238] Das sind natürlich Durchschnittswerte, in denen sich widerspiegelt, dass von den Rechtsanwältinnen noch viel weniger Partner sind als von ihren männlichen Kollegen. Und dass Frauen teilweise in schlechter honorierten Rechtsgebieten tätig sind. Das ändert sich, wenn auch langsam.

Für Sie als User heißt das: Sie kommen unter Umständen bei Anwältinnen günstiger weg als bei Anwälten. Und sonst? Ändert sich der Anwaltsberuf, weil mehr Frauen ihn ausüben? Keine Ahnung! Anwälte würden sagen, »es bleibt abzuwarten«. Also warten wir und hoffen, dass die Anwältinnen nicht vergessen, dass Rechtsanwältinnen für den Zugang zum Recht sorgen.

§ 52. GRUND §

Weil sie nur ihren Anwältinnen Teilzeit anbieten

Also, theoretisch sind Kanzleien enorm frauenfreundlich. Das sind sie echt. Man kann Anwälten, in dem Fall sind wirklich nur die Männer gemeint, vorwerfen, was man will. Aber nicht, dass sie keinen Sinn für Familie hätten, aber sie kommen halt aus einer Tradition, die per Gesetz Frauen den Haushalt zuweist. Das lässt sich nicht von heute auf morgen abschütteln. Das sitzt zu tief.

Da, wo in Anwaltskreisen das meiste Geld verdient wird, nämlich in Großkanzleien, müssen die Anwältinnen echt noch aufholen oder die Kanzleien müssen in puncto Frauenfreundlichkeit aufholen, wie man's nimmt. Bei den beliebtesten Arbeitgebern unter den Großkanzleien liegt der Frauenanteil seit Jahren unter 30 Prozent.

2013 stellten die Kanzleien auch weniger Frauen ein als in den Vorjahren und stoppten damit vorläufig den Aufwärtstrend.[239] Auffällig: Die von *azur* befragten 200 Kanzleien hatten 2013 insgesamt sechs Prozent weniger Berufsanfänger eingestellt. Das ging ausschließlich zu Lasten der weiblichen Juraabsolventen. *azur*: »Während rund drei Prozent mehr Männer ihre Laufbahn in einer Kanzlei begannen als 2012, nahm die Zahl der weiblichen First-Year-Associates um fast 17 Prozent ab.«[240] Und je höher es in den Gehaltsstufen nach oben geht, desto geringer wird der Frauenanteil.

Damit korreliert der Frauenanteil bei der Anwaltschaft recht gut mit den Daten zur Hochschullaufbahn allgemein. Im Studium liegt der durchschnittliche Frauenanteil bei 47 Prozent, bei den Absolventen sogar bei 48 Prozent. In den oberen Positionen der wissenschaftlichen Laufbahn sind sie dagegen immer schwächer vertreten[241]. Hauptberufliche wissenschaftliche Mitarbeiterinnen an Unis gab es im Bereich Rechts-, Wirtschafts- und Sozialwissenschaften 5.622 (von insgesamt 13.623), Universitätsprofessorinnen nur noch 776 (von insgesamt 3.961).[242]

Der Prozentsatz der Frauen, die im Jahr 2011 das zweite Juristische Staatsexamen absolvierten, lag mit 54,6 Prozent deutlich über der Hälfte (Bundesamt für Justiz, Ausbildungsstatistik 2011). Die Zahl der Rechtsanwältinnen liegt bei 53.175 und damit bei insgesamt 33 Prozent aller Anwälte.[243] Zum Vergleich: Bei den Richtern sind 38,8 Prozent weiblich, bei den Staatsanwaltschaften sogar 41,3 Prozent.[244] Der Anteil von Partnerinnen in Kanzleien liegt noch nicht ganz so hoch.

Eine Stichprobe bei Freshfields, einer der größten deutschen Kanzleien, ergibt: Von 127 Partnern sind neun weiblich. Woran das liegt? Daran, dass Frauen erst Partner werden, wenn sie keine Kinder mehr bekommen können, wie die ZEIT 2010 schrieb?[245] Noch Anfang 2003 hielten bei einer Befragung des DAV unter Anwältinnen zwei Drittel der Befragten den Anwältinnenberuf für familienfeindlich.

Doch die Zeiten wandeln sich. Das *azur*-Magazin berichtete 2006, dass das Jurastudium weiblich werde. Die Quote der Studienanfängerinnen in rechtswissenschaftlichen Studiengängen lag bei 57 Prozent.[246] Insgesamt stimmen die Zahlen leicht optimistisch. 1970 gab es 1.035 Anwältinnen und ihr Anteil lag bei 4,52 Prozent. Inzwischen liegt ihr Anteil bei den oben genannten 33 Prozent und ihre Gesamtzahl bei gut 53.000.

Außerdem haben die Anwälte erkannt, dass guter Nachwuchs wichtig ist. Deshalb mühen sie sich redlich, ihren Mitarbeitern, so gut es geht, die Vereinbarkeit von Beruf und Familie zu ermöglichen. Haushalt, Kinder, Partner brauchen auch Zeit. Selbst Kitas haben in der Regel nur bis 16.30 Uhr offen, Plätze in Ganztagsschulen sind rar. Hart arbeitende Anwälte sind aber mindestens bis 18 Uhr im Büro. Gleichzeitig nagt das schlechte Gewissen, das viele Frauen plagt, auch an den Anwältinnen. »In Deutschland ist der Appell an die mütterliche Verantwortung besonders ausgeprägt«[247], schrieb Mechtild Düsing 2008 in dem Aufsatz *Anwältin mit Willen.*

Großkanzleien bieten ihren Mitarbeitern inzwischen Teilzeit an, etwa Hengeler mit der sogenannten projektbezogenen Teilzeit.[248] Wer Teilzeit arbeitet, wird allerdings nicht Equity Partner, sondern nur Counsel. Er oder sie verdient also gut, ist aber am Gewinn nicht direkt beteiligt.

Wenn Redakteurinnen von JUVE bei Kanzleien nachfragen, hören sie oft entlarvende Sätze wie: »Ja klar, tun wir etwas für die Gleichberechtigung. Wir bieten unseren Anwältinnen Teilzeitmodelle an.« Was sie nicht sagen, aber meinen, ist: Frauen dürfen Teilzeit arbeiten, müssen sich dann aber keine Hoffnungen mehr auf die Partnerschaft machen. Männer? Sie meinen nicht ernsthaft, dass Männer in Teilzeit arbeiten?

Solche Aussagen belegen den strukturellen Sexismus, der in Kanzleien herrscht. Das sagt eine Redakteurin, die nicht namentlich genannt werden möchte. Wer nur Frauen Teilzeit anbietet, aber das Gleiche nicht auch Männern, die sich an der Erziehung ihrer Kinder beteiligen wollen, ist noch weit von echter Diversity[249] entfernt.

Trotzdem ist Teilzeit natürlich ein Fortschritt. Nach dem Krieg waren die Zulassungsstellen, wie im 51. Grund dargestellt, noch der Auffassung, dass eine Rund-um-die-Uhr-Verfügbarkeit Voraussetzung sei, um überhaupt den Anwaltsberuf ausüben zu können. Der drohende Fachkräftemangel, der ganz langsam auch in den Kanzleien ankommt, sorgt dafür, dass Kanzleien – und zwar gerade im Mittelstand – erkennen, dass Teilzeit erstens möglich ist und zweitens eine Chance bietet, hoch qualifizierte Mitarbeiterinnen und Mitarbeiter an sich zu binden.[250]

§ 53. GRUND §

Weil ihre Verlage und Zeitschriften frauenreduziert sind

Wo traditionell die Typen das Sagen haben, wäre es ein Wunder, wenn die Zeitschriften weiblicher wären. So ein Wunder gibt es bisher aber nicht. Ich erwähne es nur der Vollständigkeit halber: Auch die deutschen auf Recht und Steuern spezialisierten Verlage sind fast komplett frauenfrei. Nicht in den schlecht bezahlten Redakteurs- und Lektoratsstellen, da tummeln sich viele Frauen, aber in Chefposten, den Verlegerstellen. In zwei großen wissenschaftlichen Fachverlagen gibt es Damen, die beim Einstellungsgespräch für gehobene Positionen offen über ihre Kinderwünsche sprachen:

Beide wollten um der Karriere willen auf Nachwuchs verzichten, was sie dann auch taten.

Von den 22 Verlagen, die im ARSV (Vereinigung der rechts- und staatswissenschaftlichen Verlage im deutschsprachigen Raum) versammelt sind, wirken in genau drei Verlagen weibliche Gesellschafter oder Verlagsleiter mit.[251] Der eine davon ist der österreichische Branchenführer, der Manz. Der andere der Schweizer Verlag Stollfuss. Und in Deutschland herrscht Ebbe, abgesehen von einem Spezialverlag für das Standesamtswesen. Natürlich nicht im dürftig bezahlten Lektorat und in den Redaktionen 1987, aber in der Chefetage.

Etwa Wolters Kluwer[252]: Burkhard Schulz, Chefverleger.

Natürlich C.H. Beck (*1763): Prof. Dr. Hans-Dieter Beck, der allerdings nicht im Amt bleiben möchte, bis er 90 ist.[253] Vielleicht kommt sogar irgendwann eine Frau zum Zug: Becks Tochter Anja, wenn sie ihr Referendarexamen hat.[254]

Verlag Dr. Otto Schmidt (*1905), dem auch die unter Juristen bekannte Buchhandlungsgruppe Sack und der Anwaltsuchservice GmbH gehören[255]: Geschäftsführender Gesellschafter ist Prof. Dr. Felix Hey.[256]

Manz ist der einzige Fachverlag im ASWR, der eine weibliche Geschäftsführerin hat: Susanne Stein, was wohl daher kommt, dass Manz ähnlich wie in Deutschland Beck seit der fünften Generation in der Hand einer Familie ist, der Familie Stein.[257] »Die seit 1849 bestehende Manz'sche Verlags- und Universitätsbuchhandlung ist nach eigenen Angaben österreichischer Marktführer für Rechtsinformation«[258]

Beim Nomos Verlag, der seit 1999 zur C.H.Beck-Gruppe gehört, sind natürlich auch Dr. Hans-Dieter Beck und Wolfgang Beck die Inhaber. Die Geschäftsführung hat Dr. Alfred Hoffmann.

Einzig der auf die Supernische »Standesämter, Gerichte, Rechtsanwälte und Notare, Jugendämter« spezialisierte Verlag für Standesamtswesen (was es nicht alles gibt!) wird mit von Frauen geleitet, Nachkommen des Verlagsgründers Alfred Metzner[259]. Das Gleiche gilt auch für den Bundesanzeiger Verlag, der zum Beispiel das Bundesgesetzblatt oder das elektronische Unternehmensregister herausgibt.[260]

Eine vergleichbare Übersicht über die rund 850 deutschsprachigen juristischen Zeitschriften würde den Rahmen sprengen. Doch Stichproben werden Ihnen zeigen, dass die Herausgeberposten in den großen, d. h. meist C.H.Beck-Zeitschriften von Juristen und Anwälten besetzt sind.[261]

Warum wäre es wichtig, dass Frauen hier und da in einflussreichen Positionen in Verlagen sind? Weil so eher Rechtsthemen vorkommen, die auch für Frauen wichtig sind, und weil das letztlich dem friedlichen Zusammenleben der ganzen Gesellschaft zugute kommt. Haben Anwältinnen eine Chance? Als Herausgeberinnen und Autorinnen allemal. Sie müssen nur damit beginnen, öfter zu publizieren. »Sobald sich der Verlag für den Verkauf etwas davon verspricht, dass er eine Frau aufs Cover nimmt, wird er es tun«, sagte mir eine Redakteurin, die sich nicht namentlich nennen lassen wollte. Hier kommt das nächste Manko der Anwältinnen zum Tragen: dass sie bisher noch viel zu selten Posten in Verbänden wahrnehmen. Wenn sie das ändern, wird sich auch ihr Einfluss bei den Zeitschriften ändern.

§ 54. GRUND §

Weil sie die Anwältin nicht mitmeinen

Kennen Sie die Floskel »Es wird die männliche Form verwendet, Frauen sind selbstverständlich mitgemeint«? Mitgehangen, mitgefangen kann ziemlich unangenehm sein. Doch in der Welt der Anwälte und Gesetze können sich die Frauen entspannen. Sie sind nicht mitgemeint. Das ist natürlich angenehm, wenn sie sich bei all

der Kritik, die auf die Anwälte niederprasselt, nicht angesprochen fühlen müssen.

Doch seit einigen Jahren wollen auch die Anwaltskanzleien modernes Denken demonstrieren, denn einige von ihnen haben mitbekommen, dass sich der weibliche Nachwuchs nicht angesprochen fühlt, wenn man ihn nicht anspricht.[262] Manche verwenden in ihren Stellenanzeigen zwar nur die Sparversion mit »Suche Anwalt (m/w)« und einige wollen weiterhin nur den Anwalt für ihr hervorragendes Team gewinnen, doch ein großer Teil adressiert auch die Bewerber*innen*.

Leider müssen sie feststellen, dass die Frauen unersättlich sind. Sie wollen nicht nur angesprochen werden, sie wollen auch noch Partnerin werden und Work-Life-Balance haben (die Männer komischerweise auch immer öfter). Und jetzt gibt es sogar welche, die eine geschlechtergerechte Rechtssprache wollen. Das geht den armen traditionsbewussten Juristen denn doch ein bisschen weit.

Als vor einiger Zeit die Universität Leipzig ihre Grundordnung änderte und festlegte, dass künftig nur die weibliche Form verwendet werden sollte, Professorin, Rektorin, Assistentin – und per Fußnote erklärte, dass mit der weiblichen Form die Männer mitgemeint seien –, ging ein Aufschrei durch Deutschlands Feuilletons, dass die Trommelfelle vibrierten. Sprachverwirrung war noch das Mindeste, was die Herrschaften den Damen vorwarfen.

Ein Jahr zuvor hatte schon das Verkehrsministerium für Aufruhr gesorgt, als es die Straßenverkehrsordnung in geschlechtergerechte Sprache überführte und Autofahrer und Autofahrerinnen zu Autofahrenden verschmolzen und Fußgänger in zu Fuß Gehende verwandelte.

Bei alledem ist ganz untergegangen, dass es mittlerweile sogar ein geschlechtergerechtes Grundgesetz gibt. Leider hat es der Entwurf bislang weder in die Ausschüsse noch in den Bundestag geschafft. Falls Sie zufällig in einem Ministerium arbeiten oder gar im

Bundestag sitzen, reichen Sie den Entwurf doch einfach weiter[263], er ist nämlich gar nicht so schlecht.

BEISPIEL MEINUNGSFREIHEIT (ART. 5 ABS. 1 GRUNDGESETZ):

Aus »*Jedermann hat das Recht, seine Meinung in Wort, Schrift und Bild frei zu äußern und zu verbreiten und sich aus allgemein zugänglichen Quellen ungehindert zu unterrichten*« wurde »*Alle Menschen haben das Recht, ihre Meinung in Wort, Schrift und Bild frei zu äußern und zu verbreiten und sich aus allgemein zugänglichen Quellen ungehindert zu unterrichten*«.

BEISPIEL GLEICHHEIT VOR DEM GESETZ (ART. 3 ABS. 3 GRUNDGESETZ)

Aus »*Niemand darf wegen seines Geschlechtes, seiner Abstammung, seiner Rasse, seiner Sprache, seiner Heimat und Herkunft, seines Glaubens, seiner religiösen oder politischen Anschauungen benachteiligt oder bevorzugt werden*« wurde »*Niemand darf auf Grund von Geschlecht, Abstammung, Rasse, Sprache, Heimat und Herkunft, Glauben, religiösen oder politischen Anschauungen benachteiligt oder bevorzugt werden*«.

Gar nicht so dumm, was der Redaktionsstab um die Kölnerin Gabi Stummer erarbeitet hat, oder?

Ich schwöre Ihnen, das setzt sich durch. Juristen und Anwälte mögen ja konservativ sein. Sie beharren auf der herrschenden Meinung, die meist auch die Meinung der Herrschenden ist, und zwar so lange, wie die Herrschenden an der Macht sind. Doch dann werfen die Anwälte ihr Meinungsruder schneller herum, als man bis drei zählen kann. Frei nach dem Motto: Was interessiert mich mein Schriftsatz von gestern? So wird das auch mit der geschlechtergerechten Sprache passieren. Die Damen werden sich noch wundern, wenn aus den bösen Steuerhinterziehern plötzlich Steuerhinterziehende und testosteronstrotzende Temposünder zu Temposündigenden werden.

Und bei der Gelegenheit wäre gleich noch etwas zu erledigen: Der Begriff der »Empfängnis« aus dem Bürgerlichen Gesetzbuch wäre zu streichen und durch eine geschlechtergerechte und biologisch zutreffende Bezeichnung zu ersetzen. Er ist ebenso falsch wie der Begriff »Samen«. Samen steckt man in die Erde und es wächst daraus etwas und zwar ohne, dass noch die andere Hälfte der Keimzelle dazukommen muss. Bei der Entstehung eines Menschen von der Empfängnis zu sprechen, ist daher grundfalsch. Es gibt eine Befruchtung der Eizelle, und dann eine Einnistung und so weiter, aber keine Empfängnis. Wir bitten, diese Erkenntnis mit Empfangsbestätigung zu quittieren.

ANWÄLTE UND DIE KUNST DER KANZLEIFÜHRUNG

§§§

»ES WAREN EINMAL SIEBEN SCHWABEN,
DIE WOLLTEN GROSSE HELDEN SEIN, UND AUF ABENTEUER
WANDERN DURCH DIE GANZE WELT. DAMIT SIE ABER
EIN GUT GEWAFFEN HÄTTEN, LIESSEN SIE SICH EINEN
SPIESS MACHEN, SIEBEN MANNSLÄNGEN LANG,
DEN FASSTEN SIE ZU SIEBENT AN, UND GINGEN
IN EINER REIHE HINTEREINANDER.«[264]

Gebrüder Grimm

Weil ihnen ihr Partnerschaftsmodell um die Ohren fliegt

Anwälte haben ein Problem und dieses geht an die Substanz ihrer Kanzlei: Ihr althergebrachtes Partnerschaftsmodell hat ausgedient und ein neues will ihnen nicht in den Kopf. Ob es an der männlich geprägten Tradition liegt? Bisher sind nur 9,5 Prozent der Partner von Großkanzleien weiblich.[265]

Das Partnerschaftsmodell beruht auf einem Generationenvertrag. Die Partner fakturieren den Mandanten hohe Stundensätze und teilen den Gewinn untereinander. Die jungen Anwälte arbeiten bis zum Umfallen mit der Aussicht, irgendwann Partner zu werden. Das funktioniert bei anderen Freiberuflern ähnlich: Ärzten, Zahnärzten oder Steuerberatern und Wirtschaftsprüfern. Der Gewinn ist umso höher, je mehr die Mannschaft buckelt.

Früher funktionierte das, doch seit einigen Jahren lassen mittlere, aber vor allem die Großkanzleien immer weniger Junioren zu Partnern werden. Das macht das Buckeln eher unattraktiv. Hinzu kommt: Die Jungen wollen gar nicht mehr um jeden Preis Partner oder Partnerin werden. Das ist bei Zahnärzten nicht anders, wo die Alten auch verwundert feststellen: Die Jungen wollen sich einfach nicht totarbeiten.

Manchen jungen Anwälten oder Anwältinnen sind interessante Arbeit und so dubiose Dinge wie Work-Life-Balance tatsächlich wichtiger als die vage Aussicht auf den Partnerstatus. Und einige wollen, die alten Partner reiben sich die Augen, gar keine Verantwortung tragen! Sie sind als Angestellte froh und glücklich. Sie haben Spaß an der Juristerei, sie engagieren sich in der Sache, aber sie wollen die Partnerschaft nicht.

Manche betrachten das als Rosinenpickerei. Andere, etwa die Kölner Managementtrainerin Gudrun Happich[266], weiß, dass sich Menschen fast immer zwei Kategorien zuordnen lassen: Die einen sind die Fachkräfte und die anderen die Manager. Die einen wollen an der Sache arbeiten, die anderen sind gut daran, die Organisation zu machen. Das Unternehmen braucht beide.

Nur, Anwälte wollen das nicht so richtig wahrhaben oder wollten es lange Zeit nicht. Sie erwarten von sich und den anderen Anwälten, dass sie beides hervorragend können, also juristisch zu arbeiten und gleichzeitig die Kanzlei zu managen. Diese Sichtweise spiegelt sich in der klassischen Führungsstruktur einer Kanzlei. Das oberste Führungsgremium einer Kanzlei ist die Partnerversammlung. Dort haben die Partner das Sagen, die auch die großen Mandate heranschleppen. Sie wählen als Führungspersönlichkeit den Managing Partner respektive die Managing Partnerin. Die hat dann die doppelte Arbeit am Hals. Von ihr erwarten die anderen Partner hohe Umsätze aus der Mandatsarbeit und zugleich die Geschäftsleitung. Strategische Planung und ein bisschen Vision wären auch nicht schlecht. Vor allem aber müssen diese Partnerpersönlichkeiten, wenn ihre Legislaturperiode als Manager abgelaufen ist, wieder in die Mandatsarbeit zurückfinden. Klappt das nicht, sind sie schnell ganz draußen.

Natürlich haben immer mehr Kanzleien so etwas wie eine moderne Führungsstruktur. Und dem Managing Partner stehen je nach Größe der Kanzlei mehrere Business Services Abteilungen zur Seite. Human Resources, Business Development, Marketing, IT, Finanzen und Office Management. Theoretisch bekommen auch immer mehr Kanzleien ganz normale Abteilungen, die dafür sorgen, dass sich die Anwälte auf die Produktion von Rechtsberatung konzentrieren können.

Wäre die Kanzlei eine Fabrik, in der in hoch spezialisierten Fertigungsstraßen Rechtsrat entwickelt, zusammenmontiert und dann ausgeliefert würde, wäre das ganz normal, viele Abteilungen zu haben, doch im Anwaltshirn ist das noch nicht so ganz angekommen. Anwälte betrachten sich nicht als Bestandteile einer Rechtsrat produzierenden Fertigungsstraße. Sie sehen sich traditionell

als Abgesandte eines höheren Berufsstandes, die sich herablassen, ihren Mandanten Rechtsrat zu erteilen.

Das wirkt sich auch auf ihr Verhältnis zu ihren Mitarbeitern aus. Anwälte haben leicht das Gefühl, dass die tief unter ihnen stehenden Hilfskräfte dankbar sein sollten, dass sie die gottgleichen Anwälte unterstützen dürfen, denn als Gott könnte der Anwalt ja theoretisch all diese untergeordneten Hilfstätigkeiten auch selbst ausführen und viel besser.

Diese Form von Herablassung ist übrigens ein eher typisch männliches Problem. Über Anwältinnen gibt es derlei Klagen weniger zu hören. Und ich glaube, nicht nur, weil es weniger davon gibt, sondern auch, weil sie sich einfach besser zu benehmen wissen und sich vielleicht mit den überwiegend weiblichen Sekretärinnen aufgrund ihres Geschlechts irgendwo solidarisch fühlen.

Theoretisch wissen die Kanzleien, dass »juristische Staatsexamina für die meisten Business Services keine Qualifikation sind«[267], wie Christian Pothe, Geschäftsführer der Kanzlei Buse Heberer Fromm, seinen Kollegen schon 2011 mit auf den Weg gab, dass sie als Anwälte also nicht alles besser können.

Doch so richtig angekommen ist das im Bewusstsein der Anwälte noch nicht. Deshalb ist die Wertschätzung des Anwalts für die sonstigen Mitarbeiter nicht besonders hoch. Mitarbeiter, die nicht zumindest Volljuristen sind, wertzuschätzen? Nicht vorgesehen. Die Unterscheidung in »Berufsträger« und »Nichtberufsträger« zeigt das ziemlich deutlich. Zu den Nichtberufsträgern gehören alle, vom IT-Mitarbeiter über die Sekretärin bis hin zur Personalleiterin.

Natürlich entstammt diese Trennung in Anwälte ganz weit oben und der Rest ganz weit unten den berufsrechtlichen Vorschriften zur Berufsorganisation. Doch längst zeigt sich, dass das traditionelle, von Partnern gekrönte Organisationsmodell und die ihm zugrunde liegende Geisteshaltung den Unternehmenserfolg der Kanzleien gefährden. Die Anwälte haben einen Punkt erreicht, wo sie ohne Wertschätzung ihrer Mitarbeiter nicht mehr weiterkommen. Ohne Wertschätzung können sie weder juristische noch sonstige Mitarbeiter an sich binden.

Die Partnerschaft ist kein realistisches oder attraktives Lockmittel mehr für die jungen Juristen, und die sonstigen Lockmittel wie hohe Einstiegsgehälter helfen wenig, talentierte Jungjuristen zu binden. Nach zwei Jahren sind viele wieder weg. Ähnliches gilt für die hohe Zahl wechselnder Quereinsteiger (sogenannte Laterals). Führungskräftecoach Gudrun Happich sagt: »Wer für Geld gekommen ist, geht auch für Geld.« Die zahlreichen Kanzleiwechsler belegen die geringe innere Bindung der Partner an eine Kanzlei.

Angewiesen sind die Anwälte aber auch auf die übrigen Mitarbeiter. Die Wirtschaftsjuristen mit Bachelorabschluss statt zweitem Staatsexamen oder Juristen mit nur einem Staatsexamen oder mit zwei nur ausreichenden oder befriedigenden Staatsexamen. Was also tun? Gudrun Happich rät: »Nachdenken. Die veränderten Umstände als Chance begreifen. Nachdenken über die Ziele und die dazu passenden Leute und Organisationsformen.«[268]

Wenn die Anwälte ihre Geisteshaltung noch stärker überdenken würden, könnte ihnen das auch zu echter Teamarbeit verhelfen. Rechtsanwalt Markus Hartung, Gründungsdirektor des Bucerius Center on the Legal Profession, hält das Bekenntnis zur Teamarbeit derzeit noch häufig für ein Lippenbekenntnis. Was Kanzleien erlernen müssen, wäre eine echte »Collaboration«. Dabei wird das Team gebildet, das die Aufgabenstellung am besten bearbeiten kann, unabhängig vom jeweiligen Partner und Standort.[269] Wenn sie wollen, können Anwälte das.

Weil sie ihre Sekretärinnen nicht genug wertschätzen

Einer der Schlüssel zu besserem Service sind die Sekretärinnen, doch sie stehen in der traditionellen Kanzleihierarchie auf unterster Stufe. »Sekretärinnen sind Parias, sie haben kein Ansehen und keine Rechte«, sagt die Marketingmanagerin einer großen Wirtschaftskanzlei, die ihren Namen nicht in diesem Buch lesen möchte.

Sie haben oft keinen Aufenthaltsraum, wo sie sich Essen warm machen können. Abgesehen davon dürfen sie in der Kanzlei nicht warm essen, damit es nicht nach Essen riecht, doch auswärts essen zu gehen, können sie sich von ihrem Gehalt nicht leisten, erst recht nicht, wenn die Kanzlei im Frankfurter Bankenviertel oder am Jungfernstieg in Hamburg liegt.

Außerdem sind sie oft viel zu schlecht für ihre Aufgaben ausgebildet, weil man ihnen nicht genug zutraut. Kanzleitrainerin Johanna Busmann zufolge verschenken Anwälte bei der Assistenz extrem viel Potenzial. »Sie bezahlen sie schlecht und sie sind nicht bereit (oder nicht imstande), sie so weit zu schulen, dass sie ihnen wichtige Arbeit abnimmt.« »Insgesamt tun sich selbst Anwälte in Großkanzleien noch schwer, Aufgaben zu delegieren.«[270]

Darunter leidet letztlich die ganze Kanzlei, zum Beispiel wenn die Sekretärin eines Partners immer wieder falsche Flüge bucht, weil das Partnermeeting im Hamburger Büro und nicht in München stattfindet. Stört den Partner das nicht? Doch, ganz erheblich, sagt er. »Aber was erwarten Sie?«, fragt er. »Wer mit Erdnüssen füttert, der lockt nur Affen an.«

Das Gute ist: Die krasse Trennung zwischen Berufsträgern einerseits (Anwälte, Wirtschaftsprüfer und Steuerberater) und Nichtberufsträgern (allen anderen) weicht mehr und mehr auf. So langsam erkennen auch Anwälte, dass zur »Mannschaft« oder zum »Team« nicht nur sie, sondern auch letztlich jeder Mitarbeiter gehört. Das betrifft die kleineren Kanzleien ebenso wie die großen Wirtschaftskanzleien. So bietet die ARGE Familienrecht eine Fortbildung zur Familiensekretärin an. Ziel: Die Anwälte sollen fachliche Aufgaben delegieren können.

Auch eine der größten deutschen Kanzleien hat diese Erkenntnis, dass eine Kanzlei aus mehr als Anwälten besteht, vor Kurzem umgesetzt. Zur Feier ihrer neuen Markenpositionierung, »starke Persönlichkeiten sind starke Partner«, lud sie nicht nur die Anwälte, sondern alle Arbeitskräfte zur Party nach Brüssel ein, Sternekoch und Hotel inklusive, mit Pförtner und Empfangssekretärin rund 850 Leute.[271]

§ 57. GRUND §

Weil sie ihre eigenen Fristen verpennen

Anwaltstypische Anwälte, das wissen wir inzwischen, haben nicht per se die bessere Welt im Blick. In jedem Fall haben sie die Uhr im Blick, sei es, um die Zahl der billable Hours (abrechenbare Stunden) nachzuhalten, sei es, um eine Frist einzuhalten. Steht der Zeiger beispielsweise auf kurz vor Mitternacht, wissen sie, ist es an der Zeit, sich vom Schreibtisch zu lösen und zur Tat zu schreiten.

Eigentlich lieben Anwälte die großen Gesten, deshalb wäre es ihnen lieb, wenn jemand ihr Tun auch wahrnähme. Doch das Dumme am Pünktlichsein ist ja bekanntlich, dass keiner da ist, der es zur Kenntnis nimmt. Das gilt auch für eingehaltene Fristen. Aufmerksamkeit in Form von Ärger gibt es nur, wenn man die Frist versiebt. Bei ablaufenden Fristen machen Anwälte daher eine Ausnahme und werden ohne Publikum tätig. Nähert sich der Zeiger Mitternacht, gehen sie los, um den Schriftsatz in den Briefkasten zu werfen, um die Frist zu wahren. Die läuft nämlich um 24 Uhr ab.

Wissen Sie, was ein Frist wahrender Briefkasten, auch Nacht-briefkasten genannt, ist? Das ist ein Briefkasten, der sich um Mitternacht selbsttätig schließt, weil ein Justizkobold dahintersitzt und Punkt Mitternacht einen Schließzauber auslöst. Falsch, es ist kein Kobold, sondern ein Schließmechanismus. Das funktioniert in etwa so, dass sich um Punkt zwölf, also zur Geisterstunde (aber gehört nicht hierher), eine Klappe in den Briefkasten schiebt und auf die bis dato eingeworfenen Sendungen legt. Also liegen alle bis Mitternacht eingeworfenen Sendungen unterhalb der Klappe, alle Umschläge, die *nach* Mitternacht eingeworfen wurden, oberhalb. Deshalb stempelt der Postbeamte bei Gericht am nächsten Tag alle Sendungen, die vor zwölf Uhr in den Nachtbriefkasten gelangt sind, mit dem Eingangsstempel vom Vortag, und alle, die oberhalb lagen, mit dem aktuellen.

In den Worten des Oberlandesgerichts Köln klingt das so: »Dieser Nachtbriefkasten ist technisch so ausgestaltet, dass bis 24:00 Uhr des jeweiligen Tages eingeworfene Schriftstücke noch als an diesem Tag bei dem Oberlandesgericht eingegangen angesehen werden. Schriftstücke, die ab 00:00 Uhr eingeworfen werden, gelten erst als am Folgetag eingegangen.« Damit erklärt sich auch die Bedeutung des Wortes »Fristende«. Es kommt von Fressen und heißt: »Ab jetzt fris(s)t der Briefkasten nichts mehr.«

Musste ein bestimmter Antrag bis zum Vortag gestellt werden, ist das schlecht, etwa wenn es um das Einlegen von Rechtsmitteln geht. So kaltblütig Anwälte sonst sein mögen, in diesem Punkt sind sie sensibel. Wer von ihnen einmal das fiese Schnarren mit anschließendem Klappern gehört hat, wenn sich diese Klappe in den Nachtbriefkasten schiebt und dann über die Schriftsätze senkt, vergisst das sein Lebtag nicht wieder.

Weil sie nicht genug Fachangestellte ausbilden

Mit der Reform ihrer Ausbildung tun sich die Anwälte ein wenig schwer, aber zumindest kommen immer noch genug Anwälte nach. Ein echtes Problem haben die Anwälte mit ihrem assistierenden Fachpersonal. Mit den Rechtsanwalts-, Notarfach- und Patentfachangestellten, kurz ReNo oder ReNoPat genannt, hat es eine besondere Bewandtnis. Die ReNo hat die Lizenz zum Fristennotieren. Sie wissen ja, Fristen und Anwälte sind eine heikle Kiste. Verschwitzt der Anwalt oder die Anwältin eine Frist, heißt das im schlimmsten Fall, er kann keine Klage einreichen und der Mandant verliert. Und der zieht anschließend dem Rechtsanwalt die Ohren lang. Für solche Fälle haben Anwälte eine Versicherung, aber damit die zahlt, muss der Anwalt nachweisen, dass er seine Fristen ordnungsgemäß notiert hat. Und hier kommt die ReNoPat ins Spiel.

Sie ist nämlich von ihrer Ausbildung her extra dafür prädestiniert, Fristen zu kontrollieren. Auch hat der Bundesgerichtshof mehrfach bestätigt, dass nur geeignetes Fachpersonal beim »Fristenwesen« mitwirken darf. Kann der Anwalt der Versicherung nachweisen, dass eine ReNoPat die Akte betreut und die Fristen notiert und kontrolliert hat, zahlt die Versicherung. Hat nur eine gewöhnliche Sekretärin die Fristen eingetragen, reicht das der Versicherung nicht.

Er braucht also eine ReNoPat. Doch die muss er erst mal finden. Und das ist mittlerweile ein großes Problem. Seit dem deutschen Einheitsjahr 1989 hat sich die Zahl der zugelassenen Rechtsanwälte verdreifacht. Die Ausbildungszahlen in den juristischen Assistenzberufen, der Rechtsanwalts-, Notar- und Patentanwaltsfachangestellten, hat sich im gleichen Zeitraum halbiert.[272] Die wenigen berufserfahrenen ReNoPats werden nach Erfahrung von Personalberaterin Marion Proft, Gründerin der Beratung LegalProfession, gesucht wie die Nadel im Heuhaufen und super bezahlt. 50.000 Euro Jahresbrutto und mehr.

Den Grund, warum es so wenig ReNoPats gibt, erklärt Marion Proft mit der veralteten Ausbildung: »Der klassische Ausbildungsberuf ist nicht mehr zeitgemäß. Der aktuelle Rahmenausbildungsplan ist über 20 Jahre alt und seit 2011 in der Überarbeitung. Ohne Ergebnis.« Bisher lernen die Fachangestellten, Mahnungen und Kostennoten zu schreiben. Das ist aber nicht das, was sie für die großen Wirtschaftskanzleien können müssen. Hier wäre zumindest Englischunterricht angebracht.

Zudem sind die vier Berufe ReFa, NoFa, ReNo und PatFa beim Nachwuchs nahezu unbekannt. Viele Kanzleien würden gern ausbilden, aber es fehlt an Bewerbern. Die ReNoPat zählt zu den freien Berufen und wird als Kammerberuf nicht von der IHK, sondern von der BRAK, also der Bundesrechtsanwaltskammer, beworben. Auch hier müssen sich die Anwälte bewegen und zusammen mit ihren Kammern und Verbänden rasch darauf hinwirken, dass die Ausbildung modernisiert und dann kräftig beworben wird.

§ 59. GRUND §

Weil ihnen die Fixkosten aus dem Ruder laufen

Wie wir gesehen haben, sind Büros in guter Lage ein natürliches Anrecht von Anwälten und Notaren. Leider haben all die Büros in bester Citylage einen Nachteil. Jenseits von Kakerlaken, die die Wandvertäfelung hochkrabbeln, nämlich die hohen Mietkosten. In London beispielsweise liegen die Raumnutzungskosten laut der CBRE-Studie 2012 »Prime Office Occupancy Costs« im Westend bei 2.366 US-Dollar pro Quadratmeter.[273] In Frankfurt liegen die Spitzenmieten bei vergleichsweise schlappen 37,50 Euro. Ergibt natürlich trotzdem eine Stange Geld, wenn man so wie Linklaters

8.800 Quadratmeter oder wie CMS Hasche Sigle gleich 9.000 Quadratmeter anmietet.[274]

Kostenbewusste Kanzleien lagern deshalb Teile ihres Büros schon mal in günstigere Gegenden aus. Das ist schlau, denn fallen wichtige Mandate weg, brechen die Fixkosten der Kanzlei schneller das Genick, als sie das Wort »Kündigung« diktieren können. Das zeigt das Beispiel der einst berühmten US-Kanzlei Dewey & LeBoeuf. Die musste im Mai 2012 in Manhattan Insolvenz anmelden, unter anderem weil ihre Finanzen aus dem Ruder gelaufen waren. »Megaboni, Schulden und hohe Mietkosten« hätten den Rechtskonzern mit einst 1.300 Anwälten zu Fall gebracht, schrieb das *manager magazin*. Von den insgesamt 315 Millionen Dollar Schulden bei rund 5.000 Gläubigern entfielen laut *Wallstreet Journal* 3,7 Millionen auf Miete und Grundsteuer in New York und 830.780 Dollar auf die Miete in Washington.[275]

Dass Anwälte wie selbstverständlich in Bestlage residierten, war übrigens nicht immer so. Direkt nach dem Krieg, schreibt Horst Leutheusser, arbeiteten Anwälte teils in fensterlosen Hinterzimmern. Bezahlt wurde »mit wertloser Reichsmark und schwarz gebranntem Schnaps und Lebensmitteln, über deren Herkunft man sich bewusst keine Gedanken machte …«[276] Sogar Telefone mussten bewilligt werden. Und heute sind es auch nur die großen Anwaltskanzleien, die sich teure Mieten ans Bein binden können. Die kleinen müssen erst einmal die Butter aufs Brot verdienen.

Ein anderer Fixkostenblock, der auch Dewey & LeBoeuf zum Verhängnis wurde, sind die Bonuszahlungen an die alten Partner. Zwar versuchen Kanzleien, so oft es geht, Partner, die keinen Umsatz bringen, gnadenlos wieder auszusortieren oder ihren älteren Partnern den Partnerstatus zu entziehen, doch das klappt nicht immer.

In einer Klage wegen Altersdiskriminierung gegen die New Yorker Anwaltskanzlei Kelley Drye & Warren LLP trug der ehemalige Partner Eugene D'Ablemont 2012 vor, durch den Ausschluss aus der Partnerschaft regelrecht enteignet worden zu sein. Nach seinem von der Kanzlei mit 70 vorgesehenen Ausschluss aus der Partnerschaft erhielt er eine Rente von nur noch 25.000 bis 75.000 Dollar jährlich.

Damit erhalte er nur ein Siebtel bis ein Zwanzigstel der Summe, die er als Equity Partner jährlich bekommen hätte, trug der 70-jährige D'Ablemont vor.[277] Rechnen Sie bitte aus, was 75.000 Dollar multipliziert mit 20 sind: 1,5 Millionen Dollar. Das war ein komfortables Altersgeld.

Dafür lohnt es sich für die Partner, zu klagen. Umgekehrt hatte die Kanzlei ein riesiges Interesse daran, den lästigen Esser loszuwerden. Wer einen Silberrücken mit derartigen Summen durchfüttern muss, rutscht leicht in die Verlustzone. Das geschah bei Dewey & LeBoeuf. Die exzessiven Fixgehälter der Expartner hatten zum Kollaps der Kanzlei beigetragen. Noch zwei Jahre nach dem in Anwaltskreisen aufsehenerregenden Zusammenbruch der fast 3.000 Anwälte starken Kanzlei Dewey & LeBoeuf im Mai 2012 sind die ehemaligen Partner damit beschäftigt, gegen ihre Banken und gegen die Altpartner zu prozessieren.[278]

§ 60. GRUND §

Weil sie ihre Dienstleister schlecht behandeln

Dazu eine Anekdote: Die Werbeagentur hatte eben begonnen, ihr Konzept für das neue Corporate Design vorzustellen und den kreativen visuellen Ansatz anhand einiger Folien zu erläutern, da räusperte sich einer der anwesenden Partner und sagte: »Ich kotz gleich.« Die übrigen Partner schwiegen. Im Anschluss kam der Managing Partner der Kanzlei zu den Agenturleuten und sagte: »Sie sollten diese Äußerung nicht überbewerten. Der hat das nicht so gemeint.«

Das Problem (weshalb die Agentur schließlich auch die Zusammenarbeit beendete) war: Der Partner hatte es so gemeint. Ihn widerten die kreativen Entwürfe der Kreativen an, und er fand es völlig normal, seine Verachtung unverhohlen kundzutun.

Der Partner ist kein Einzelfall. Sind Anwälte schon gegenüber ihresgleichen höchst kritisch eingestellt, sind sie es Nichtanwälten gegenüber erst recht. Nichtanwälte können erstens kein Jura und das auch noch schlecht. Selbst wenn Anwälte den Entwurf eines Dienstleisters gut finden, fällt es ihnen sehr schwer, zu sagen, »hey supi, alles easy«, sondern sie antworten: »Gegen den Entwurf habe ich keine Einwände.« Alles klar?

Übrigens ist die Güte eines Anwalts leicht daran zu erkennen, wie er oder sie die Dienstleister behandelt. Behandelt er oder sie sie gut, ist das ein Zeichen für Klugheit und Besonnenheit, und das hilft auch für die Beratung.

ANWÄLTE UND IHR FAMILIENLEBEN

§§§

»DAS SOZIAL- UND PAARUNGSVERHALTEN
DES ANWALTS IST BISLANG WISSENSCHAFTLICH
VÖLLIG UNERFORSCHT,
DA OHNEHIN DIE WENIGSTEN ANWÄLTE
ÜBER EIN PRIVATLEBEN VERFÜGEN.«
Stupipedia [279]

Weil sie unter Zeit- und Schlafmangel leiden

Menschen, die Anwalt werden, legen schon zu Beginn ihres Studiums ein Gelübde ab. Ein Gelübde, dass sie bereit sind, bis zum Umfallen oder bis kurz davor zu arbeiten, also neben bedrohlichen Aktenbergen zu sitzen, zum Frühstück, zum Mittagessen und zum Mitternachtsimbiss eng bedruckte Seiten zu verspeisen und das Tageslicht nur durch das Panoramafenster im zehnten Stock zu betrachten.

Natürlich müssen auch Anwälte ab und zu schlafen. Schlafentzug ist eine Foltermethode, die bis zum Tod führen kann. In Guantanamo haben die US-Amerikaner ihre Gefangenen deshalb so lange nicht schlafen lassen, bis sie freiwillig zugaben, die Twin Tower in New York eigenhändig in die Luft gejagt zu haben.[280]

Da Anwälte jedoch Akten bearbeiten und nicht ihre Mitgliedschaft zu Al Kaida bekennen sollen, lässt man sie im Schnitt fünf bis sechs Stunden pro Nacht schlafen. In Verhandlungssituationen auch mal kürzer, aber im Großen und Ganzen kommt das hin. Trotzdem suchen sich einige Schlingel Ausweichlösungen, so der Partner einer Wallstreet-Kanzlei in New York. Er hat in der MET eine eigene Loge, in die er seine Mandanten einlud.[281] Er selbst setzte sich aber immer in die letzte Reihe, um zu schlafen, danach ging er wieder arbeiten.

Ein bisschen Nachsicht mit Anwälten und Anwältinnen ist angebracht. Weil sie so viel arbeiten, hatten sie noch keine Zeit, nachzulesen, dass es auch ein Arbeitszeitgesetz gibt. Das schreibt für Angestellte vor (zu denen auch angestellte Anwälte in Kanzleien zählen), dass die durchschnittliche Höchstarbeitszeit bei 48 Stunden wöchentlich (über zwölf Monate) liegt und sonntags arbeitsfrei ist. Ausnahmen gibt es für Berufe der Daseinsvorsorge, also Krankenschwestern und Kioskbesitzer.[282]

VOR GERICHT UND AUF HOHER SEE
SIND SIE IN GOTTES HAND ...

Die Folge: Die in investigativen Recherchen der JUVE-Redaktion ermittelte Wochenarbeitszeit junger Associates von 50 bis über 60 Stunden verstößt gegen das Arbeitszeitgesetz,[283] rein theoretisch, versteht sich, denn praktisch zahlen die Kanzleien ihren Associates ein hohes Schmerzens- oder Schweigegeld. Mehr dazu im 42. Grund: »Weil die High Potentials ein hohes Einstiegsgehalt bekommen und trotzdem nicht zufrieden sind«. Deshalb hat sich auch noch kein Associate beschwert. Vielleicht hatten sie aber auch nur keine Zeit, im Arbeitszeitgesetz nachzulesen.

Aber was ist, wenn Anwälte und Anwältinnen – auch das kommt vor – den Wunsch verspüren, sich fortzupflanzen, und dann ab und an ihre Kinder sogar noch sehen wollen? Lesen Sie dazu den nächsten Grund.

§ 62. GRUND §

Weil sie ihre Kinder nur im Park sehen

»Das Sozial- und Paarungsverhalten des Anwalts ist bislang wissenschaftlich völlig unerforscht, da ohnehin die wenigsten Anwälte über ein Privatleben verfügen«, schreibt das Forschungsteam der renommierten Anwaltsenzyklopädie Stupipedia. Mit *111 Gründe, Anwälte*, Sie wissen schon … haben wir etwas Licht ins Dunkel gebracht. Wir haben eruiert, was Anwälte tun, die ihre Kinder nicht nur auf dem silbergerahmten Familienfoto auf dem Schreibtisch oder selig schnorchelnd in ihren Bettchen sehen wollen, sondern auch, wenn sie wach durch die Gegend hüpfen.

Anwälte, die zu Hause eine Frau haben[284], bekommen das sogar erstaunlich gut hin. Sie schiebt das Kind einfach mit dem Kinderwagen in der Mittagspause in den Park, nahe der Kanzlei des Mannes. Das klappt gut, denn in den Anwaltshochburgen Düsseldorf, München, Frankfurt oder Hamburg gibt es durchweg schöne innerstädtische Grünanlagen. Pünktlich um 13.05 Uhr kommt der Anwalt in den Park geeilt, auf seinen rahmengenähten Budapester Schuhen elegant den Hundehaufen ausweichend, und begrüßt die Gattin mit einem Wangenkuss. Dann beugt er sich lächelnd über das schlafende Kind. Das tut darob die Augen auf und fängt an zu brüllen …

Anwälte, die keinen Park in Kanzleinähe haben, behelfen sich, indem sie die Gattin oder die Nanny auch schon mal bitten, das Kind doch erst nach 20 Uhr ins Bett zu stecken. Das Kind könne ja einen längeren Mittagsschlaf machen oder so. So kann er dem Kind wenigstens noch eine Gutenachtgeschichte vorlesen. Natürlich entwickeln Kinder dadurch manchmal ein etwas verzerrtes Bild von ihren Vätern. So bekam vor einiger Zeit der Anwaltssohn Maximilian (5)[*] Besuch von seinem Cousin. Auf der Heimfahrt eines Ausflugs wurden sie durch die Frankfurter Innenstadt gefahren. Da zeigte Maximilian auf ein großes Bürogebäude: »Guck mal, da wohnt Papa mit seinen Freunden.«

Doch die Anwaltswelt befindet sich in einem tief greifenden Wandel, der auch vor der Familie nicht haltmacht. Es kommt vor, dass auch Anwältinnen ins Geschehen eingreifen oder Anwaltsgattinnen selbst berufstätig werden. Das stellt die gute alte Anwaltswelt ziemlich auf den Kopf, denn die ist traditionell eher, sagen wir mal, nicht emanzipationsfreundlich. Doch das ändert sich gewaltig. Lesen Sie dazu den nächsten Grund.

[*] *Anwaltssöhne heißen Maximilian oder Bernulph. Das sieht später auf dem Briefbogen besser aus als Kevin oder Danny.*

Weil sie fast immer treu sind

Was so ein echter Anwalt der alten Schule ist, also männlich und wertebewusst, der sorgt auch dafür, dass die Familie fortbesteht. Als er mitbekommt, dass ein junger, umsatzstarker Anwalt seine Ehefrau mit der Referendarin betrogen hat, legt er dem Anwalt nahe, die Kanzlei zu verlassen.

Um hier keine Missverständnisse aufkommen zu lassen: Anwaltsehen sind im Großen und Ganzen einigermaßen stabil. Statistisch gesehen gehören die Anwälte nicht zu den besonders scheidungsanfälligen Berufen. Das leuchtet ein, wenn man die Auswertung der amerikanischen Radford University betrachtet. Ganz vorn stehen Tänzer/Choreografen (Scheidungsrate: 43,05 %), Barkeeper (38,43 %), Masseure (38,22 %), Croupiers (34,66 %), Maschinenführer (32,74 %) und Casinomitarbeiter (31,35 %), dahinter folgen Fabrikarbeiter, Callcenteragenten, Krankenschwestern und Cheerleader, also alles Berufe, wo die Kollegen sexy sind und das Umfeld körperbetont ist. Vor diesem Hintergrund sind Anwälte vor Verführungen besser geschützt als die britischen Kronjuwelen, denn ein weniger animierendes Umfeld als Gerichts- und Kanzleiflure kann man sich nun wirklich nicht vorstellen.

Auf die Spitzenränge bei den scheidungs*un*freudigsten Berufen schaffen es die Anwälte dann allerdings doch nicht. Dort stehen schon der Agraringenieur, der Augenoptiker sowie Bahnpolizist, Pastor, Vertriebstechniker und Fußchirurg.

Und Wirtschaftsanwälte prahlen in der Regel nur mit den Sekretärinnen, die sie angeblich verführt haben (wollen), doch Insidern zufolge erlauben die unattraktiv langen Arbeitszeiten so gut wie keine größeren Affären. Bei den Referendarinnen versuchen sie es zwar, blitzen aber meist schneller ab, als sie auf dem Schreibtisch die Aktenberge zur Seite geschoben haben.

Dabei hält man Anwälte und Anwältinnen allgemein sogar für recht sexy. Einer kleinen Umfrage der Partnervermittlungsagentur Lovepoint.de zufolge liegt die Anwältin auf Platz 10, hinter Stewardess (Platz 1), Hostess (Platz 3), Krankenschwester (Platz 4), Ärztin (Platz 5) und Sekretärin (Platz 6). Für Frauen liegt der Anwalt auf Platz 5, knapp hinter dem Arzt und dem Manager. Begründung: »Es kommt bei Frauen gut an, wenn Männer ›Lenker‹ und ›Macher‹ sind.«

Als Ehepartner und Vater sind sie dann doch wieder gefragt. Auch wenn es schwierig ist, manche Anwälte heiraten tatsächlich und setzen je nach Einkommenshöhe oft drei bis vier Kinder in die Welt. Damit Papa oder Mama arbeiten können, kommt die Nanny auch mit in den Skiurlaub.

Eine Garantie fürs Glück ist das nicht. Manchmal gehen auch Anwaltsehen voll daneben, so wie im Fall eines Anwalts, der, als er vom Fremdgehen seiner Frau erfuhr, tragischerweise zum Messer griff. Danach hatten seine vier Kinder keine Mutter mehr und seine Kanzlei einen Mitarbeiter weniger. Posthum bewies seine Kanzlei dann doch so etwas wie Familiensinn und gründete ein Stiftung für die vier Halbwaisen.

Treue beweisen sie auch gegenüber der Kanzlei. Was so ein alter Kanzleipatriarch ist, und davon gibt und gab es in der deutschen Kanzleilandschaft einige, der ist seiner Kanzlei treu. Als ein mittlerweile verstorbener Gründungspartner einer Gesellschaft von Steuerberatern, Wirtschaftsprüfern und Rechtsanwälten erfuhr, dass ein Partner, der sich verabschiedet und eine eigene Kanzlei eröffnet hatte, an Krebs erkrankt war, bot er dem Partner an, wieder zurückzukehren.

ANWÄLTE IM KUNDENDIENST

§§§

»DER MANDANT STEHT IM MITTELPUNKT –
UND DAMIT ALLEN IM WEG.«
Sprichwort

Weil sie Adlige wie Trophäen sammeln

Weiter vorn im Buch haben Sie etwas über die Statussymbole gelesen. Alphatiere wie Anwälte (und Anwältinnen) brauchen sie wie die Luft zum Atmen. Aber das wichtigste Statussymbol haben wir noch gar nicht besprochen: die prominenten Mandanten. Entweder Prominenz aus Funk und Fernsehen oder, noch lieber, aus dem Adel, Uradel, also seit ungefähr 1200 adelig, oder Geldadel, aber irgendwie doch lieber echten Adel. Deren Glamour färbt sofort auf die Rechtsberater ab, und die sind ja bekanntlich extrem bedürftig, was ein bisschen Glanz angeht. Der Promifaktor hilft dem Standing des Anwalts oder der Anwältin enorm, selbst wenn die adligen Mandanten nicht die größten Umsatzbringer sind. (Umsatz und Gewinn sind ja bekanntlich die allerwichtigsten Faktoren im Kampf um die Spitze.)

Natürlich dürfen sie mit dem Adelsglanz nicht so hausieren gehen, wie sie das gern hätten. Mandanten fänden es nicht lustig, wenn BUNTE oder BILD aufmerksam werden, nur weil ein Scheidungsanwalt damit prahlt, dass Gräfin von und zu Haseneck gerade bei ihm aufgeschlagen ist. Aber die Chance ist groß, dass sie einen zuverlässigen Anwalt weiterempfehlen, und dann kann der betreffende Anwalt schon bald das Vergnügen auskosten, dass der Gräfin die Baronin folgt und dass seine Reputation langsam, aber sicher durch die Decke schießt. Man muss dazu wissen, dass Anwälte und Adlige wichtige Eigenschaften miteinander teilen. (Es gibt in beiden Fällen Ausnahmen, wie immer.)

1. Ähnlichkeit: Adelige verkehren gern mit ihresgleichen und heiraten möglichst reinrassig, um das Adelsgeschlecht rein zu erhalten.[285] Deshalb sind die meistens der 80.000 Adligen auch miteinander verwandt. Das tun Anwälte auch gern. Manche sagen sogar, sie leben auf ihrem eigenen Stern.

2. Ähnlichkeit: Adelige fühlen sich anderen überlegen qua ihres hohen Standes. Das tun Anwälte auch (siehe 19. Grund: »Weil sie sogar ihr Spiegelbild von oben herab betrachten.«)

3. Ähnlichkeit: Adelige stehen auf ihre Adelstitel. Das »von« vor dem Nachnamen lässt fast keiner freiwillig weg, die ehemalige Bezeichnung Gräfin, Baronin, Freifrau, Freiherr und so weiter nur manchmal. Auf Titel stehen Anwälte auch. Leider steht ihnen nur der Doktor- oder Professorentitel zu Gebote. Der Master of Laws natürlich auch (LL.M.), aber den spricht man in der Anrede dummerweise nicht aus.

Nun muss man wissen, dass in Deutschland die Adelsprivilegien und damit auch das Recht, mit seinen Adelstiteln angesprochen zu werden, seit 1919 abgeschafft sind. In Österreich ist sogar der Adelsstand abgeschafft, was die Adeligen in Deutschland zu verhindern wussten. Adelstitel sind nur noch Bestandteil des Nachnamens. Das Recht, mit »Hoheit« oder »Exzellenz« oder gar mit »Prinz« oder Fürst« angeredet zu werden, besteht nicht mehr.

4. Ähnlichkeit: Der Adelsstand hat den Niedergang der jungen deutschen Demokratie, der Weimarer Republik, und den Aufstieg Hitlers in den Jahren 1914 bis 1945 mit allen Kräften unterstützt. Ohne die tatkräftige und finanzstarke Unterstützung des Adels hätte es der arbeitslose Knastbruder aus Österreich nie und nimmer geschafft, an die Spitze der Reichskanzlei vorzudringen.

Natürlich gab es auch adeligen Widerstand gegen Hitler. Er mündete neben weiteren Versuchen in ein letztlich erfolgloses Attentat plus Staatsstreich auf ihn am 20. Juli 1944. Hitler blieb am Leben, und über 200 Täter und Tatverdächtige wurden hingerichtet.[286]

Ich habe mich immer gefragt: Warum, wenn der Adel doch gegen Hitler war, haben sie, das heißt, die adeligen Wehrmachtsangehörigen, erst 1944 ein Attentat verübt, fast vier Jahre nach Ausbruch des Zweiten Weltkriegs? Warum nicht vorher? Die Antwort ist: Die Adligen in ihrer großen Gesamtheit waren überhaupt nicht gegen Hitler und die nationalsozialistische Diktatur und Judenverfolgung, genauso wenig wie die teilweise von Adeligen bestimmte Großindustrie, die fantastisch vom Krieg und der gesamten Kriegsproduktion profitiert hat.[287]

Nur was den Grad ihrer Einflussmöglichkeiten angeht, unterscheiden sich Anwälte und Adlige. Anwälte konnten weniger beeinflussen als die finanzstarken Drahtzieher des Dritten Reichs. Andererseits kann man den Einfluss vergleichen, wenn man ihn auf die Gesamtheit der Juristen ausdehnt, also Richter, Staatsanwälte, Beamte und Professoren, denn von denen haben sich viele als *intellektuelle* Drahtzieher des Dritten Reichs hervorgetan und somit den »Erfolg« von Adolf Hitler gefördert.

5. Ähnlichkeit: Adelige tragen ihre vermeintlich hochstehenden Werte wie Schutzschilde vor sich her. Das tun Anwälte auch.[288] Werte des Adels sind »ihr christliches Weltbild, die Identifikation mit ihrer Heimat und ihrem Vaterland sowie Bildung und Herzensbildung«. So zitiert der in der Fußnote erwähnte PM-Magazin-Artikel den Vorstand der Vereinigung des Adels in Bayern, Baron von Hoyningen-Huene.

6. Ähnlichkeit. Beide haben ein spezifisches Bewusstsein, einer Elite anzugehören. Daraus erwachsen bestimmte Verpflichtungen: zu Ritterlichkeit, Fairness und sozialer Kompetenz, wozu Höflichkeit und ordentliche Tischsitten ebenso gehören wie Tanzenkönnen und ein »gehobener Lebensstil in repräsentativen Häusern oder Wohnungen, etc.«, aber auch dazu, die Familie zu erhalten. Deshalb müssen oder dürfen Adlige möglichst einige Kinder bekommen, die wiederum nur ihresgleichen heiraten.

Die selbst aus dem alten Adelsgeschlecht Ditfurth stammende berühmte Publizistin Jutta Ditfurth, Gründerin der Grünen und bekannte Publizistin[289], formuliert das etwas anders: Für sie geht es beim Adel »nicht um Solidarität, soziale Gleichheit, Emanzipation, sondern um Beziehungen, Netzwerke und soziale Abgrenzung«.[290] Deshalb hat sie, die als Jutta Gerta Armgard von Ditfurth aufgewachsen ist, auf das »von« in ihrem Namen auch verzichtet. »Die Erziehung zu »adligen Werten« ist immer eine, die mit Elitedenken, sozialer Ignoranz, Blut und Rassismus verbunden ist.«[291]

Manche Adlige sind praktischerweise gleich selbst Anwalt. Zum Beispiel der eben erwähnte von Hoyningen-Huene. Professor Dr. Dr. Gerrick Frhr. v. Hoyningen-Huene, so sein voller 50 Zeichen langer Titel, ist Dekan der EBS Law School in Oestrich, dem JURA-Pendant zur EBS Business School und von zahlreichen Großkanzleien finanziell gefördert. Der 1944 geborene Professor Dr. jur. Dr. jur. habil. ist Mitglied des Vorstands der Vereinigung des Adels in Bayern und stellvertretender Vorsitzender des bayerischen Adelsarchivs. Möglicherweise macht gerade das die Adligen als Mandanten für manche Anwälte so faszinierend, ihre Abgehobenheit und ihr Machtbewusstsein.

§ 65. GRUND §

Weil sie für den Mandanten keine Probleme lösen, sondern nur Rechtsprobleme

Wenn Sie ein Medikament kaufen, sollten Sie aufmerksam den Beipackzettel mit den Risiken und Nebenwirkungen lesen. Das ist bei Anwälten nicht anders. Ein wichtiger Hinweis, der leider viel zu oft überlesen wird, lautet: »Anwälte können keine Probleme lösen«. Das liegt eigentlich auf der Hand, nur weiß es keiner. Sie sind nicht dazu ausgebildet. Wer insgeheim hofft, dass der Anwalt die kaputte Ehe wieder repariert, ist schief gewickelt. Sie können die dümpelnde Firma nicht wieder flottbekommen und sie können Arbeitgeber nicht zwingen, dem gemobbten Angestellten die sehnlichst gewünschte Wertschätzung zukommen zu lassen. Sie können Geld erstreiten, aber keine wunden Seelen heilen. Leider kommen Menschen genau dafür nicht zu ihrem Anwalt.

WO SIND WIR HIER?

IN EINEM FESSELBALLON, 30 METER ÜBER DER ERDE.

DER MANN MUSS JURIST SEIN. SEINE ANTWORT WAR VÖLLIG KORREKT, ABER TROTZDEM ZU NICHTS ZU GEBRAUCHEN.

Die Mandanten kommen nicht zu ihrem Anwalt, weil sie ein Rechtsproblem lösen wollen. Wenn sie sich für Rechtsprobleme interessieren würden, hätten sie Jura studiert. Sie kommen, weil sie ein Problem haben und wollen, dass ihnen ihr Anwalt hilft. Doch die Leute halten es mit Eugen Roth: »Gelebt, geliebt, geraucht, gesoffen / Und alles dann vom Anwalt hoffen.«[292]

Das Problem ist: Was Anwälte können, jedenfalls können sollten, wenn sie ihr Examen bestanden haben, ist, Rechtsprobleme zu lösen, zu subsumieren, Gesetze und Gerichtsentscheidungen auszulegen, teleologische Reduktion zu betreiben, Rechtsbegriffe zu definieren, Pflichten ins Synallagma stellen und so fort, doch Anwälte lernen nichts über ihre Rolle in der Gesellschaft und in der unternehmerischen Wertschöpfung. »Das Examen kann man mit reinem Technik- und Verfahrenswissen bestehen«, moniert ein Anwalt.

Und wenn sie zu einer echten Entscheidung raten sollen, berufen sie sich auf den Bundesgerichtshof. Der BGH hat mal gesagt, man müssen den sichersten Weg wählen,[293] also, kurzum, es wäre verdienstvoll, der Deutsche Anwaltsverein würde dafür sorgen, dass Kanzleien jedem Interessenten einen Beipackzettel in die Hand drücken würden, auf dem steht: »Wir lösen nur Rechtsprobleme.«

Noch besser, Anwälte würden selbst besser auf die Beratung vorbereitet. Um das richtig gut tun zu können, sollte jeder Anwalt schon im Studium Kurse in Gesprächsführung und Mediation belegen, fordern zahlreiche Anwälte. Anwälte müssen in der Lage sein, die Perspektive zu wechseln und Dinge durch die Mandantenbrille anzusehen. Auch Anwaltsköpfe sind rund. Warum? Damit die Perspektive die Richtung wechseln kann.

§ 66. GRUND §

Weil sie lieber bergsteigen, als jederzeit zur Verfügung zu stehen

Theoretisch wissen fast alle Anwälte in Deutschland, dass es wichtig ist, für die Mandanten immer und schnell erreichbar zu sein. Deshalb versprechen sie auf Website und Broschüren auch gern »bei uns steht der Mandant im Mittelpunkt«.[294] Mal abgesehen davon, dass ein Mensch, der im Mittelpunkt steht, allen im Weg steht, haben sie das auch nicht zu Ende gedacht. Johanna Busmann, die schon erwähnte Kommunikationstrainerin aus Hamburg, schreibt in ihrem Buch *Chefsache Mandantenakquisition*: »Vollmundige Versprechen in anwaltlichen Webseiten und Broschüren entpuppen sich oft als dreiste Lügen. ›Wir sind für Sie da‹ ist überall die wohl klingende Botschaft Ihrer Kanzlei – und um 17.10 Uhr geht eine schlecht gelaunte Auskunftsverweigerin oder gar niemand mehr ans Telefon? Das geht gar nicht.«[295]

Würden Kanzleien ihre Botschaft wahr machen, hätte dies »in allen Hierarchiestufen der Kanzlei weitreichende kulturelle Folgen«. Zum Beispiel würden sich Anwälte verständlich ausdrücken oder sie würden nur kompetente, herzliche und serviceorientierte Assistentinnen ans Telefon lassen.

Anwalt A musste das auf die harte Tour lernen. Er ging mit seinem Kumpel Anwalt B für eine Woche auf Hüttentour im Hochgebirge, aber mit Handyempfang. Als hätten sie darauf gewartet, meldete sich ein verzweifelter Mandant just in dieser Woche. Die Bank habe gedroht, bestimmte Kreditlinien nicht zu verlängern. Leider nahm die noch neue Empfangssekretärin den Anruf entgegen und erklärte dem nervösen Geschäftsführer ungerührt, Anwalt A sei leider im Hochgebirge. Er werde aber am kommenden Montag zurückrufen, der Geschäftsführer könne ganz beruhigt sein.

Der Geschäftsführer, mit 20 Millionen in der Kreide, war weit entfernt davon, ruhig zu sein. Er blätterte in seinem Notizbuch und rief Anwalt B an. Auch da bekam er von der Telefonassistentin zu hören, der Anwalt sei im Hochgebirge. Sie werde aber – Sie bemerken den Unterschied – sofort versuchen, Partner B an die Strippe zu bekommen.

Der Anruf erreichte Anwalt B beim zweiten Bier und in Gesellschaft von A, der hautnah miterleben musste, wie das Mandat an seinen Kumpel und Konkurrenten ging. Musste B wegen der Anfrage seinen Urlaub abbrechen? Mitnichten, aber B hatte seine Mitarbeiter und Mitarbeiterinnen besser schulen lassen, sodass sie entscheiden konnten, welche Anfragen keinen Aufschub duldeten.

ANWÄLTE IM KAMPF
MIT DEM RECHT

§§

»DAS ERSTE, WAS WIR THUN MÜSSEN, IST,
DASS WIR ALLE RECHTSGELAHRTE UMBRINGEN.«
William Shakespeare[296]

Weil sie absurde Reisemängel einklagen

Wenn Sie als Deutscher verreisen, können Sie alleine oder mit Hilfe Ihres Anwalts wegen allem und jedem den Reisepreis mindern. Wegen fehlender Strandliegen, fehlendem FKK-Strand, wegen vorhandenem Swimmingpool, wegen nicht vorhandenem Swimmingpool, wegen zu kalten oder zu warmen Speisen und wegen Kakerlaken in der Dusche. Selbst für einen Unfall beim Besteigen eines Kamels (kein Scherz) sprach das Oberlandesgericht Koblenz einem Reisenden mit Urteil vom 04. November 2013 (Az.: 12 U 1296/12) Schmerzensgeld und Geldersatz für nutzlos aufgewendete Urlaubszeit zu. Kein Kameltreiber hatte das Vieh festgehalten, und der ungelenke Europäer stürzte beim Versuch, es zu besteigen. Also, beim Aufsteigen, nicht das, woran Sie schon wieder gedacht haben … Engländer werden hingegen im Allgemeinen nicht als Reisemangel anerkannt. Auch mit folgenden Beschwerden konnten sich die Klagenden vor Gericht nicht durchsetzen:

KEIN SCHADENSERSATZ BEI TÜRKEIREISE WEGEN MUEZZINRUFEN[297]

In christlichen Ländern gebe es nun mal Kirchenglockengebimmel und in der Türkei lautsprecherverstärktes Rufen des Muezzins von der Moschee. Beides sei landestypisch und daher, auch wenn es ab sechs Uhr morgens stattfinde, kein Reisemangel, entschied das AG Hannover mit Urteil vom 11. April 2014 (Az.: 559 C 44/14).

KEINE SCHADENSERSATZ FÜR ZUSAMMENSTOSS MIT BIENENSCHWARM

Zu einer Zeit, als Bayer, BASF und andere noch mutmaßlich nicht für das allgemeine Bienensterben gesorgt hatten, entschied das Landgericht Frankfurt am Main am 16. September 1999 (Az.: 2/24

S 433/98), dass sich nur ein allgemeines Lebensrisiko verwirklicht habe, obwohl die Bienen die Kluburlauberin zwölfmal gestochen hatten und erst nach drei Stunden eingesammelt werden konnten.

NIE MIT BANANEN WINKEN, WENN AFFEN IN DER NÄHE SIND

Weiter vorn im Buch haben Sie gelernt, dass manche Kanzleien Erdnüsse verwenden, um Affen anzulocken. Die Banane, die ein Urlauber in Kenia mitgenommen hatte, wollte er eigentlich selbst essen. Der wilde Affe sah das anders und biss zu. Selbst schuld, befand das Amtsgericht Köln mit Urteil vom 18. November 2010 (Az.: 138 C 379/10). Merke: Wer Affen ködert, hat selbst Schuld, wenn er in den Finger gebissen wird.

WELLEN AUF DEM MEER SIND KEINE BÖSE ÜBERRASCHUNG

Dass es auf dem Meer manchmal Wellen gibt, scheint sich bei deutschen Pauschalurlaubern noch nicht herumgesprochen zu haben. Jedenfalls verlangte ein Kreuzfahrer Schadensersatz, weil er in seiner Kabine gestürzt war und im Fallen nur den Duschvorhang erwischt hatte. Nix da, sagte das Landgericht Bremen mit Urteil vom 05. Juni 2003 (Az.: 7 O 124/03), mit Wellen sei zu rechnen. Das Gericht ließ offen, ob der Gute vielleicht auch einfach nur zu viel Küstenwasser gezwitschert hatte.

SCHLECHTER SEX IST KEIN REISEMANGEL

Dass manche Zeitgenossen selbst im Bett völlig fantasielos sind, wollte das Amtsgericht Mönchengladbach nicht hinnehmen. In seiner preiswürdigen Entscheidung vom 25. April 1991 (Az.: 5 a C 106/91) wies das Gericht die Schadensersatzforderung eines Reisenden wegen unbefriedigendem Geschlechtsverkehr im Einzelbett ab. Der Kläger solle mal nicht so unflexibel sein, er könne doch (offenbar hatte das Gericht genug Fantasie) zwei Einzelbetten einfach mit einem Gürtel zusammenbinden. Oder halt mal 'ne andere Stellung wählen, dann käme er auch im Einzelbett zu Potte.[298]

§ 68. GRUND §

Weil sie Inkasso à la Russenmafia betreiben

Noch lästiger als Schmeißfliegen und Abmahnanwälte sind Anwälte, die Inkasso betreiben. Sie schicken keine Glatzköpfe mit Baseballschläger, sie schicken Furcht einflößende Schreiben über drei Seiten mit Anwaltsbriefkopf und Pipapo. Der Effekt für den Auftraggeber ist der gleiche: Die eingeschüchterten Empfänger zahlen, obwohl es die Forderung manchmal gar nicht gibt oder sie nicht wussten, dass es die Forderung überhaupt gibt.

Letzteres passiert besonders gern, wenn die Rechnung nicht wie früher per Post in den Briefkasten geflattert kommt, sondern nur in einem Onlinekonto »bereitgestellt« wird, in das man aber nur kommt, wenn man sich online registriert hat und dann anschließend das Passwort noch weiß, etwa weil die Telekom nach einem Tarifwechsel die Rechnung nicht mehr per Post schickt, sondern nur online bereitstellt.

So ging es Ida Müller, einer knapp 50-jährigen Telekom-Kundin. Sie hatte einen neuen Vertrag abgeschlossen und die Rechnung, die nur online bereitgestellt wurde, weder bemerkt noch bezahlt. Das Fiese daran war: Auf der Rechnung standen auch Kosten eines Drittanbieters, und der schickte Ida Müller nicht einfach eine Zahlungserinnerung, sondern sofort ein Schreiben eines Inkassoanwalts mit Mahngebühren und Anwaltsgebühren in Höhe von rund 50 Euro. Wenn es Hunderten oder Tausenden von Telekomkunden so geht wie Ida Müller, kommt für den Anwalt schnell ein schönes Sümmchen heraus, vor allem weil die meisten davon anstandslos zahlen und sich nicht die Mühe machen, nachzuforschen, ob die Gebühren überhaupt zu Recht erhoben wurden.

Wenn sich skrupellose Inkassoanwälte obendrein mit windigen Anbietern von irgendwas zusammentun, ist das Internet eine Goldgrube, für zum Beispiel jemanden, der Leuten anbietet, sie kostenpflichtig als Teilnehmer bei Gewinnspielen einzutragen, und sich dafür eine Einzugsermächtigung erteilen lässt. Zahlen die Leute dann nicht, schickt man den Anwalt vor. Der schüchtert sie mit einem imposanten Schreiben ein und bringt so etliche von ihnen zum Zahlen. Und das, obwohl die Leistung, nämlich die Eintragung beim Gewinnspiel, gar nicht erbracht wurde. Das klingt dann so:

Sehr geehrter Herr/Frau […],

hierdurch zeige ich an, die rechtlichen Interessen der Über-den-Tisch-zieh-Firma zu vertreten. Meine Mandantin ist Inhaberin der Forderung von 15 Euro aus der Dienstleistung »Eintragung ins Gewinnspiel Supergewinn«. Die telefonische Auftragserteilung durch Sie vom 3. Mai 2014 wurde am 3. Mai 2014 aufgezeichnet und Sie wurden für eine Vielzahl von Gewinnspielen angemeldet; die vereinbarte Leistung wurde erbracht.

Leider hat meine Mandantin feststellen müssen, dass das vereinbarte Entgelt nicht von Ihrem Konto eingezogen werden konnte, obwohl Sie im Rahmen der Auftragserteilung eine Einzugsermächtigung erteilt hatten. Ich bin nunmehr mit der Durchsetzung der berechtigten Forderung gegen Sie beauftragt worden; dies werde ich konsequent tun.

Da Sie sich bereits in Verzug befinden, stellt meine Mandantin das gesamte, für die verbleibende Restlaufzeit des Vertrages vereinbarte Entgelt gemäß der Allgemeinen Geschäftsbedingungen fällig und Sie haben zusätzlich auch die Kosten meiner Inanspruchnahme zu tragen. Damit ergibt sich die folgende Gesamtforderung:

Hauptforderung: 95,70 €

Gebührenforderung: 1,3 Gebühr gem. Nr. 2300 VV RVG 32,50 €

Post- u. Telekomm.-Entgelte gem. Nr. 7200 VV RVG 6,50 €
Summe Gebühren: 39,00 €
Rücklast/Auskunfts-/Mahnkosten meiner Mandantin: 8,50 €
Gesamtforderung: 143,20 €
*Ich fordere Sie hiermit auf, die obige Gesamtforderung hier ein-
gehend bis spätestens zum (…) auf mein (…) Konto zu überweisen.
Nach fruchtlosem Ablauf obiger Frist wird meine Mandantin ihre
Forderung – ohne weitere Ankündigung – gerichtlich geltend machen; hierdurch würden Ihnen ganz erhebliche zusätzliche Kosten
und Unannehmlichkeiten entstehen. So würde im Rahmen einer
gerichtlichen Auseinandersetzung auch öffentlich, dass Sie verein-
barungsgemäß auch zu Gewinnspielen nicht jugendfreien Inhalts
angemeldet wurden.*

*Die möglichen Folgen einer gerichtlichen Auseinandersetzung
können von Negativeinträgen bei bekannten Kreditauskunfteien bis
hin zu Konten- und Gehaltspfändungen reichen. Dies alles lässt sich
vermeiden, wenn Sie nun Ihren vertraglichen Verpflichtungen nachkommen und Zahlung leisten. Sollte die obige Gesamtforderung von
Ihnen dennoch nicht fristgerecht gezahlt werden, behält sich meine
Mandantin darüber hinaus vor, den Sachverhalt der zuständigen
Staatsanwaltschaft zur Überprüfung wegen des Verdachts eines Betruges vorzulegen.*

Hochachtungsvoll
Rechtsanwalt
maschinell erstellt, ohne Unterschrift gültig

Wenn man dann ein solches Schreiben an circa 8.000 Kunden
versendet, kommen schon mal 190.000 Euro auf dem Konto zusammen. Wiederholt man das Ganze, weil es so schön war, bekommt man auch schon mal 600.000 Euro zusammen. Behält man
als Anwalt davon knapp 140.000 Euro ein, stinkt das erstens zum
Himmel und ist zweitens strafbar. Zu dem Ergebnis kam jedenfalls
das Landgericht Essen.[299]

Hinzu kam, dass der Anwalt sich gar nicht darum gekümmert hatte, ob die Mahnschreiben begründet waren. »Der Angeklagte kümmerte sich weder darum, an wen die Briefe versendet wurden, noch darum, ob der Gewinnspieleintragungsdienst tatsächlich eine Forderung gegen den jeweiligen Empfänger des Schreibens hatte.« Stattdessen setzte der Internetanbieter in den Mahnschreiben selbst die Namen der Adressaten ein.

Noch schlimmer: Der Anwalt kündigte nicht nur an, dass er die Zahlung »konsequent« gerichtlich durchsetzen werde, er drohte sogar, er werde »bei nicht fristgerechter Zahlung den Sachverhalt der Staatsanwaltschaft zur Überprüfung wegen des Verdachts des Betruges vorlegen«. De facto hatten Auftraggeber und Anwalt weder das eine noch das andere vor. Vielmehr hatten sie vereinbart, bei »Beschwerden« oder »Kündigungen« seitens der Kunden diesen ohne weitere Prüfung stets sämtliche etwa bereits geleistete Zahlungen zurückzuerstatten.

Das Ganze war eine dicke große Schmierenkomödie mit einem Rechtsanwalt in der Hauptrolle. Das ließ sich das Gericht nicht gefallen. Es verurteilte den Anwalt wegen versuchter Nötigung gemäß § 240 Abs. 2 StGB (Strafgesetzbuch). Versuch und Nichtvollendung, weil nicht klar war, dass die angeschriebenen Kunden wegen der Drohung mit der Strafanzeige bezahlt hatten. Sie hatten möglicherweise, so das Gericht, auch schon allein deshalb bezahlt, weil sie (überhaupt) ein anwaltliches Mahnschreiben erhalten hatten.

Der Bundesgerichtshof bestätigte das Urteil und verwarf die Revision des Anwalts. Seine Begründung sollten sich Inkassoanwälte ausschneiden und über den Schreibtisch hängen: Es sei, so das oberste Gericht, verwerflich, dass juristische Laien durch Behauptungen und Androhungen, die der Angeklagte mit der Autorität eines Organs der Rechtspflege ausgesprochen hatte, zur Erfüllung der behaupteten, nur scheinbar von diesem geprüften rechtlichen Ansprüche veranlasst werden sollten.

Kurz gesagt: Wer seine Stellung als Anwalt missbraucht, um juristische Laien einzuschüchtern und ihnen Geld abzuknöpfen, das sie eventuell gar nicht bezahlen müssen, macht sich strafbar. Tipp für Anwalts-User: immer zweimal hinschauen, wenn so ein imposantes Anwaltsschreiben eintrudelt. Manchmal enthält es hauptsächlich heiße Luft und manchmal sogar eine Straftat!

§ 69. GRUND §

Weil sie alles abmahnen, was nicht bei drei auf den Bäumen ist

Mittlerweile musste schon das Parlament einschreiten. Das Ziel war es, Abmahnanwälten das Handwerk zu legen, die mit mehreren Hunderttausend Abmahnungen pro Jahr Inhaber von Internetanschlüssen schikanieren. Das Mittel war das Gesetz gegen unseriöse Geschäftspraktiken, das am 9. Oktober 2013 in Kraft getreten ist. Danach dürfen Anwälte weniger Gebühren geltend machen und den angeblichen Rechtsverletzer nicht mehr an einem beliebig festgelegten Gerichtsstand verklagen.

Ob es klappt, halten viele für fraglich, denn die neue Vorschrift des § 97 a Abs. 3 UrhG (Urheberrechtsgesetz) ist nicht der erste Versuch, tollwütige Abmahnanwälte in ihre Grenzen zu weisen.[300] Der letzte wirkungslose Versuch bestand darin, die Abmahnungen auf maximal 100 Euro zu begrenzen. Wer könnte oder sollte statt der gesetzgebenden Parlamente tätig werden? Vielleicht die Anwaltskammer selbst? Würde sie sich dazu durchringen, Massenabmahnungen als Verstoß gegen anwaltliche Berufspflichten mit einem zeitweiligen Entzug der Zulassung zu ahnden, könnte Anwälten bald die Lust am Massengeschäft vergehen.

Vielleicht wegen eines Verstoßes gegen die Pflicht zu gewissenhafter Arbeit? Wer Tausende von Abmahnungen verschickt, kann nur schwerlich nachweisen, in jedem einzelnen Fall den Anspruch gewissenhaft geprüft zu haben. Das Gleiche gilt für Anwälte, die sich von der Telekom eine Million Nutzerdaten herausgeben lassen.

Die Redakteurin der *WirtschaftsWoche* Claudia Tödtmann berichtete kürzlich, die US-Anwaltskammer – die American Bar Association – habe die Abmahnanwälte unter ihren 400.000 Mitgliedern ermahnt: Abmahnungen und Klagen gegen private Filesharer seien schlecht fürs Image. Tödtmann regt daher an: »Vielleicht sollten sich die Bundesrechtsanwaltskammer (BRAK) und der Deutsche Anwaltverein (DAV) davon mal eine Scheibe abschneiden und ebenso viel Courage beweisen – und Stellung beziehen.«[301]

§ 70. GRUND §

Weil sie Hartz-IV-Empfänger in sinnlose Prozesse treiben

Dass schlecht gemachte Gesetze eine Flutwelle an Klagen nach sich ziehen, sieht man derzeit an den Prozessen, die um Hartz-IV-Bescheide geführt werden. Weil vor dem Sozialgericht der Amtsermittlungsgrundsatz gilt, ist das für Anwälte sehr bequem. Sie schreiben statt einer Klagebegründung einfach: »Wir beantragen, den Fall unter allen infrage kommenden rechtlichen Gesichtspunkten zu prüfen.« Den Rest erledigt der Richter oder die Richterin.

Und noch etwas ist sehr schön für die Anwälte: Gewinnen sie einen Prozess, zahlt das Jobcenter ihre Gebühren. Verlieren sie den Prozess, bezahlt das Gericht diese, denn Klagen vor der Sozialgerichtsbarkeit sind für die Klagenden kostenlos.

Alles in allem eine sehr freundliche Arbeitsbeschaffungsmaßnahme der öffentlichen Hand für unterbeschäftigte Anwälte. Mehr dazu in Joachims Wagners Buch *Vorsicht Rechtsanwalt* oder in dem in den Anmerkungen erwähnten SPIEGEL-Bericht.[302]

ANWÄLTE VOR GERICHT UND AUF HOHER SEE

§§§

»GREENHORN! DU KENNST DEN WESTEN NICHT.
DER STÄRKERE IST DER RICHTER,
UND DER SCHWACHE WIRD GERICHTET.«[303]

Winnetou

Weil sie alles begründen können

Rechtsanwälte und Rechtsanwältinnen können alles, aber auch alles begründen. Das müssen sie natürlich, denn sie wollen ja immer recht bekommen oder behalten, so wie in der jüdischen Geschichte von dem Mann, der Vater und Mutter erschlägt und dann den Richter um mildernde Umstände bittet, da er ja Vollwaise sei. Vielleicht nicht Chuzpe, aber einen kühlen Kopf brauchen Anwälte in jedem Fall, wenn sie Straftäter verteidigen und begründen müssen, warum etwas so und nicht anders passiert sei. Das rettet im besten Fall dem Täter den Kopf.

So überzeugte der New Yorker Staranwalt Clarence Darrow in einem zwölfstündigen Plädoyer den Richter, seine geständigen Mandanten Nathan Leopold und Richard Loeb nicht zum Tode zu verurteilen. Er überzeugte das Gericht mit seiner Begründung, die beiden noch jugendlichen Mörder hätten zwar den Jungen Bobby Frank getötet, aber unter dem Einfluss von Friedrich Nietzsches Konzept vom Supermann gehandelt und quasi fremdbestimmt den Ehrgeiz entwickelt, den perfekten Mord begehen zu wollen.

Darüber hinaus lieferte Clarence Darrow ein bis heute eindrucksvolles Plädoyer gegen die Todesstrafe. Doch was den Richter wohl überzeugte, waren die zuvor erwähnten von Rechtsanwalt Darrow dargestellten Ursachen des Mordes.[304]

Ursachenforschung findet sich auch bei anderen Straftaten, etwa in der Verteidigung von Mördern. Das zeigt die Verteidigung des Mörders von Mirko, einem zwölfjährigen Jungen, der mit seiner Familie am Niederrhein lebte. Der bis dato unbehelligt als Familienvater lebende Mörder hatte die Tat gestanden. Im Prozess ging es daher vor allem um die Frage, ob der Täter schuldfähig war oder ob Schuldminderungsgründe vorlagen.

Ist Letzteres der Fall, kann das Gericht die Strafe mildern. Wer den Prozessbericht der Journalistin Bianca Bell-Chambers liest, findet immer wieder Anregungen des Strafverteidigers Gerd Meister an das Gericht, etwaigen Anzeichen für eine die Einsichts- und Steuerungsfähigkeit beeinträchtigende Störung nachzugehen.

Im Fall von Mirko war das im Ergebnis nicht erfolgreich. Der Richter stufte den Mörder als voll schuldfähig ein und verurteilte ihn wegen Mordes zu lebenslänglicher Haft. Das Gericht stellte sogar noch die besondere Schwere der Schuld fest, was verhindert, dass der Verurteilte nach 15 Jahren einen Antrag auf vorzeitige Entlassung auf Bewährung stellen kann.[305]

§ 72. GRUND §

Weil sie mehr recht haben, als gut für sie ist

Wie schaffen es Anwälte eigentlich, immer recht zu behalten? Was natürlich gut ist, wenn sie einen verteidigen, aber schlecht ist, wenn sie auf der Gegenseite stehen. Dann möchte man ihnen am liebsten an die Gurgel gehen, wenn sie zum dritten Mal dem Zeugen das Wort im Mund herumdrehen oder einen abstrusen Antrag stellen, um den Prozess in die Länge zu ziehen.

Natürlich haben auch Anwälte nicht immer recht, aber sie versuchen immer, das Maximum für ihren Mandanten herauszuholen. Dazu setzen sie Argumentationstechniken ein, die sie sich bei den alten griechischen Philosophen abgeguckt haben, etwa Aristoteles oder Platon.

Folglich nützen viele Praktiken der Philosophie auch den Anwälten. Dazu gehören das Provozieren, der virtuose Umgang mit Fakten, Zitaten, Indizien, Autoritäten und Beispielen sowie

die Präzisierung und Definition, ferner der Einsatz von Bildern, Gedankenexperimenten und Logik, und schließlich die Umkehrung, die Parodie, das Orakel und die große Geste.[306]

Nehmen wir als Beispiel den Umgang mit Fakten. Fakten sind Tatsachen und daher unverrückbar, sollte man meinen. Vielleicht für die Zeitschrift FOKUS, deren Motto lautet *Fakten, Fakten, Fakten*, aber niemals für Anwälte. Für sie sind Tatsachen nichts als Mosaiksteine, die man nach Belieben heranziehen oder weglassen kann, interessengerecht portionieren und bewerten kann.

Letzteres tat der französische Dichter Honoré de Balzac. Er war bei seinen reichen Gönnern hoch verschuldet – wie viele Dichter und Künstler. Allerdings war er der Meinung, es könne nicht sein, dass er deshalb ein schlechtes Gewissen haben müsse. Schließlich waren die reichen Menschen auf das Geld ohnehin nicht angewiesen. Also schrieb er 1827 das Büchlein *Die Kunst, seine Schulden zu zahlen und seine Gläubiger zu befriedigen, ohne auch nur einen Sou auszugeben.*[307] Darin deutete er das Schuldenmachen bei wohlhabenden Menschen und Nichtzurückzahlen um in einen sinnvollen Beitrag zum Ausgleich zwischen Arm und Reich.

Diese Methode der entschlossenen Neuinterpretation von Fakten setzen auch Anwälte ein. Wenn Sie Ihren Anwalt sagen hören, »das kann man so nicht sagen«, wissen Sie, dass er gerade dabei ist, eine argumentative Brücke zu bauen, um einen bestimmten Sachverhalt aus einem neuen Blickwinkel zu betrachten.

§ 73. GRUND §

Weil sie die Wahrheit für relativ halten

Ein typischer Anwaltswitz geht so: Unterhalten sich zwei Kinder. »Mein Papa ist Ingenieur.« – »Echt? Voll cool! – Meiner ist Anwalt.« – »Ehrlich?« – »Nee, ein ganz normaler.«

Der französische Dramatiker Jean Giraudoux schrieb: »Die Phantasie trainiert man am besten durch juristische Studien. Nie hat ein Dichter die Natur so frei ausgelegt wie ein Jurist die Wirklichkeit.«[308]

Und wie viel Wahrheit enthält das Klischee? Einen wahren Kern wie alle Klischees. In Anwaltshänden ist die Wahrheit mitunter eine formbare Masse. Ein Beispiel: Kommt der Mandant, der einen Verkehrsunfall hatte, zum Strafverteidiger. »Also, ich bin gefahren, aber …« – »Stopp«, unterbricht ihn der Strafverteidiger. »Sie erzählen mir jetzt gar nichts, sondern nur, was man Ihnen vorwirft. Dann lasse ich mir die Akte kommen und dann erzähle ich Ihnen, was passiert ist.«

Die legale Vorstufe zur Wahrheitskreation ist das Nichtkennen aller relevanten Umstände des Sachverhalts. Kennt der Anwalt oder die Anwältin bestimmte belastende Umstände *nicht*, kann er oder sie die Verteidigung wunderbar darauf aufbauen. Wenn die Wahrheit allerdings ans Licht kommt, tut er oder sie gut daran, ihr ins Auge zu sehen.

Ein Fall: Ein städtischer Bediensteter war wegen Bestechlichkeit angeklagt, parallel war eine Firma angeklagt, den Bediensteten bestochen zu haben. Die Stadt behauptete, es gäbe eine Urkunde, die den Bestechungsvorwurf beweisen würde, jedoch: Die Urkunde war nicht auffindbar. Also stützte der Anwalt der Firma seine Verteidigung darauf, dass nicht belasten dürfe, was nicht per Urkunde bewiesen sei, und forderte, seine Mandantin freizusprechen. Da geschah das Unerwartete: Die Urkunde tauchte auf, noch während der Verhandlung. Die Bestechungshandlung der Mandantin war schwarz auf weiß bewiesen. Nun hatte der Anwalt drei Möglichkeiten.

- Zum sprachlichen Salto mortale ansetzen, nach dem Motto: »Wir müssen dem Gericht beweisen, dass der Radfahrer mit 120 km/h auf die Kreuzung zugefahren ist und dass Ihnen der Dackel die Sicht versperrt hat.«

- Den Richter bitten, die Verhandlung zu vertagen. Damit hätte er zwar Zeit gewonnen, aber zugleich riskiert, den Richter zu verärgern.
- Der Wahrheit ins Auge blicken.

Der Anwalt, ein renommierter Wirtschaftsstrafverteidiger, entschied sich für Variante drei. Er warf einen Blick auf die Urkunde, bat, die Sitzung zu unterbrechen, und besprach sich mit seiner Mandantin. Dann kehrte er zurück, erklärte, die Mandantin gestehe die Bestechungshandlung, und begann, übergangslos darzulegen, welche mildernden Umstände bei der Schuld seiner Mandantin zu berücksichtigen seien.

Ich habe den Richter gefragt, was er von diesem Verhalten des Anwalts hält. Er sagte: »Der Anwalt hat gezeigt, dass er sich als Organ der Rechtspflege versteht und nicht als Maurer.«

Oft ist die Wahrheit formbar. »Prüfen Sie doch noch mal, ob Sie das Datum von der Urkunde herausfinden können«, sagt etwa ein Anwalt seinem Mandanten, wenn er ihm indirekt zu verstehen geben will, dass er ein bestimmtes Dokument gern rückdatieren würde.

Leider halten oft auch die Protokollführer in Prozessen die Wahrheit für relativ, jedenfalls protokollieren sie so, dass manchmal das Protokoll mit der Wirklichkeit so wenig zu tun hat wie das Kuheuter mit dem Tetrapak, wobei Letztere zumindest beide Milch enthalten.

Hier fordern Richter Seite an Seite mit Anwälten seit Langem die Einführung einer digitalen Prozessbeobachtung, die helfen kann, Lügen aufzudecken. Wenn Sie, liebe Leserin und lieber Leser, auch der Meinung sind, es könnte zur Vermeidung von Streit oder im schlimmsten Fall von Rechtsbeugung durch die Justiz geboten sein, Prozesse digital aufzeichnen zu lassen, können Sie auch die Petition zur Einführung der digitalen Prozessbeobachtung in Bild und Ton zeichnen.[309]

EIN ZEUGE

IST EINE PERSON,
DIE DEN VORFALL GESEHEN,
ABER NICHT VERSTANDEN HAT.

EIN ANWALT

IST EINE PERSON,
DIE DEN VORFALL NICHT
GESEHEN HAT, ABER
ALLES VERSTEHT.

EIN RICHTER

IST EINE PERSON,
DIE DIE VERANSTALTUNG
NICHT VERSTEHT
UND SIE NICHT SAH,
ABER RECHTSGÜLTIG
ENTSCHEIDET.

Eine Dokumentation der Verhandlung könnte zumindest die Nachprüfung von Urteilen erleichtern. Das wäre gerade in den extrem aufgeladenen Konflikten um den Sorgerechtsentzug oder gar die Inobhutnahme durch das Jugendamt ziemlich sinnvoll. Mehr dazu im 76. Grund zur Litigation-PR.

§ 74. GRUND §

Weil sie für Geld das Gesetz brechen

Die nächste Stufe über der Lüge ist die Straftat. Leider sind auch Rechtsanwälte nicht davor gefeit, das Recht zu dehnen, bis es bricht. Eigentlich (in einer idealen Traumwelt) wäre der Anwalt verpflichtet, den Zeugen daran zu hindern, die Unwahrheit zu sagen. In der realen Welt lassen sie Zeugen ungebremst ins Verderben, auch Meineid genannt, rennen.

»Nein, mein Bruder saß nicht am Steuer. Ich bin gefahren.«

»Sind Sie bereit, sich auf diese Aussage vereidigen zu lassen?«

»Kein Problem!«

»Aber Ihnen ist schon klar, dass fünf Zeugen einen Brillenträger gesehen haben und dass Sie keine Brille tragen?«

Die schlauen Gewissenlosen raten ihrem zum Meineid bereiten Entlastungszeugen wenigstens, eine Brille mit Fensterglas aufzusetzen.

§ 75. GRUND §

Weil sie Gerichte mit Aktenbergen nerven

Fragt man Richter, was sie an Anwälten kritisieren, bekommt man zu hören, »die endlosen Schriftsätze«. Fragt man Sachverständige,

beklagen sie sich darüber, dass Anwälte sich schlampig vorbereiten, vor allem, wenn der Streitwert klein und die Gebühr niedrig ist. Unterm Strich bleibt, dass Anwälte es keinem recht machen können.

§ 76. GRUND §

Weil sie mit Litigation-PR das Urteil vorwegnehmen

Manchmal fragt man sich ja schon: Wo wären wir ohne die USA? Alles Wichtige kommt von dort: Walt Disney, Hollywood, McDonald's – und die Anwälte, die McDonald's verklagen, natürlich auch, zum Beispiel weil sich eine Lady heißen Kaffee aufs Kleid gekleckert hat. Die Anwälte dort haben nach Meinung des hiesigen Fernsehpublikums allerdings echt was auf dem Kasten. Sie schaffen es, die Jury derart zu beeinflussen, dass sie McDonald's verurteilt, der Dame mit dem Kaffee Millionen Dollar an Schadensersatz zu bezahlen. Das will gekonnt sein. Die Mitglieder der Jury derart zu beeinflussen, dass sie ganz wirr im Kopf werden und neun Millionen Dollar für verschütteten Kaffee für angemessen halten.

Derlei könnte in Deutschland zwar nicht passieren. Den sogenannten Strafschadensersatz, der nicht nur den Schaden ersetzt, sondern obendrein den Schädiger bestraft, kennt unsere Rechtsordnung nicht. Auch entscheidet hierzulande keine aus Laien bestehende Jury, die keine Akteneinsicht hat, sondern Berufsrichter.

Das Phänomen, dass Anwälte versuchen, auf die Prozessbeteiligten einzuwirken und so den Prozess zu ihren Gunsten zu beeinflussen, gibt es allerdings auch in Deutschland immer öfter. Während in den USA die Jury im laufenden Prozess auch von den Medien abgeschirmt wird, bekommen hierzulande alle Beteiligten mit, was die Fernseh- und Radiosender und die zahlreichen Print- und Onlinejournalisten über den Prozess berichten.

217

Außerdem die immer zahlreicher werdenden sonstigen Publizisten, Bloggerinnen und sämtliche Multiplikatoren auf sozialen Netzwerken.

Über diese Kanäle versuchen die Prozessbeteiligten und ihre Anwälte, die öffentliche Meinung zu beeinflussen. Hintergedanke: Wenn alle Welt einen Angeklagten für schuldig hält, fällt es den Richtern und Richterinnen schwerer, ihn noch freizusprechen, und umgekehrt. Hält alle Welt den Angeklagten für ein unschuldiges Opfer der Umstände, kann sich mitunter auch das Gericht dieser Ansicht nicht verschließen. Diesen Vorgang der Prozessbeeinflussung nennt man Litigation-PR.[310]

Auch Richter und Richterinnen sind schließlich nur Menschen. Ihre persönlichen Vorurteile, der Geist ihrer Zeit und ihrer Zeitung prägen sie stärker, als sie es je zugeben würden. Sie maximal zu beeinflussen, war seit jeher das Ziel der Anwälte. Das ist nicht neu. Im Kampf ums Recht sind ziemlich viele Mittel recht, und wenn sich Anwälte dabei von Kommunikationsprofis unterstützen lassen, ist das nicht dramatisch. Die große Show für die Jury gibt es in Deutschland wegen der anderen Prozessordnung ohnehin nicht.

Insofern ist der Grund »weil sie Litigation-PR machen«, eigentlich kein Grund, Anwälten zu zürnen. Aber wo wir schon dabei sind, sollten wir lieber eine andere Sache geraderücken. Die Öffentlichkeit im Prozess oder vielmehr die fehlende Öffentlichkeit im Prozess. Wer sich hiergegen am meisten sperrt, sind die Gerichte.

Fernsehen und Radio sind im Gerichtsprozess nicht zugelassen, nur schreibende Journalisten, die sich, wenn die Richter es nicht für nötig halten, einen ausreichend großen Gerichtssaal zu bestimmen, per Los um zu wenige Plätze im Gericht kloppen müssen. Das passierte, blamabel für Deutschland, im Vorfeld des NSU-Prozesses in München, einem Prozess gegen Angeklagte mit rechtsextremem Hintergrund und rassistischen Motiven. Selbst die Fernsehübertragung in einen zweiten Raum wollten die Richter nicht gestatten.

Warum aber eigentlich nicht? Weil die Anwesenheit von einem Pulk Paparazzi die Richter und Angeklagten oder Beschuldigten oder Anwälte massiv beeinflussen würde? Da ist was dran. Doch was ist mit einem diskret mitlaufenden Tonband oder mit einer optisch unauffälligen Kamera ohne sensationslüsternes Ranzoomen und Ähnliches? Beides würde eine zuverlässige Dokumentation der Gerichtsverfahren ermöglichen.

Bisher ist das nicht gewährleistet. Derzeit ist nur ein Protokollführer gestattet, doch der fertigt kein Wortlautprotokoll, sondern schreibt nur in etwa mit, was gesprochen wurde. Nachdenkliche Richter kritisieren das selbst. Und was der Protokollführer natürlich auch nicht aufzeichnet, sind alle nonverbalen Signale, beredtes Schweigen etwa.

Dadurch verschenkt das Gericht wertvolle Chancen, Erkenntnisse zu gewinnen und Lügen aufzudecken. Aus einer sprachlichen Analyse des Gesagten können Forscher Lügen ziemlich zuverlässig aufdecken. Also können das auch in der Bewertung von Zeugenaussagen geschulte Richter. Auch den Anwälten gäbe eine Aufzeichnung die Chance, kritische Stellen noch einmal anzuschauen oder anzuhören.

Halten wir fest: Litigation-PR als solche gibt es schon immer, sie wird unter dem Einfluss der USA immer professioneller, ist an sich aber nicht zu kritisieren. Was dagegen zu kritisieren ist, ist der Umgang der deutschen Justiz mit der Öffentlichkeit. Anwälte und ihre berufsständischen Vertretungen wie die Anwaltskammern und der Deutsche Anwaltverein oder die sonstigen Anwaltsvereinigungen könnten einen sinnvollen Schritt tun und ihre Lobbymacht für mehr Transparenz in der Justiz einsetzen.

ANWÄLTE ZWISCHEN EHE UND GATTEN

§§§

GERDA WILL SICH SCHEIDEN LASSEN. DER ANWALT FRAGT:
»TRINKT IHR MANN?« – »NEIN.« – »SCHLÄGT ER SIE?« – »NEIN.« –
»UND WIE STEHT ES MIT DER EHELICHEN TREUE?« –
»DAMIT KRIEGEN WIR IHN! ZWEI VON UNSEREN KINDERN
SIND NICHT VON IHM!«

Weil sie keine Ehekonflikte schlichten

Anwälte können manches. Doch zerstrittene Ehepartner wieder versöhnen, gehört nicht dazu. Leider gehen viele Mandanten aber genau deshalb zum Anwalt, weil sie glauben, er oder sie könnte es. Und der Anwalt oder die Anwältin sind nicht in der Lage, ihnen klarzumachen, dass sie eigentliche keine Probleme lösen können.

Ein Beispiel dafür ist der Fall von Kirsten (Name geändert). Ich habe sie gefragt: »Können Anwälte Probleme lösen?« Sie antwortete: »Das war meine Hoffnung. Mittlerweile bin ich mir sicher, dass sie es nicht können.« Kirsten hatte sich vor Kurzem von ihrem Mann getrennt. Eigentlich hoffte sie, mit der Trennung würde ihr Exmann sie und ihre kleine Tochter in Ruhe lassen, doch je mehr sie sich zurückzog, desto heftiger bombardierte er sie mit Mails und Anrufen und diktierte ihr immer genauer, was sie mit der Tochter tun sollte. Selbst über Zahnarzttermine wollte er informiert werden. Als er erfuhr, dass sie bei der Tochter eine von ihr als nutzlos empfundene Physiotherapie abgebrochen hatte, drohte er ihr mit dem Anwalt. Daraufhin beauftragte Kirsten selbst eine Anwältin.

»War das eine gute Entscheidung, den Konflikt mit deinem Exmann über Anwälte auszutragen?« Kirsten verneint. »Es war, als wäre ich schwer krank und suche einen Arzt auf. Und dann bin ich beim Arzt und stelle fest: Der macht ja alles nur schlimmer! Schon dass ich überhaupt eine Anwältin einschaltete, war ein Fehler. Aber als er mir mit dem Anwalt gedroht hatte, war mein Kampfgeist erwacht. Dem werde ich es jetzt mal zeigen, dachte ich.«

»Bist du vielleicht mit falschen Vorstellungen hingegangen?« Kirsten sagt: »Ja, ich hatte Angst, mein Exmann könnte mich erpressen und versuchen, mir die Tochter wegzunehmen. Ich wollte die Sicherheit haben, dass das nicht passiert. Außerdem hatte ich wohl unbewusst den Wunsch, mein Exmann möge mich endlich als Mutter wertschätzen.«

Zusammengezählt waren es also drei Anliegen, die die Anwältin ihrer Mandantin erfüllen sollte: Schutz vor Erpressung, Beherrschbarkeit des weiteren Geschehens und Wertschätzung als Mutter beziehungsweise Expartnerin.

Konnte Kirstens Anwältin das erfüllen? Kein Einziges davon, sagt Kirsten, im Gegenteil. Als die Anwälte dazukamen, schwoll der Konflikt erst richtig an. »Furchtbar, dieses gegenseitige Aufhetzen«, sagt Kirsten. »Die Schriftsätze, die bei mir nun im Briefkasten landeten, waren 1000-mal schlimmer als jede Beschimpfung aus dem Munde oder der E-Mail des Vaters meines Kindes persönlich.«

Kirstens Anwältin legte sich richtig ins Zeug. »Stalking« lautete der Vorwurf an den Exmann, den sie in ihren Schriftsätzen erhob. Die Tathandlung des seit 2007 in § 238 Abs. 1 StGB geregelten und mit Geld und Freiheitsstrafe bedrohten Vergehens ist das Nachstellen. Nach dem Gesetz sind das »Handlungen, die darauf gerichtet sind, durch unmittelbare oder mittelbare Annäherungen an das Opfer in dessen persönlichen Lebensbereich einzugreifen und dadurch seine Handlungs- und Entschließungsfreiheit zu beeinträchtigen«. Darunter fällt das Eindringen in die Wohnung ebenso wie der beharrliche Versuch, Kontakt herzustellen. Im Fall des Cyber-Stalkings kann das mit E-Mails oder WhatsApp-Nachrichten geschehen.

Doch auch die Gegenseite baute Druck auf. Kirsten sei eine Borderlinerin und gefährde sich und das Kind, insinuierte der gegnerische Anwalt. Auszug aus einem Schriftsatz: »Die Antragsgegnerin ist aufgrund ihrer Haltung und Persönlichkeit nicht geeignet, die elterliche Sorge für ihre Tochter im Bereich Gesundheitssorge im Interesse des Kindes auszuüben. ... Ihr Verhalten gibt daher zu der Besorgnis Anlass, dass die Kindesmutter ihre Entscheidung nicht am Kindeswohl orientiert ...«

Mehr Beherrschbarkeit des Geschehens? Nicht im Geringsten. Kirsten hatte sich zur Spielfigur in einem Spiel gemacht, dessen Regeln sie nicht beherrschte. Und nun zog man auch noch ihre Wahrnehmung in Zweifel: »Auch der Vortrag der Antragsgegnerin belegt, dass sie eine normdeviante eigene subjektive Wahrnehmung hat.«

Verhalf ihre Anwältin ihr zu mehr Wertschätzung durch ihren Ehemann? Fehlanzeige. »Die haben das letzte Band zwischen mir und meinem Exmann zerschnitten. Ich bekam immer größere Angst vor ihm.« Zu Kirstens Angst trug auch ein Buch bei, in dem sie in dieser Zeit las. *Masken der Niedertracht* heißt der Titel. Er beschreibt, mit welch perfiden Mechanismen Täter seelische Gewalt ausüben. »Je mehr ich darin las, desto schlechter konnte ich schlafen, vor lauter Sorge über das, was sich mein Exmann möglicherweise noch ausdenken konnte, um mir zu schaden«, sagt Kirsten.

Hinzu kamen die Geldsorgen. Bei dem Stundensatz von 200 Euro summierten sich die Anwaltsrechnungen binnen eines Jahres auf 10.000 Euro. Kein lockeres Sümmchen für eine Alleinerziehende, bis Kirsten in einer schlaflosen Nacht entschied, dass sie ihre Interessen auch alleine vertreten könnte. Zum letzten Gerichtstermin würde sie ohne ihre Anwältin gehen. Dort würde sie ausführlich und aufrichtig alle Sorgen äußern. »Tus nicht«, warnte sie ihre Anwältin. »Wir dürfen keine Schwäche zeigen.« Kirsten ging trotzdem.

Zunächst schien es, als sollte ihre Anwältin recht behalten. Der Gegneranwalt drohte ihr, dass sie ein halbes Jahr ins Gefängnis müsse, wenn sie dem Vater künftig nicht alle medizinischen Details mitteile. Wahlweise könne sie auch 150.000 Euro Strafe zahlen, wobei es mit 200 Euro pro Vergehen anfinge. Er schlug vor, eine entsprechende Klausel in die Vereinbarung aufzunehmen. »Man weiß ja, wie das mit diesen alleinerziehenden Müttern ist.«

Sarkastisch fragte Kirsten die Richterin, wer denn auf ihr Kind aufpassen solle, während sie im Knast säße? Doch da kam ihr der

Vater ihres Kindes zu Hilfe. Er sagte, er fände diese Drohung als schriftliche Drohung unnötig. »Ich fühlte mich beschützt von meinem Exmann«, erinnert sich Kirsten. »In dem Moment entschied sich eine stille Übereinkunft zwischen uns, dass wir nie mehr vor Gericht wollten.« Von da an lief alles glatt. Mittlerweile kommunizieren die beiden freundlich und sachlich per Mail. Und die Moral von der Geschicht? Anwalt nehmen? Besser nicht.

Eine sehr erfahrene, sehr renommierte Familienrechtsanwältin, die Kirsten ganz zu Beginn ihrer Trennungszeit aufgesucht hatte, hatte ihr übrigens genau das geraten. »Tragen Sie den Konflikt mit Ihrem Exmann nicht über Anwälte aus.« Im Nachhinein weiß Kirsten, sie hatte recht.

Mit Anwalt geht derselbe Streit nur weiter, wird härter und teurer und auf einer anderen Ebene geführt. Viele sind dafür, die Scheidung aus der Hand von Rechtsanwälten in die Hand von Mediatoren zu legen und die Scheidung letztlich nicht vom Gericht, sondern vom Standesbeamten aussprechen zu lassen.

Weil sie keine Psychotherapeuten sind

Gute Anwälte sind, wie wir wissen, juristisch exzellent, denken strukturiert und methodisch und können sich gut in Mandant und Gegner hineinversetzen, aber sie sind keine Psychotherapeuten. Sie sind auch keine Familientherapeuten und auch keine Sozialarbeiter. Das führt zu Problemen wie im vorigen Grund beschrieben.

Einige Experten finden allerdings, dass Anwälte diesen Mangel beheben sollten. Jeder Anwalt sollte als Mediator ausgebildet sein, sagt zum Beispiel Markus Hartung. Der Rechtsanwalt ist Director des Bucerius Center of the Legal Profession in Hamburg.[311] Ein Mediator betreibt Mediation. Das ist eine Form von Vermittlung.

Der Deutsche Anwaltverein versteht darunter ein »strukturiertes Verhandlungsverfahren, das idealerweise Konfliktlösungen hervorbringt, die von allen Beteiligten akzeptiert werden«.[312]

Ärzte und Psychotherapeuten halten es für sinnvoll, wenn die Berufskollegen eine psychologische Zusatzausbildung haben. Die Kölner Ärztin und Psychoanalytikerin Dr. Dunja Voos hält es für verantwortungslos, wenn Anwälte keine wie auch immer gearteten psychologischen Kenntnisse haben. »Es ist nicht die Aufgabe von Anwälten, als Psychotherapeut tätig zu werden«, sagt sie. »Aber sie sollten erkennen können, wann ein Konflikt nicht mehr mit juristischen Mitteln zu lösen ist und wo es sinnvoll wäre, die Rolle des unparteiischen Vermittlers einzunehmen anstelle des einseitig Schuld zuweisenden Interessenvertreters.«[313]

Interessanterweise empfinden es immer mehr Anwälte selbst so, dass es in bestimmten Fällen nicht reicht, die Gegenseite niederzumachen, sondern dass man den Konflikt besser lösen müsse. Auf jeden Fall lassen sich zunehmend mehr Rechtsanwälte zu Psychotherapeuten ausbilden. Manche machen gar die sechs bis zehn Jahre dauernde und zwischen 60.000 und 100.000 Euro teure Ausbildung zum Psychoanalytiker bei der Deutschen Psychoanalytischen Vereinigung.

Vor allem aber lassen sich immer mehr Anwälte zu Mediatoren fortbilden. Das ist längst nicht so aufwendig. Nach Angaben des Anwaltvereins kostet die 90 bis 200 Stunden umfassende Mediationsausbildung ab 2.500 Euro. Eine Summe, die man wieder hereinholen kann. Abgerechnet wird die Mediation nach Zeithonorar, mit Stundensätzen von 50 Euro bis über 250 Euro.

Noch sind allerdings viele Anwälte der Ansicht, ihre tägliche Arbeit sei bereits Mediation, schließlich verhandeln sie ja täglich und kommen auch dabei zu einer Einigung. Das sei falsch, erläutert der eben erwähnte Rechtsanwalt Marcus Hehn, früherer Vorsitzender der Arbeitsgemeinschaft Mediation des Deutschen Anwaltvereins. »Mediation bedeutet für den Rechtsanwalt ein Zurücknehmen der eigenen Rolle als Parteivertreter, ein Einlassen auf neue Formen der Verhandlung und Kommunikation sowie ein verändertes Verhältnis zum Mandanten.«[314]

Mediation eignet sich nicht für jedes Rechtsgebiet. Sogenannte Einmalkonflikte, wo »die Streitparteien nur einmal aufeinandertreffen und danach keine weitere Beziehung zueinander aufrechterhalten«, lassen sich auch ohne Mediation lösen. Beispiel Verkehrsunfall: Hier setzen die Anwälte den Schadensersatz und das Schmerzensgeld gegenüber der Versicherung durch und damit hat es sich. Können sich die Streithähne nicht voneinander lösen, etwa weil Kinder im Spiel sind, ist es extrem kontraproduktiv, wenn jede Seite der anderen nur Fehler nachweisen will. Hier hilft eine Mediation erheblich mehr als normale Rechtsvertretung. Deshalb schreiben einzelne Gerichte sie schon vor und gute Anwälte und Anwältinnen empfehlen sie ihren Mandanten ohnehin. Sie hilft nicht nur im Familienrecht, sondern auch in allen anderen Auseinandersetzungen.

Mediation hat einen entscheidenden Fehler: Gerade Wirtschaftsanwälte nehmen sie nicht ernst. Wer als Anwalt oder Anwältin in einer Wirtschaftskanzlei eine Mediationsausbildung macht, bekommt, wie mir berichtet wurde, leicht zu hören: »Und wann packst du die Räucherstäbchen und Klangschalen aus?« Schade eigentlich.

ANWÄLTE
IN DER NISCHE

§§

»EIN SPEZIALIST IST EIN MENSCH,
DER VON IMMER WENIGER IMMER MEHR WEISS,
BIS ER AM ENDE VON NICHTS ALLES WEISS.
EIN GENERALIST IST EIN MENSCH,
DER VON IMMER MEHR IMMER WENIGER WEISS,
BIS ER AM ENDE VON ALLEM NICHTS WEISS.«

Sprichwort

Weil sie Nieten über die Numerus-clausus-Hürde hieven

Wer kein Geld hat, braucht ein sehr gutes Abi, um Medizin zu studieren oder ein anderes Numerus-clausus-Fach wie Zahnmedizin oder Psychologie, am besten eine 1,0, zur Not eine 1,2 oder 1,4. Nur dann kann er oder sie sofort mit dem gewünschten Studium beginnen. Die anderen müssen viele Wartesemester absitzen, bis man sie endlich zulässt.

Wer Geld hat, kann sich den Stress mit dem Lernen sparen und trotzdem ziemlich schnell Medizin studieren. Dafür sorgen spezialisierte Rechtsanwälte mit der Studienplatzklage. Ihr Vorgehen besteht darin, an circa 20 Universitäten auf Zuteilung eines Reststudienplatzes, sogenannte außerkapazitäre Studienplätze, zu klagen. Kostenpunkt: pro zu verklagender Universität zwischen 800 und 1.300 Euro für die erste Instanz (Anwaltshonorar, Gerichtskosten und Verwaltungskosten der beklagten Universität).[315] Rechnen Sie selbst aus, wie viele Euro Sie für Ihren Nachwuchs auf den Tisch legen müssen, und fangen Sie am besten schon mal an zu sparen. Das BAföG-Amt bezahlt das nämlich nicht.

Die andere Möglichkeit ist es, erst ein paar Semester lang im Ausland Medizin zu studieren und sich dann in ein höheres Fachsemester des deutschen Medizinstudiums einzuklagen, zum Beispiel in Vilnius, das ist die Hauptstadt von Litauen. Dort kostet die Studiengebühr für ein Jahr Zahnmedizin 12.960 Euro. Billiger wird es in Bratislava. (Das ist die Hauptstadt der Slowakei, damit Sie nicht extra bei Wikipedia nachschauen müssen.) Dort kostet ein Jahr Zahnmedizin 10.000 Euro, Humanmedizin 9.000 Euro.[316] Dann müssen Sie der Sie dorthin vermittelnden Agentur nur noch eine Provision in Höhe einer Jahresgebühr bezahlen und schwupps, kann Ihr Sohn oder Ihre Tochter im Ausland Medizin studieren, zum Beispiel am Goldstrand und nebenher Party machen. Und wenn er oder sie dann zurück nach Deutschland will, müssen Sie nur Ihren Anwalt anrufen, damit er den jungen Erwachsenen ins höhere Fachsemester eines deutschen Studiengangs einklagt. So einfach ist das.

§ 80. GRUND §

Weil sie als Medienanwälte alles mundtot xxxxxxxxx

Am 8. Tag schuf Gott die Presse- und Meinungsfreiheit (Art. 5 Grundgesetz)[317]. Die fand er so gut gelungen, dass er sich eine Auszeit gönnte und mit dem Teufel zusammen eine Shisha rauchte. Der Teufel krümelte ein bisschen schwarzen Afghanen in die Wasserpfeife, und als Gott so richtig breit war, fragte er ihn: »Meinst du nicht, du solltest einen Wächter abstellen? Stell dir doch mal vor, die Menschen loben und preisen dich nicht wie gewohnt, sondern stänkern rum? Willst du denen das nicht verbieten?«

Gott begriff nur noch die Hälfte von dem, was der Teufel meinte, also sagte er: »Mach du mal.« Da ging der Teufel los und schuf den Medienanwalt sowie sein weibliches Pendant, die Medienanwältin. Seither gibt es auf der einen Seite die Leute, die Zeitungen oder Bücher schreiben oder im Fernsehen, auf Twitter, YouTube oder Blogs Zeug verzapfen, und auf der anderen Seite die, die es ihnen verbieten: die Medienanwälte.

Sie nennen ihr Rechtsgebiet »Presse- und Äußerungsrecht« und machen ihren Gegner schneller mundtot, als der rufen kann, »ich war's nicht«. Die Zeitungen müssen dann Gegendarstellungen abdrucken, Bücher müssen mit geschwärzten Seiten erscheinen und Artikel im Internet wieder gelöscht werden.

Letzteres ist gar nicht so einfach, denn irgendeine Kopie zirkuliert meist immer noch herum. Oder beginnt dann erst recht

UNSER MEDIENRECHTSANWALT
HAT GANZE ARBEIT GELEISTET!

zu zirkulieren. Das nennt man den Streisand-Effekt.[318] Doch die Medienrechtler bekommen auch das irgendwann in den Griff.

Die Fitteren unter ihnen nehmen es sogar mit Google auf. Wer bei Google einen Suchbegriff eingibt, zum Beispiel »hart«, den fragt Google, ob er nach »Hart aber fair« oder nach »Hartz IV Satz« suchen möchte. Das ist die Autovervollständigungsfunktion.

Die lief in der Vergangenheit schon mehrfach aus dem Ruder. Bei dem Gründer einer Aktiengesellschaft schlug Google die Begriffe »Scientology« und »Betrug« vor. Bei der Exgattin eines deutschen Exbundespräsidenten »Rotlichtmilieu« und »Prostitution«. Beide fanden das nicht witzig und ließen ihre Anwälte gegen Google klagen.

Schließlich entschied der Bundesgerichtshof (VI ZR 269/12), dass die Autocomplete-Funktion von Google im Einzelfall rechtswidrig sein könne und dass Google bestimmte Begriffe ausschließen müsse, wenn das Persönlichkeitsrecht der jeweiligen Person verletzt sei.

Alle, auch die Medien, freuten sich und lobten die Rechtsanwälte. Sogar der bekannte investigative Journalist der *Süddeutschen Zeitung*, Hans Leyendecker, rühmte Bettina Wulffs Anwalt als »Seriösen seines Fachs« und hob hervor, dass er den Marathon unter fünf Stunden laufe.[319]

Klar ist eines: Sobald der Gegner ein Gigant wie Google ist, sind Anwälte so etwas wie der Schafhirte David aus der Bibel. Der flitschte mit seiner Steinschleuder dem Riesen Goliath einen Kieselstein gegen die Stirn. Aus, mausetot, alle happy.

Doch Anwälte arbeiten nicht immer für David. Je renommierter sie sind, desto lieber arbeiten sie für die Riesen. Die zahlen nämlich besser. Die Riesen wissen das. Sie heuern mit ihrem Geld die besten Anwälte an, um den kleinen Hirtenjungen das Maul zu stopfen. Da bekommt das Mundtotmachen eine ganz andere Bedeutung.

Weil sie ihre Zensurwerkzeuge nicht nur gegen Google oder mächtige Medienkonzerne einsetzen

Bekannte Medienrechtsanwälte äußern sich gern lang und breit über das Äußerungsrecht. Was sie eigentlich meinen, sind Äußerungsverbote. Um jemandem Äußerungen zu verbieten, haben sie eine ganze Instrumentensammlung in ihrem Zensurwerkzeugkoffer. Die wichtigsten davon sind die Ansprüche auf Unterlassung, auf Gegendarstellung, auf Richtigstellung sowie auf Schadensersatz und eventuell Schmerzensgeld.

Folgende Äußerungen können die Rechte ihrer Auftraggeber verletzten: falsche direkte und indirekte Tatsachenbehauptungen; mehrdeutige Tatsachenbehauptungen; falsche Verdachtsberichterstattung, wenn ein Mindestmaß an Beweistatsachen, öffentliches Informationsinteresse, sorgfältige Recherche und Ausgewogenheit und distanzierte Darstellung fehlen. Wenn der Betroffene keine Stellungnahme wiedergeben kann und eine Vorverurteilung erfolgt.

Warum das ein Grund ist, Anwälte zu hassen oder ihnen wenigsten zu misstrauen? Weil die Zensur von Äußerungen schon immer ein Werkzeug der herrschenden Klasse über ihr Volk war. Und weil immer die Herrscher selbst oder ihre Richter definierten, was eine verbotene Äußerung war. Die Geschichte ist voll von Zensurfällen. Deshalb ist es für eine freie Gesellschaft ein Gewinn, wenn die Medien sich auf das Grundrecht der Pressefreiheit, alternativ auf das Grundrecht der freien Meinung, berufen dürfen, und wenn unabhängige Gerichte es schützen.

Das Recht, das Medienanwälte als Handlanger ihrer Mandanten gegen die Presse- und Meinungsfreiheit in Stellung bringen, ist das Persönlichkeitsrecht. Medienanwälte erschnuppern überall im Internet Persönlichkeitsgefährdungen. Rolf Schälike, Betreiber des justiz- und anwaltskritischen Webportals www.buskeismus.de, schreibt: »Das Persönlichkeitsrecht wurde von findigen Medienanwälten zur Allzweckwaffe gegen die Meinungsfreiheit pervertiert.«[320] Und wenn es den Interessen ihrer Auftraggeber dient, machen sie alle mundtot, die diese Interessen gefährden.

Die Frage ist, wer äußert solche rechtsverletzenden Äußerungen? Sprich, vor wem schützen die Medienanwälte ihre Mandanten? Früher, bevor es das Internet gab, war es einfach. Der böse Feind war die Presse. Früher hatten BILD-Zeitung und SPIEGEL das Monopol auf den Shitstorm. Heute kann jede Privatperson via Website, Facebook, Twitter oder Forum im Internet plaudern, schimpfen, lästern, mobben, loben und Rechte anderer verletzen. Das macht es Medienanwälten schwerer, ihre Gegner zu fassen.

Andererseits auch wieder nicht. Denn jeder, der ein Blog betreibt oder sich auf Facebook äußert, äußert sich öffentlich. Heute ist jeder Twitter-Account ein publizistisches Angebot. Der oder die Betreiberin kann also Persönlichkeitsrechte verletzen und kann daher medienrechtlich zensiert werden.

Das wird klarer, wenn man echte Fälle nimmt. Wie den, über den das Magazin der *Süddeutschen Zeitung* im Februar 2014 berichtete:[321] Vater und Mutter führen einen Sorgerechtsstreit. Das Kind lebt beim Vater. Die Mutter darf es nicht sehen. Sie nimmt ihre letzte Zuflucht zum Internet und berichtet über den Fortgang des Prozesses über Twitter. »Angela Schmelzer ist überzeugt, dass ihr Verfahren manipuliert wird, und sucht im Internet nach Menschen, die ähnliche Erfahrungen gemacht haben. Immer wieder verbreitet sie Kurznachrichten auf Twitter zum Fortgang ihres Prozesses.«[322]

Hier kommen die Medienanwälte ins Spiel. SZ-Magazin: »Der Vater engagiert im Spätsommer 2013 den Medienrechtler und Krisenmanager Gernot Lehr, der schon die Bundespräsidenten Johannes Rau und Christian Wulff vertrat, sowie Christoph Fasel, früher Leiter der Henri-Nannen-Journalistenschule, der nun eine

Kommunikationsagentur betreibt. Sie sollen die öffentlichen Kommentare der Mutter unterbinden.«[323]

Das bewerkstelligen sie mit einer Verfügung gegen die Mutter. Begründung: Ihre Twitter-Beiträge verletzten die Rechte des Jungen. »Bei Zuwiderhandlung drohen der Mutter bis zu 250.000 Euro Strafe oder sechs Monate Haft.«[324]

Ob dieses anwaltliche Engagement dem Frieden in der Familie diente oder dem Wohl des Jungen? Oder ob hier nicht auch ein bisschen weniger Anwalt mehr gewesen wäre?

Auch im zweiten Fall, nicht medienbekannt, bin ich mir nicht sicher, ob der vermeintliche Schutz der Persönlichkeitsrechte wirklich dem Recht diente: Eine Frau war bei einem Arbeitgeber über mehrere Jahre beschäftigt. Pikanterweise war sie – nach Einschätzung von Arbeitsrechtlern – scheinselbstständig gewesen. Als sie nun nach dem Ende der Beschäftigung eine Klärung von ihrem Exarbeitgeber forderte, stellte der sich auf stur.

Das Ganze ging hin und her. Und dann kamen die Medienrechtler ins Spiel. Sie trugen vor, die Versuche der Frau, via Mail ihren ehemaligen Arbeitgeber zu kontaktieren, verletzten dessen Persönlichkeit. Ja, sie überzeugten das Gericht sogar, dass es eine strafbare Nachstellung (Stalking) gemäß § 238 StGB sei. Das Gericht folgte dem Vortrag des Medienrechtsanwalts und verbot der Frau bei Strafe – Geldstrafe oder Ordnungshaft –, sich ihrem Exarbeitgeber zu nähern. Ein Unternehmen, geschützt vor seinen Angestellten, mit der Hilfe von Medienrechtsanwälten. – Medientot, mundtot, mausetot?

ANWÄLTE ALS ORGANE
DER WIRTSCHAFT

§§

»ERST KOMMT DAS FRESSEN,
DANN KOMMT DIE MORAL.«
Bertolt Brecht, »Die Dreigroschenoper«[325]

Weil sie als Arbeitsrechtler
Löhne drücken

Wo Vertrag draufsteht, steckt Anwalt drin. Das gilt auch für das Arbeitsrecht. Auf der einen Seite kämpfen Heerscharen von Anwälten darum, ihrem Mandanten den Arbeitsplatz zu erhalten oder zumindest eine Abfindung rauszuholen. Auf der anderen Seite – und das ist die deutlich lukrativere und darum bei Wirtschaftsanwälten beliebtere Variante – stellen sie sich auf die Seite der Unternehmen, die keine ordentlichen Löhne zahlen oder ihre Mitarbeiter gleich ganz loswerden wollen.

Findet ein international tätiges Unternehmen, dass es global besser dastünde, wenn es seine Mitarbeiter nicht überall auf der Welt nach deutschem Metalltarif bezahlen würde, ruft es seine Arbeitsrechtsanwälte. Die designen dann Lösungen, wie die Mitarbeiter weiterhin beim Unternehmen arbeiten können, aber nicht mehr dieselben Löhne erhalten wie vorher, zum Beispiel statt 22 Euro pro Stunde nur noch acht oder vier Euro pro Stunde.

Das geht so: Firma F stellt Arbeitnehmer A nicht mehr direkt ein, sondern als Werkvertragsmitarbeiter, der bei einem Subunternehmer von Firma F angestellt ist. Angeblich wird dieser Mitarbeiter dann auch nicht mehr von seinen festangestellten Kollegen der Firma F eingelernt und erhält auch keine Weisungen der Firma F. Das mit den Weisungen ist wichtig, ebenso wie das Eingebundensein in den Betrieb der Firma. Beides belegt, dass A in Wahrheit weiterhin Angestellter von Firma F ist.

Das würde dazu führen, dass A Anspruch auf einen höheren Lohn sowie auf Sozialleistungen hätte. Fliegt so ein Werkvertrags-Subunternehmer-Komplott auf, muss Firma F denn auch Sozialleistungen nachentrichten. Haben die Anwälte ihre Arbeit ordentlich gemacht, kann er weiterarbeiten, zu acht Euro pro Stunde.

Weil sie Unternehmensverkäufe gewissenhaft vorbereiten

Man kann Anwälten vieles vorwerfen, aber nicht, dass sie einen Unternehmenskauf nicht gewissenhaft vorbereiten. Folgerichtig bezeichnen sie das als »Schmücken der Braut«.

Weil ihnen beim Verhandlungsmarathon nie die Luft ausgeht

So pingelig gesetzestreu Anwälte sonst sind, bei ihren Verhandlungen bleiben sie regelmäßig hinter ihren selbst gesteckten Zielen zurück. Auch wenn sie gegenüber ihrem Nachwuchs (vor allem in Großkanzleien) immer vollmundig von Verhandlungsmarathons prahlen, belegen Stichproben, dass es sich hierbei um frei erfundene Märchen handelt. Die meisten Verhandlungen, hat mir ein Anwalt berichtet, sind schon nach zwei, drei Stunden vorbei. Nur in Ausnahmefällen kann es mal acht Stunden dauern.

Recherchen haben ergeben, dass selbst die Teams von Großkanzleien (etwa Freshfields oder Hengeler) nach spätestens 34 Stunden schlappmachen. Und selbst bei solchen Langstreckenmeetings verläuft das Ende völlig unspektakulär. Im Gegensatz zu ihrem historischen Vorbild, dem Boten, der immerhin tot zusammenklappte, als er den Marathon überstanden hatte, klappen Anwälte lediglich ihren tragbaren Computer zu und gehen nach Hause.

Ein Blick in die Praxis zeigt, dass Anwälte der allzu banalen Wirklichkeit auch sonst gern nachhelfen. So schüchtern Seniorpartner ihre Junganwälte regelmäßig mit Legenden von der »Kam-

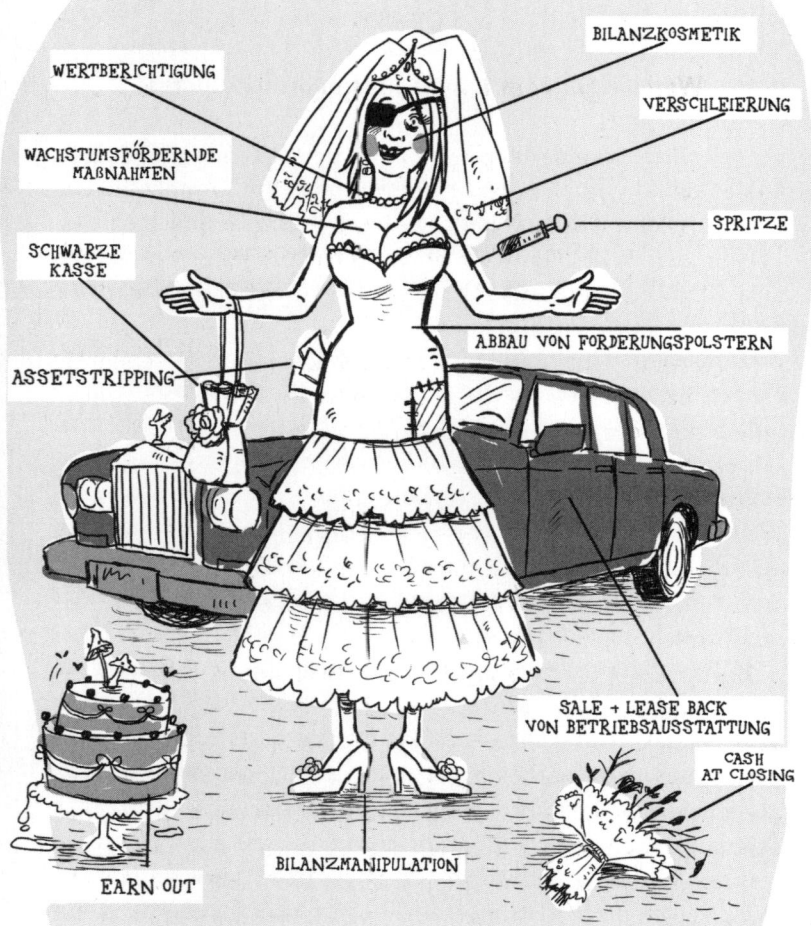

SCHMÜCKEN DER BRAUT

mer des Schreckens« ein. Zuverlässige Recherchen zeigen jedoch, dass sie damit lediglich den Datenraum meinen. Also ein fensterloses Zimmer mit Aktenordnern vom Boden bis zur Decke.

§ 85. GRUND §

Weil sie sogar ihre Denkpausen protokollieren

Es gibt einen Grund, dass Anwälte herumstapfen wie lebendige Diktiergeräte und alles, was sie reden oder tun, protokollieren. Manche schicken ihren Mandanten nach jedem Gespräch eine E-Mail, in der sie das Gespräch noch einmal zusammenfassen und darauf hinweisen (zwecks Haftungsschluss, siehe 21. Grund), dass bei bestimmtem Verhalten bestimmte Risiken drohen. Andere Anwälte führen eine Art Gesprächstagebuch, also kein Tagebuch, dem sie nach Dichterart ihre tieferen oder edleren oder was auch immer für Gefühle anvertrauen.

Das ist, als würde ein Papa seinem Sohn auf dem Spielplatz zurufen: »Kletter da nicht rauf, du könntest runterfallen«, und jede Warnung in sein Diktiergerät sprechen. Fällt das Kind dann auf die Schnauze, kann er ihm sagen: »Hier, ich habs dir gesagt. Am 3. Mai um 16.30 Uhr habe ich dich gewarnt, du könntest in den Sand beißen.«

Bei Anwälten hat das einen bitteren Hintergrund. Fällt nämlich der Mandant auf die Schnauze, macht er schnell seinen Anwalt dafür verantwortlich. Dann ist die E-Mail oder, falls nicht vorhanden, wenigstens die Kladde das Beweismittel. Wenn Anwalt Meier in seine Kladde schreibt, er habe seinem Mandanten, der Ministerpräsident eines Bundeslandes ist, in der Besprechung X geraten, das Parlament um Erlaubnis zu bitten, bevor er Anteile eines französischen Energieversorgungsunternehmens kauft, ist die Kladde oder die E-Mail mit dem Protokoll der letzte Rettungs-

anker des Anwalts. Es kann nämlich gut sein, dass der Ministerpräsident später – nachdem man ihn abgewählt hat – behauptet,
sein Anwalt habe ihn schlecht beraten. Hätte er gewusst, dass das
Parlament hätte zustimmen müssen, hätte er das unbedingt getan,
und der Anwalt ist schuld.

Dann zückt der Anwalt seine Kladde oder seine Mail und sagt:
»Mein Freund, du erzählst Bullshit. Ich habe dir genau hier und
hier geraten, das Parlament einzuschalten, aber du wolltest ja nicht
hören.« Hat der Mandant keinen Bock darauf, alles noch einmal
per Mail vorgekaut zu bekommen, und bittet den Anwalt, ihm
doch keine E-Mail zu schicken, wird der zittrig, mit gutem Grund.
Denn seit jeher wurden Schießbefehle und andere Verbrechen oder
Betrügereien immer nur mündlich verbreitet, damit hinterher keiner den Schuldigen dingfest machen konnte.

Wird der Anwalt also gebeten, auf die protokollierende Mail zu
verzichten, macht ihn das misstrauisch. Sehen Sie es Ihrem Anwalt
nach, wenn er alles Gesagte noch mal wiederkäut. Auch er oder sie
will nur sein Fell retten.

§ 86. GRUND §

Weil sie ihre Winkelzüge am Kickertisch entwerfen

Dass Anwälte lange Arbeitszeiten haben, ist bekannt. Weniger bekannt ist der wahre Grund dafür. Anwälte müssen täglich stunden-
lang aufs Härteste trainieren. Sie knabbern jedoch nicht am Griffel,
um das veraltete Wortspiel zu bemühen, nein, sie drehen die Griffe,
dass die Finger schmerzen, und zwar am Kickertisch.[326]

Der steht in jeder Wirtschaftskanzlei, die was auf sich hält. Meist
am Ende des Flurs, zwischen Kaffeeküche und Bibliothek. Nach
außen tun sie gern so, als sei der Kickertisch ein modisches Life-
style-Möbel und die Kanzlei-Kickerturniere ein gesellschaftliches

Get-together, nach dem Motto: *Wir können nicht nur Anwalt, wir können auch gesellig.*

In Wahrheit üben sie bis spät in die Nacht. Quetscher, Volley, Schieber und TickTack. Die Krönung ist der legendäre Rainbowshot, das Torwart-Tor des Tischfußballs. Aus der durch Anrollen erzielten Rückhandklemmposition katapultiert der Profi den Ball vom Fuß des eigenen Spielers durch die Luft ins gegnerische Tor. Zack, und rein damit! Wer das als Berufsanfänger beherrscht, wird auch ohne »Vollbefriedigend« mit Kusshand eingestellt.

Der Kickertisch ist für Anwälte das, was für Chirurgen der OP-Tisch ist. Wie auf einer Schlachtplatte sezieren sie dort ihre Fälle, bohren die Rechtslage auf, entwickeln die Manöver für den nächsten Prozess und gruppieren ihre Truppen. Sie machen dort sozusagen die Familienaufstellung für die Verhandlungsrunde. Durchspiel, Fouls und Ausweichmanöver. Zur Not schrauben sie die Kickerpuppen ab. Dafür müssen sie exerzieren, dass die Stangen scheppern. Nix mit Lifestyle. Kampf-Style! Das ist die Wahrheit. Jetzt kennen Sie sie.

§ 87. GRUND §

Weil ihre Verträge nur aus Kleingedrucktem bestehen

Verträge braucht man im Geschäftsleben wie die Butter zum Brot. Das Problem an Verträgen sind Anwälte, die sie mit angeblich *rechtssicheren* Formulierungen und Klauseln vollstopfen. Rechtssicher soll heißen: Was die eine Vertragspartei der anderen schuldet, ist so glasklar geregelt, dass man nur in den Vertrag hineinsehen muss und alles ist klar. Wird trotzdem gestritten, sollte zumindest das Gericht oder Schiedsgericht nach sorgfältiger Lektüre des Vertragstextes kapieren können, was die Parteien regeln wollten. Solche Verträge gibt es.

Doch die meisten Verträge kranken an zu umständlichen und zu langen Sätzen. Wer seinen Kunden Sätze wie den folgenden zumutet, gehört mit Schreibverbot nicht unter drei Jahren bestraft.

»An allen erzielten Rückvergütungen, die durch Mithilfe des Nachweiserstellers umgesetzt werden, sowie an allen Ersparnissen beziehungsweise sonstigen Kostenvorteilen für die Zukunft, die durch Beratung/Hinweise des Nachweiserstellers erreicht werden, ist der Nachweisersteller mit einer Provision von 40 % zzgl. MwSt. auf die Dauer der Beteiligungszeit gemäß Nr. III.2. beteiligt, unabhängig vom Wechsel eines Dienstleisters.«

Der Satz ist 393 Zeichen lang und enthält einen Verweis auf irgendeine Vertragsklausel (die sich vermutlich auf Seite 35, links unten befindet). Obendrein leidet er an drei Passivkonstruktionen. Der Passiv ist Anwalts Liebling. Gäbe es diese Grammatikkonstruktion nicht, für Anwälte hätte man sie erfinden müssen. Nicht: »Er muss die Rechnung zahlen«, sondern: »Die Rechnung muss von ihm bezahlt werden.«

Ein einzelner Satz dieser Länge und Bauart wäre ja noch okay. Das Problem ist: In manchen Vertragstexten sind alle Sätze so. Anwälte ignorieren gern mal, dass Normal-Leser auf verschachtelte Formulierungen mit Hirnwindungsstau ersten Grades und Kopfweh nicht unter drei Stunden reagieren. Trotzdem müssen Sie sich all das Geschwafel natürlich nicht gefallen lassen. Was also tun?

Bringen Sie das Argument, das bei den meisten Anwälten zieht, nämlich Geld. Machen Sie ihm klar, dass Sie schneller das tun, was er von Ihnen verlangt – zum Beispiel einen Schriftsatz freigeben –, wenn Sie auf Anhieb kapieren, was da drinsteht. Sagen Sie ihm: »Ich reagiere schnell, wenn ich ohne nachzufragen kapiere, was Sie mir raten und was Sie von mir wollen. Am besten Sie schreiben das Wichtigste auf einer Seite zusammen.«

Solche Zusammenfassungen für Laien, also für Nichtjuristen, können Anwälte nicht auf Anhieb schreiben. Das gehört nicht zum

Studium. Dort man lernt man Gutachten schreiben. Aber das Gute ist: Anwälte können lernen, solche Zusammenfassungen für Sie zu schreiben. Dank ihrer Schläue und ihrem strukturierten und methodischen Denken, Sie wissen schon …

§ 88. GRUND §

Weil ihre Allgemeinen Geschäftsbedingungen Grundrechte aushebeln

Warst du schon mal im Internet?* Im Jahr 2014 ist das statistisch gesehen ziemlich wahrscheinlich, denn fast 80 Prozent der Bevölkerung nutzen es. Drei Viertel von ihnen hat schon mal übers Internet eingekauft oder sich eine App heruntergeladen oder sich in einem sozialen Netzwerk angemeldet.

Du gehörst dazu? Erinnerst du dich, dass du gebeten wurdest, ein Häkchen bei den »Nutzungsbedingungen« anzuklicken? Manchmal heißen sie auch »Allgemeine Geschäftsbedingungen«, kurz AGB.

Und: Hast du sie *gelesen*? Also, bevor du »ja, ich stimme zu« angeklickt hast. Nein? Entspann dich. Fast niemand liest AGB im Internet. Ist trotzdem uncool, denn die Firmen rechnen damit, dass du sie nicht liest, und verstecken deshalb die größten Gemeinheiten in den AGB.

Zum Beispiel Facebook. Schlappe 34.000 Zeichen umfasst alleine die Erklärung zur Privatsphäre. Der hast du zugestimmt, auch wenn du dich nicht mehr daran erinnerst. Außerdem der Datenverwendungsrichtlinie (17.000 Zeichen lang) und noch so ein paar anderen AGBs.

* *Keine Angst, ich duze nur in diesem Grund. Aus Gründen, wie Sie gleich sehen werden.*

Damit es nicht so böse klingt, duzt dich Facebook wie IKEA oder andere Wellnessanbieter. Facebook schreibt dir zum Beispiel: »Dein Vertrauen ist uns wichtig. Deshalb teilen wir Informationen, die wir über dich erhalten, nicht mit anderen, es sei denn: wir haben deine Genehmigung dazu erhalten; wir haben dich darüber informiert, beispielsweise in diesen Richtlinien …«

Leider ändert das *Du* nichts daran, dass Facebook gierig und eigennützig ist. Es teilt deine Informationen mit allen, die dafür Geld bezahlen. Alles. Immer. Dir bezahlt Facebook überhaupt nichts. Nichts. Niemals.

Mal angenommen, du wärst der Maler Leonardo da Vinci. Du hättest eine lächelnde Frau gemalt und sie Mona Lisa genannt. Dieses Bild würdest du auf Facebook einstellen. Es könnte passieren, dass deine Freunde begeistert wären und es wie verrückt teilen. Du würdest denken: Hey, Alter, Moment! Ich will das nicht mehr, ich will das Bild jetzt selbst anständig verkaufen und viel Geld mit dem Abdruck verdienen.

Leider hättest du Pech. Mit dem Klick auf »Ich stimme den Nutzungsbedingungen zu« hast du Facebook erlaubt, dein Gemälde immer und überall zu nutzen, ohne dass du einen Cent davon siehst. Bei Facebook klingt das so: »*Du gibst uns eine nicht-exklusive, übertragbare, unterlizenzierbare, gebührenfreie, weltweite Lizenz zur Nutzung jeglicher IP-Inhalte, die du auf oder im Zusammenhang mit Facebook postest (»IP-Lizenz«).*«

Was ist mit deinem per Grundgesetz gewährleisteten Recht am eigenen Bild? Hast du drauf verzichtet. Was ist mit deinem Recht auf Datenschutz, der sogenannten informationellen Selbstbestimmung? Hast du drauf verzichtet. Was ist mit deinem Recht auf ein rechtsstaatliches Gerichtsverfahren? Hast du an das für den nördlichen Bezirk von Kalifornien zuständige US-Bezirksgericht oder an das Staatsgericht in San Mateo County ausgelagert. Da wolltest du doch schon immer mal Urlaub machen.

Und wenn du jetzt denkst, du könntest Facebook die Lizenz wegnehmen, indem du dein Konto löschst, bist du schief gewickelt. Dafür hat Facebook gesorgt: »*Diese IP-Lizenz endet, wenn du deine IP-Inhalte oder dein Konto löschst, außer deine Inhalte wurden mit anderen Nutzern geteilt und diese haben die Inhalte nicht gelöscht.*« Heißt im Klartext: Weil deine Freunde, die du ab sofort verfluchen wirst, dein Bild zigmal geteilt haben, behält Facebook seine Lizenz. Und kann dein Gemälde finanziell ausschlachten.

Wie viele Nutzer hat Facebook? Über eine Milliarde. Sie alle haben Facebook ihr geistiges Eigentum verkauft, für umme, für das popelige Recht, mit ihren Freunden Catcontent zu teilen. Und wer hat die Allgemeinen Geschäftsbedingungen entworfen? Die Anwälte, wer sonst.

Facebook ist kein Einzelfall. Alle Internetanbieter stopfen ihre Allgemeinen Geschäftsbedingungen mit Bosheiten voll. Das Magazin der *Süddeutschen Zeitung* berichtete im Juni 2014 von dem Computerspielehändler Gamestation. In deren AGB stand eine Zeit lang – kleiner Spaß der Firma –, dass »jeder Nutzer dem Unternehmen seine Seele verkaufe«.[327]

Die letzte Nachricht ist eine gute Nachricht: Du kannst dich wehren. Nimm dir einen Anwalt und klage gegen Google, Facebook, Amazon, WhatsApp und wie sie alle heißen. Wenn du dich alleine nicht traust, geh zur Verbraucherzentrale. Letztens hat sie wegen unzulässiger AGB gegen WhatsApp geklagt, gehört mittlerweile zum Facebook-Konzern. Hat geklappt.[328] Wenn du nicht klagen willst, ist auch gut, aber wenn du ab jetzt irgendwo ein Häkchen machst – sag nicht, du hättest es nicht gewusst. Und wenn du mehr Lust auf Anwaltsbashing hast, kannst du jetzt das nächste Kapitel lesen.

ANWÄLTE UND
DIE SCHWEREN JUNGS

§§§

»SEHET ZU, DASS EUCH
NICHT JEMAND VERFÜHRE«[329]
Jesus Christus

Weil sie Mörder und Kinderschänder verteidigen

Die BILD-Zeitung, das oberste Moralorgan der deutschen Presse-
landschaft, weiß es meist am besten. Verbrecher sind Bestien und
mutmaßliche Mörder Monster. Die BILD-Zeitung spricht allerdings nicht aus, was Ordnungshüter im Internet für »Monster-
bestien« als Strafe fordern: Aufhängen, Giftspritze, egal, in jedem
Fall Todesstrafe, die es zum Glück in Deutschland nicht mehr gibt.
Dafür gibt es unter Umständen viele Jahre Gefängnisstrafe und
obendrein anschließende Sicherheitsverwahrung. In jedem Fall
lohnt es sich, sich vor Gericht von jemand verteidigen zu lassen,
der das kann.

Und das Volk, das die Todesstrafe fordert, hat es nicht recht?[330]
Auge um Auge, Zahn um Zahn. Wären wir nicht gut dran, Gal-
gen statt Gemeinschaftszelle? Aber nein, stattdessen schicken wir
solche Scheusale in Gefängnisse, die Luxushotels sind, verglichen
mit den Rattenlöchern früherer Zeiten. Und obendrein stellen wir
ihnen auch noch Strafverteidiger an die Seite. Widerwärtige Krea-
turen, die, wenn es hochkommt, diese Leute auch noch heraus-
boxen. Ja, im schlimmsten Fall werden sie sogar freigesprochen,
obwohl sie es getan haben. Vielleicht nur, weil sich das Opfer nicht
erinnern kann.

Und wer hilft ihnen dabei? Natürlich die Anwälte. Erzählen
ihren beschuldigten Mandanten, dass sie als Beschuldigte ein Aussageverweigerungsrecht haben. Das führt dann dazu, dass sie vor
Gericht nicht auspacken und die Richterin oder der Richter diese
Kotzbrocken, diesen Abschaum der Menschheit nicht verurteilen
kann.

Udo Vetter, Betreiber des Lawblogs, sagt auf die Frage, ob es für
Anwälte eine Grenze gebe, etwa bei der »anwaltlichen Vertretung
eines grausamen Mörders«: *»Es gibt keine Grenze. Das klingt pro-*

vokant. Dennoch gibt es, so meine ich, gute Gründe: Zunächst mal sollte man sich vor Augen führen, dass ein Straftäter im Regelfall alleine dasteht. Er hat die Polizei in dem Sinne ›gegen‹ sich, dass er überführt werden soll. Gleiches gilt für den Staatsanwalt und, mit Einschränkungen, für Richter. Ein faires Verfahren, wie es unser Rechtsstaat garantiert, kann der Beschuldigte aber nur bekommen, wenn man ihm die Möglichkeit gibt, in diesem Verfahren auch seine Rechte zu artikulieren und die Umstände anzubringen, die zu seinen Gunsten sprechen. Insoweit ist der Verteidiger der unverzichtbare Helfer, damit der Beschuldigte nicht zum bloßen Objekt in einem staatlichen Verfahren verkommt.«[331]

Die WAZ zitiert Rechtsanwalt Volker Schröder mit den Worten: »Auch ein Mörder hat Anspruch auf eine gute Verteidigung, das ist in unserem Rechtsstaat so vorgesehen.«[332]

Sich als Anwältin oder Anwalt vor Verbrecher zu stellen, heißt, mutig zu sein. Ziemlich oft erhalten Rechtsanwälte Drohbriefe oder werden angegriffen.

§ 90. GRUND §

Weil manche rechtsaußen verteidigen

Bei der Zulassung vor der Rechtsanwaltskammer müssen Anwälte und Anwältinnen folgenden Eid sprechen: »Ich schwöre bei Gott dem Allmächtigen und Allwissenden, die verfassungsmäßige Ordnung zu wahren und die Pflichten eines Rechtsanwalts/einer Rechtsanwältin gewissenhaft zu erfüllen, so wahr mir Gott helfe.«

Sie können die religiöse Beteuerung auch weglassen, aber bleiben muss das Bekenntnis zur verfassungsmäßigen Ordnung. Leider scheinen einige Anwälte und Anwältinnen das Bekenntnis zur Demokratie für Schmuck am Nachthemd zu halten. Warum sonst sind einige Mitglied in Bands, die rechtsradikale Musik spielen?

Und warum arbeiten sie weiter als Rechtsanwalt, als unabhängiges Organ der Rechtspflege, als mit besonderen Rechten ausgestatteter Teil der Justiz?

Gemäß § 7 BRAO ist die Zulassung zur Rechtsanwaltschaft zu versagen, wenn der Bewerber die freiheitliche demokratische Grundordnung in strafbarer Weise bekämpft. Gemäß § 14 ist die Zulassung zur Rechtsanwaltschaft mit Wirkung für die Zukunft zurückzunehmen, wenn Tatsachen nachträglich bekannt werden, bei deren Kenntnis die Zulassung hätte versagt werden müssen. Tatsache ist, es gibt Anwälte, die aktiv Neonazis verteidigen, schulen oder in anderer Weise unterstützen und sich somit indirekt gegen die freiheitlich demokratische Grundordnung stellen.

Etwa den Reutlinger Rechtsanwalt *Steffen Wilfried Hammer*. Ehemals Musiker in der mittlerweile verbotenen Band Noie Werte, deren Lieder, darunter die *Vertriebenenballade*, typisch rechtsradikales Gedankengut propagieren.[333] Einen Song der Band verwenden die mutmaßlichen NSU-Mörder, um ihr bekanntes Bekennervideo mit dem Pink Panther musikalisch zu untermalen.[334] Das Internetportal »Linksunten« schreibt über Rechtsanwalt Hammer: »Als Sänger ruft er zu Gewalttaten auf (/›Du bist die Faust nicht wert, die deine Nase bricht.‹/) und als Anwalt schützt er die Nazi-Täter vor den Folgen.«[335]

Hammers Stuttgarter Kollege, Rechtsanwalt *Alexander Heinig*, wird auch der rechten Szene zugerechnet. Er verteidigt nicht nur Neonazis, was per se kein Grund zur Klage wäre, schließlich dürfen Anwälte auch Mörder und Mafia verteidigen. Er tritt aber auch, laut *Frankfurter Rundschau*, als Sänger und Bassist der Rechtsrockband Ultima Ratio auf. Sie gehört zum Neonazi-Netzwerk Blood & Honour, das in Deutschland verboten ist.

Die Zeitung nennt auch einen weiteren Bandkollegen, der als ehrenamtlicher Richter am Amtsgericht Stuttgart arbeitete: *Oliver Hilburger*, Bassist und Gitarrist der Band Noie Werte. 2008 enthob ihn das Landesarbeitsgericht seines Amtes. Begründung: Die

Auftritte der Band seien gewaltverherrlichend und verfassungs-feindlich.[336]

Auch der hessische Anwalt *Dirk Waldschmidt*[337] verteidigt des öfteren Neonazis. Im NSU-Prozess vor dem Münchner Oberlandesgericht etwa den Zeugen André Kapke. Daneben war er schon Funktionär der NPD, einer Partei, gegen die derzeit ein Verbotsverfahren läuft – wegen ihrer Verfassungsfeindlichkeit.

Eine in Neonazikreisen nicht unbekannte Anwältin ist *Nicole Schneiders*. Schneiders verteidigt im NSU-Prozess Ralf Wohlleben wegen der mutmaßlichen Beteiligung an sechs der NSU-Morde. Schneiders hatte zugegeben, während ihres Studiums in Jena kurzzeitig Mitglied der NPD im Kreisverband Jena gewesen zu sein.[338]

Was Schneiders nicht erwähnt hatte, war, dass sie nicht nur einfaches Mitglied der NPD, sondern stellvertretende Kreisvorsitzende der Partei in Jena gewesen war, und zwar unter dem damaligen Kreisvorsitzenden Ralf Wohlleben und ausgerechnet von 2001 und 2002. Das war der Zeitraum, in dem laut Anklage im NSU-Prozess Wohlleben der Naziuntergrundorganisation »NSU« per Kurier eine Waffe zugestellt haben soll.

Wo wir schon beim Thema NSU-Prozess und Anwälte sind: Wie sieht es mit den Anwälten aus, die die Hauptangeklagte Beate Zschäpe verteidigen? Sie sind weder als Verteidiger von Neonazis noch als Sympathisanten oder Mitglieder der rechtsextremen Szene in Erscheinung getreten. Trotzdem ist es komisch, genau genommen, ihre Nachnamen. Diese lauten Sturm, Stahl und Heer.

Dafür können sie nichts. So fragte der Rechtsanwalt und Schriftsteller M. Oswald in der WELT: »Kann man den drei Anwälten im Ernst vorwerfen, dass sie so heißen, wie sie heißen?« Er antwortete sich selbst: »Nein, das kann man nicht. Was man ihnen aber vorwerfen kann, ist mangelnder Sinn für Symbolik und das fehlende Gefühl dafür, dass sie sich instrumentalisieren lassen …«[339]

Hätten sich die drei Anwälte nicht ausmalen können, welchen Triumph es für die mutmaßliche Heerführerin einer Bande mutmaßlicher rechtsradikaler Mörder bedeutet, unter den Augen der Weltöffentlichkeit in einen Gerichtssaal einzuziehen, flankiert von Anwälten namens Heer, Sturm und Stahl?

Diesen Triumph hätten ihr die Anwälte vorenthalten können. Ein Rechtsanwalt, der als Szeneanwalt zahlreiche Neonazis verteidigt hat und auch als Zeuge im NSU-Prozess aussagen sollte[340], bekam im Juni 2014 Gegenwind. *Thomas Jauch* aus Zorbau beriet nach ZEIT-Berichten auch diverse Kommunen, Sössen, Dehlitz und Zorbau, und kassierte allein 2010 knapp 240.000 Euro. Mittlerweile hat die Kommunalaufsicht den Rechtsanwalt wegen »ungerechtfertigter Bereicherung« vor dem Landgericht Halle verklagt. Eine weitere Tätigkeit des Rechtsanwalts bestand laut ZEIT übrigens in der Rechtsschulung von Neonazis: »So verhalte ich mich, wenn die Polizei kommt.«[341]

Muss die Anwaltschaft solche Personen in ihren Reihen dulden? Müssen sich all die Anwälte und Anwältinnen, die täglich um Demokratie und Menschenrechte kämpfen, von Demokratieverächtern auf der Nase herumtanzen lassen? Ich hab da so meine Zweifel.

§ 91. GRUND §

Weil sie im Steuerrecht dem Teufel beim Scheißen helfen

Bekanntermaßen verrichtet der Teufel sein Geschäft am liebsten auf dem größten Haufen, und das macht er auch in Deutschland so. Dort werden jedenfalls die Reichen immer reicher und die Armen immer ärmer, konstatierten die Forscher vom Deutschen Institut für Wirtschaftsforschung im Januar 2014. Was die Anwälte angeht: Auf Steuer- und Vermögensrecht spezialisierte Anwälte helfen am liebsten den Reichen beim Reicherwerden und Reichbleiben[342],

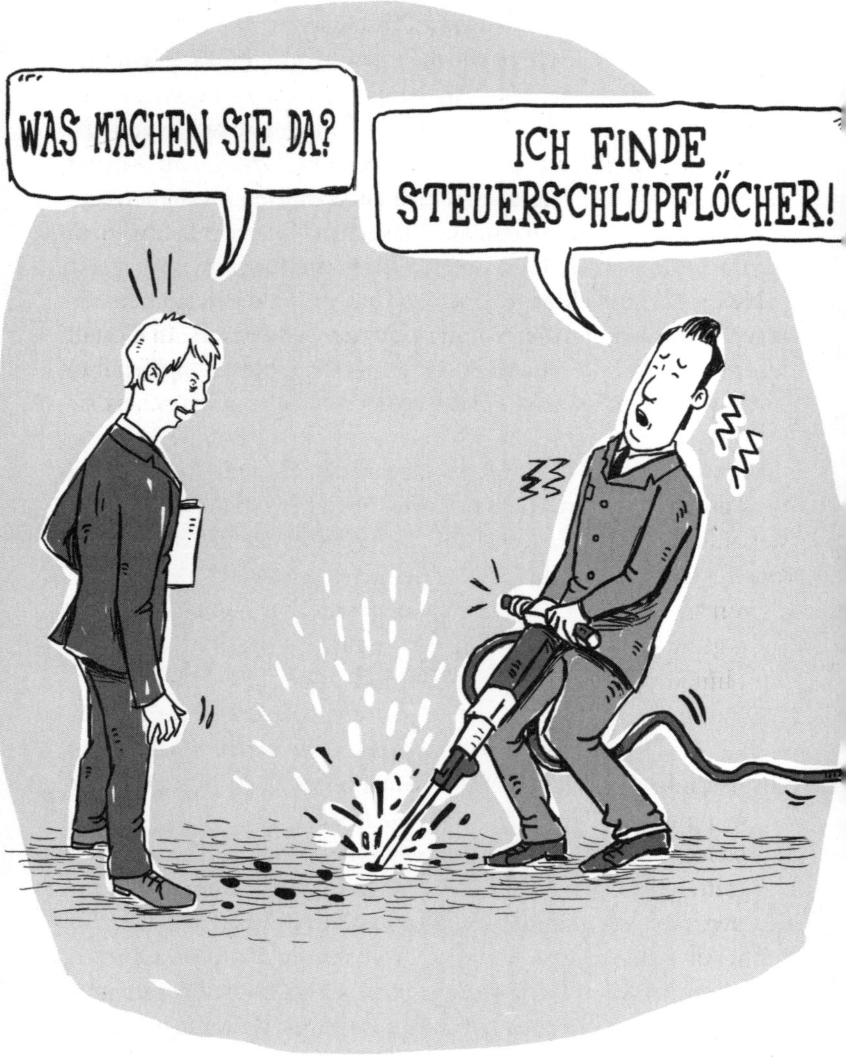
WAS MACHEN SIE DA?
ICH FINDE STEUERSCHLUPFLÖCHER!

denn deren Vermögen hat die größte Schwungmasse. Unterhalb von zwei Millionen Euro bringt es nach Einschätzung von Experten noch nicht so viel, die Euros zu protegieren.

Doch oberhalb dieser Grenze entwickeln Anwälte ein ungeheures Talent daran, die zarten Geldpflänzchen zu hegen und zu pflegen oder Zäune drum herum zu bauen, genannt Familienstiftungen. Sie nennen das Asset Protection. Und genau wie ein Bauer über seinen Weizen freut sich ein Spezialist für Steuerrecht und Vermögensschutz, wenn die Pflänzchen reiche Ernte tragen, in Form von Zinsen, Dividenden und Rückerstattungen.

Nun gibt es jede Menge böser Mächte, die an die kostbaren Euronen heranwollen. Allen voran ist das der böse Fiskus. In Gestalt fieser Finanzbeamter luchst er seinen armen hilflosen Opfern ihre letzten Habseligkeiten in Form von Steuern ab und speichert sie in großen Speichern.

Hier schlägt die Stunde der Steueranwälte. Mit ihrem Röntgenblick durchforsten sie die Wände der Speicher beim Fiskus – immer auf der Suche nach Schlupflöchern. Sobald sie fündig werden, stoßen sie ihren Kriegsschrei aus und eilen herbei. Die erfahrensten von ihnen messen die Ritzen in den Speichern – auch Gesetzeslücke genannt – genau aus, um abzuschätzen, wie viel durch sie wohl hindurchpasst. Manchmal entdecken sie richtige Spalten.

Besonders raffinierten Rettungsgängen geben die Steueranwälte auch besondere Namen. Früher hießen sie Medienfonds oder Schiffsfonds, dann Goldfinger, in jüngerer Zeit war von Dividendenstripping oder Cum-Ex-Deals die Rede.

Solche Rettungsschächte zu entwerfen, im Alltagsjargon der Euroretter auch Steuersparmodelle genannt, ist eine Arbeit für Könner. Deshalb verdienen Steueranwälte auch mehr als die anderen Anwälte. Außerdem ist der Fiskus ein mächtiger Gegner.

Seinen Argusaugen zu entkommen, ist nicht leicht. Der große Helfer des Fiskus, auch Bundesfinanzhof genannt, ist ständig hinterher, einmal entdeckte Steuerschlupflöcher wieder zu verschließen oder die mühselig befreiten Euros mit großen Staubsaugern wieder zurückzusaugen.

Manchmal machen sich die Steuerschlupflochfinder auch nicht schnell genug davon. Dann kann es passieren, dass sich ein weiterer mächtiger Helfer des Fiskus auf sie stürzt: die Staatsanwaltschaft.

Mit einem perfiden Werkzeug namens Ermittlungsverfahren heftet sie sich an die Fersen der tapferen Steueranwälte. Mit hanebüchenen Verdächtigungen und Unterstellungen quält und piesackt sie die armen Gesellen, bis sie nicht mehr wissen, wo ihnen der Kopf steht. Wie soll man sich da aber auch noch zurechtfinden, wenn heute etwas verboten ist, was gestern erlaubt war?

Wen wundert es da noch, wenn am Ende des Tages so manch wackerer Steueranwalt frustriert den Bettel hinschmeißt, seine Werkstatt dichtmacht und sich aus Angst vor etwaigen europäischen Haftbefehlen in die Schweizer Berge zurückzieht und künftig nur noch mit anderen Eremiten geschmolzenen Käse isst?

§ 92. GRUND §

Weil sie an Rüstungsgeschäften mitwirken

Ist viel Geld im Spiel oder steht viel auf dem Spiel, sind Anwälte nicht weit. Wer Panzer und passende Software kauft oder finanziert, hat genug Sündengeld in der Kriegskasse, um hohe Anwaltshonorare zu zahlen. Und welche Kanzlei würde schon Nein sagen, wenn der Herr Verteidigungsminister, der mittlerweile eine Verteidigungsministerin[343] ist, zum Appell ruft?

Oder haben Sie schon mal von einer Wirtschaftskanzlei gehört, die sich verpflichtet, ohne Rüstung leben zu wollen?[344] Genauso wenig sind Rechtsanwälte der Top-50-Wirtschaftskanzleien[345] Mitglieder in wirtschaftskritischen Verbänden, etwa bei den Kritischen Aktionären, die gegen Rüstungsvorhaben votieren.[346] Ob das daran liegt, dass Rechtsanwälte, die als externe Berater oder als Inhouse-Juristen einen Rüstungsdeal begleiten, mit dazu beitragen, dass Rüstung in Diktaturen oder Krisenländer verkauft wird, und dort Konflikte fördern? Eine Nachfrage beim Dachverband der Kritischen Aktionärinnen und Aktionäre in Köln ergab Nein. Im Gegenteil, warum sollten sie auch? Große Aktiengesellschaften bezahlen ihrer Kanzlei Geld, um die Hauptversammlung störungsfrei über die Bühne zu bringen. Da sind kritische Aktionäre so lästig wie ein Stachel im Fleisch, weshalb sich die DAX-Unternehmen regelmäßig von Aktienspezialisten unterstützen lassen.

Wer als Kanzlei auf Beratungsmandate aus dem Verteidigungssektor verzichtet, ist, was den Umsatz angeht, mit der Klammerbüchse gepudert. Doch warum halten sich die Law Firms in der Öffentlichkeit so bedeckt, was ihre Mitwirkung am nationalen und globalen Rüstungsmarkt angeht? So eifrig sie sonst auf der Website ihre Sektorenkompetenz oder ihr Branchen-Know-how herausstellen, so sehr halten sie sich zurück, wenn die Branche Verteidigung heißt.

Ein typisches Beispiel: Die Website der Kanzlei WilmerHale nennt bei Rechtsanwalt und Partner Martin Seyfarth unter den »Highlights« die »Entwicklung eines bundesweit einheitlichen Pfand- und Rücknahmesystems für Einweg-Getränkeverpackungen«[347], in der Bevölkerung gemeinhin bekannt als »Dosenpfand«. Dass Seyfarth auch erfolgreich als Berater des Rüstungsunternehmens Northrop Grumman tätig ist, erfährt man nur beim JUVE Verlag.[348]

Nur wenige Kanzleien halten sich weniger bedeckt. Etwa Oppenhoff & Partner, die laut JUVE als »sehr aktive Kanzlei für die Beratung im Rüstungsbereich« gilt[349], wirbt offen mit ihrem »umfassenden Netzwerk in Industrie und nationalen wie internationalen Behörden«. Sie ist »involviert in maßgebliche Projekte: Tornado, Eurofighter, Herkules, Galileo, Eurospike, SysFla, A400M, A380, Dolphin U-Boote, UAV für die deutsche Luftwaffe, Dingo,

Fennek, Boxer, Puma, Panzerhaubitze 2000, AGM, Privatisierung von Staatsunternehmen in Griechenland und Spanien sowie Kampfpanzer Leopard 2 und andere«.[350]

Das ist Spielzeug für große Jungs. Hinter »Dingo« verbirgt sich kein schlanker Windhund, sondern ein gepanzertes Fahrzeug des Rüstungsbauers Krauss-Maffei Wegmann. Gut, wenn das Fahrzeug gepanzert ist, doch als Firma und Gefährt 2009 unter Medienbeschuss gerieten, half die Panzerung wenig. Laut Bericht des SPIEGELs hatten mutmaßlich Bundestagsabgeordnete absichtlich die Anschaffung von Patrouillenfahrzeugen für Afghanistan verzögert. Dem Artikel zufolge hatten Lobbyisten von Krauss-Maffei auf die Abgeordneten eingewirkt.[351] Der Grund dafür war laut SPIEGEL-Bericht, dass Krauss-Maffei lieber seinen Dingo bei den Taliban sehen wollte als den Konkurrenzpanzer »Eagle IV« vom Schweizer Rüstungsbauer Mowag.

Auch mit ihrer Mitgliedschaft in der Lobbyorganisation »Deutsche Gesellschaft für Wehrtechnik« und »Förderkreis Deutsches Heer«[352] hält Oppenhoff & Partner nicht hinterm Berg. Dort sind sie nicht die einzigen Anwälte. Gesellschaft leistet ihnen die Kanzlei FPS Rechtsanwälte & Notare Fritze Wicke Seelig.

§ 93. GRUND §

Weil sie vors Schiedsgericht flüchten

Wenn ihnen die heimischen Gerichte zu langsam sind, haben Anwälte die Möglichkeit, vors Schiedsgericht zu ziehen. Im kleinen Rahmen ist das sinnvoll und entlastet die staatlichen Gerichte. Es erweist sich als Flucht, wenn es um globale Unternehmen geht, die mithilfe internationaler Anwaltskanzleien Schiedsgerichte anrufen, um Staaten zu verklagen.

Die Probleme sind zu vielschichtig, als dass man sie in einem Buch wie diesem abhandeln könnte. Ich erwähne das Thema trotzdem, weil es in das Konglomerat Anwälte Seite an Seite mit den Mächtigen fällt und sich Anwälte, solange sie noch Rechtsanwälte genannt werden, die Frage gefallen lassen müssen: Ist das, was ihr da tut, mit der Tätigkeit eines Organs der Rechtspflege vereinbar?

Schiedsgerichte helfen, wie gesagt, wo es um die Streitbeilegung zwischen Unternehmen geht und wo sich Prozesse vor den normalen Gerichten viele Jahre hinziehen. Problematisch werden sie, wo Unternehmen mithilfe von Anwälten Sonderrechte einklagen, die sie zuvor mithilfe von Anwälten durchgesetzt haben.

Aktuelles Beispiel ist das transatlantische Abkommen zwischen den USA und Europa. Schon die Verhandlungen dazu waren insofern kritikwürdig, als nur Unternehmen sowie Großkanzleien Einblick hatten. Dieses Abkommen, bis Redaktionsschluss noch nicht abgeschlossen, sah wie viele Abkommen sogenannte Investitionsschutzklauseln vor. Investitionsschutzklauseln schützen, wie der Name sagt, Investitionen. Ändert sich in dem betreffenden Staat die Rechtslage und zahlt sich deshalb die Investition des Unternehmens nicht mehr aus, kann es den Staat auf Schadensersatz verklagen, vor einem Schiedsgericht.

Im Frühjahr 2014 listete die *Süddeutsche Zeitung* all die europäischen Staaten auf, in denen Unternehmen Staaten verklagen können. Das waren beileibe nicht nur solche Staaten, in denen Prozesse Ewigkeiten dauern. Auch Deutschland wurde verklagt.[353]

Und warum ist das für den kleinen Mann und die kleine Frau mitunter schlecht? Weil ihre Rechte in Gefahr sind. Findet ein Konzern, die Arbeitsschutzstandards oder Vorschriften zum Mindestlohn stellten ein Investitionshemmnis dar, weil es dann nicht ganz so billig produzieren kann, wie es gern möchte, zack, klagt es und kann so schlechte Löhne zahlen.

ANWÄLTE AM ROCKZIPFEL DER MACHT

§§§

»ER BEGEHRTE SICH ZU SÄTTIGEN VON DEN BROSAMEN,
DIE VON DES REICHEN TISCHE FIELEN.«
Lukas-Evangelium [354]

Weil sie an den Schalthebeln der Macht rumfingern

Wenn Sie es noch nicht wussten: Anwälte mögen Macht.[355] Und wenn sie nicht genug davon bekommen, stehen sie sogar nachts auf und holen sich welche. Das liegt an dem, womit sie sich tagaus, tagein beschäftigen: Chemiker sezieren die molekulare Struktur der Stoffe, Physiker die Wirkgesetze der sichtbaren Natur, Philosophen versuchen das Gleiche mit den Denkgesetzen. Juristen, zu denen Anwälte gehören, beschäftigen sich mit dem Durcheinander, das immer entsteht, wenn mehr als zwei Menschen aufeinandertreffen und jeder behauptet, recht zu haben. Kennen Sie den Kalauer? Nichts ist so gerecht verteilt wie das Recht, denn jeder ist überzeugt, es zu haben. Ein Wortspiel, an dem nichts dran ist. Vielmehr ist es mit dem Recht so wie mit dem Sonnenplätzchen auf der Parkbank: Alle wollen dort sitzen, mal abgesehen von den Sonnenallergikern. Aber weil das nicht geht, versuchen alle, sich irgendwie durchzusetzen. Die einen laut palavernd, die anderen, indem sie ihren Pitbullterrier auf den dort sitzenden Rentner jagen, wieder andere, indem sie eine Parkbankbenutzungsordnung aufstellen. Wer sich am besten einigt, hat die größten Chancen, am Ende friedlich in der Sonne zu sitzen.

Übertragen Sie den Zoff um die Parkbank auf alle Konflikte, die Sie sich vorstellen können, und Ihnen wird klar, wozu Anwälte da sind: wenn Sie Kinder haben, auf den Ärger mit der Stadt wegen des Kita-Anspruchs für Ihren zweijährigen Hosenscheißer, wenn Sie am Niederrhein wohnen, wegen der Frage: Darf RWE das Dorf, in dem Ihr Haus steht, wegbaggern, nur weil darunter ein Braunkohleflöz verläuft, wenn Sie Gesellschafter oder Gesellschafterin einer Firma sind, wegen der Insolvenz Ihrer Firma, die Sie nur abgewendet bekommen, wenn Sie die Hälfte Ihrer 240 Mitarbeiter loswerden.

Je mehr auf dem Spiel steht und je komplizierter die Folgen sind, desto wichtiger ist es, dass Ihnen jemand hilft, den Konflikt zu durchdenken und für jede Lösung die Folgen zu bedenken. Bei der eben genannten Kampfhundlösung könnte die Folge eintreten, dass der Rentner die Polizei ruft, wenn er noch rufen kann. Die zieht erstens das Schoßhündchen ein und ermittelt zweitens gegen den Hundehalter wegen Nötigung.

Um sich das zu denken, hätten Sie keinen Anwalt gebraucht? Okay, aber was ist mit der Entlassung von 120 Mitarbeitern? Hier geht es um 120 Arbeitsverträge, die aufzulösen sind. Macht im schlimmsten Fall 120 Abfindungen oder 120 Kündigungsschutzklagen plus vier aufgeschlitzte Reifen beim neuen Audi des Geschäftsführers. Da kann ein guter Anwalt durchaus besänftigend wirken.

Außerdem kennt er oder sie die gesetzlichen Vorschriften. Das können nur Anwälte und Anwältinnen, und das erklärt, warum sie überall da gefragt sind, wo es um viel geht. Wenn es um die Wurst geht, sind Anwälte und Anwältinnen immer dabei. In Verbänden, in der Politik, in Unternehmen, in Denkfabriken, in Beraterpositionen, in Kanzleien. Traditionellerweise mehr Anwälte als Anwältinnen, aber die holen auf.

Rechtsanwalt Oswald schreibt zu seinem Buch *55 Gründe, Rechtsanwalt zu werden*: »Rechtsanwälte bestimmen über unsere Gesellschaft. Barack Obama ist einer, Jean-Claude Juncker auch. Wladimir Putin und François Hollande sind ebenfalls Juristen. Mit 143 Juristen ist diese Berufsgruppe übrigens auch die größte im Deutschen Bundestag.«[356]

Auch im Europaparlament und in den Stadträten, Kreis- und Landtagen sind Anwälte. Ihre Klugheit und ihr juristisch-methodisch geschultes Denken hilft ihnen bei der Arbeit. Die Frage ist, wie verantwortungsvoll gehen Rechtsanwälte mit ihrem Herrschaftswissen um? Abraham Lincoln[357], amerikanischer Präsident und verantwortlich für die Abschaffung der Sklaverei in den USA, sagte einst: »Willst du den Charakter eines Menschen erkennen, so gib ihm Macht.«

§ 95. GRUND §

Weil sie als Abgeordnete weiterhin ihre Mandanten beraten

Waren Sie schon mal in Berlin und haben sich den Bundestag von außen angesehen (das ist das viereckige Gebäude mit der Glaskuppel oben drauf)? Dort stehen drei Worte: »Dem deutschen Volke«. Es bedeutet, die Abgeordneten drinnen sind allen Bürgerinnen und Bürgern verpflichtet – vom neugeborenen Baby bis hin zum ebenfalls zahnlosen Tattergreis. Und sie sind *nicht* denen verpflichtet, die sie im Interesse von Konzernen oder Verbänden zu beeinflussen versuchen.

170 Staaten haben deshalb die UN-Konvention gegen Korruption (UNCTAD) ratifiziert[358]. Sie haben sich damit verpflichtet, die Beeinflussung von Abgeordneten wirksam zu verhindern. Nur Deutschland hat die UNCTAD bisher noch nicht ratifiziert, aber inzwischen versucht, die Abgeordnetenbestechung unter Strafe zu stellen. Experten wie der ehemalige Vorstand der Organisation Transparency International, Sebastian Wolf, halten den Versuch für nicht weitgehend genug. Denn die Änderungen des Strafgesetzbuches machen nur Handlungen strafbar, die Abgeordnete »im Auftrag und auf Weisung« eines Lobbyisten unternommen haben.[359] Kein Politiker sei so dumm, sich vor Begehung einens Korruptionsdeliktes einen Auftrag oder gar eine Weisung erteilen zu lassen, kritisiert auch der Verein Abgeordnetenwatch.[360]

Was hat das mit Anwälten zu tun? Anwälte sind ein Berufsstand, der zuhauf in Parlamenten sitzt, egal ob Bundestag, Landtag, Stadtrat oder Europaparlament. Das ist einerseits gut, denn ihre Rechts-

und Wirtschaftskenntnisse helfen ihnen bestens bei der Arbeit in Ausschüssen und bei der Beratung über Gesetze. Andererseits gibt es ihr Wissen nicht für mau. Sie haben es bei der intensiven Beratung von Wirtschaftsunternehmen oder der öffentlichen Hand erworben.

Hier liegt das Problem. Denn viele Abgeordneten-Anwälte machen mit der Mandatsbearbeitung einfach weiter, wenn sie in einem Parlament sitzen. Das birgt – genau wie die im folgenden Grund beschriebene Mitarbeit an Gesetzentwürfen – die Gefahr, dass Anwälte als Diener zweier Herren handeln. Wer beispielsweise als Anwalt Tabakkonzerne berät, könnte sich schwertun, einem Gesetz zur weitergehenden Einschränkung von Zigarettenwerbung zuzustimmen. Wer Industriekonzerne berät, könnte zögern, strengere Schadstoffgrenzen anzuordnen. Wer über die Vergabe eines Auftrags entscheiden darf, könnte versucht sein, die eigene Kanzlei oder eine freundschaftlich verbundene Kanzlei zu begünstigen. Das muss alles nicht sein, aber es kann.

1993 berichtete der SPIEGEL über den als Anwalt renommierten Politiker Peter Gauweiler, damals bayrischer Umweltminister. Er habe durch das »Verpachten seines ehemaligen Mandantenstamms als Rechtsanwalt« an eine Kanzlei – »insgesamt bisher 1,3 Millionen Mark« verdient, das Geld sei aber »in Wahrheit als ›Honorierung für Akquisitionen‹« geflossen. Die Kanzlei hatte laut SPIEGEL seit 1990 acht Aufträge von staatseigenen Betrieben erhalten.[361]

Rechtsanwalt Peter Gauweiler ist einer der Anwälte, die laut SPIEGEL im Jahr 2014 zu den Abgeordneten mit den höchsten Nebeneinkünften gehören. Im März 2014 veröffentlichte der Deutsche Bundestag die Nebeneinkünfte der Bundestagsabgeordneten, und siehe da: Die Topnebenverdiener waren Anwälte. Allen voran der CSU-Bundestagsabgeordnete Peter Gauweiler, Partner der Kanzlei Bub Gauweiler. Er verdiente laut SPIEGEL 509.000 Euro[362] pro Jahr.

Das ist beeindruckend, aber nicht überraschend, denn parallel zu seiner Tätigkeit als Abgeordneter wirkte er an prominenten Prozessen mit. Zum Beispiel an einer Verfassungsbeschwerde, die laut JUVE »von der Tragweite und der Summe, um die es ging, der umfangreichste Fall war, der dem höchsten deutschen Gericht in seiner Geschichte vorgelegt wurde. Bundesweit gingen über 37.000 Beschwerdeführer, darunter der CSU-Politiker Peter Gauweiler und mehrere eurokritische Rechtsprofessoren, gegen den Euro-Rettungsschirm vor.

Zuvor (im Februar 2014) hatte der ehemalige baden-württembergische Ministerpräsident Stefan Mappus den Anwalt Gauweiler beauftragt, gegen seine vorige Kanzlei Gleiss Lutz zu klagen. Davor beriet er die Kirch-Erben im Streit gegen die Deutsche Bank.

Auch der zweite Topnebenverdiener im Bundestag ist Anwalt: Stephan Harbarth ist Spezialist für Kapitalmarktrecht und Partner der Rechtsanwalts AG SZA Schilling, Zutt & Anschütz. Zu seinen Nebenverdiensten auf Stufe 10 tragen Mandanten wie Daimler mit EADS bei.[363] Im Februar 2013 ließ der Aufsichtsrat der Deutschen Bahn von Harbaths Kanzlei ein Gutachten zu Kosten und Haftungsrisiken von Stuttgart 21 erstellen.

Auch im Europaparlament sitzen Anwälte. Einer von ihnen ist Hans Heiner Lehne. Er ist Partner bei Taylor Wessing und mittlerweile deutscher Vertreter am EU-Rechnungshof. Die *Deutschen Wirtschafts Nachrichten* schreiben: »Als Parlamentarier entscheidet er über die EU-Anti-Tabakrichtlinie oder das Urheberrecht, obwohl Zigaretten- und Musik-Konzerne zu seinen Mandanten zählen.«[364]

Was tun, um die Gefahr zu bannen, dass Anwälte in Parlamenten nur die Interessen ihrer Mandanten vertreten? Ihr rechtlicher Sachverstand wird gebraucht, aber ihre Unabhängigkeit als Vertreter des Volkes ebenfalls. Der Verein Abgeordnetenwatch hat eine Online-Petition zur Verschärfung des Gesetzes gegen die Abgeordnetenbestechung beim Bundestag eingelegt. Die gibt es hier: www.abgeordnetenwatch.de/petitionen.

Ein weiteres Mittel, das mehr Transparenz schafft, könnte ein verpflichtendes Lobbyregister sein, in das Anwälte ihre Mandanten eintragen müssen. Noch eine Möglichkeit: Anwälte, die als Abgeordnete in Parlamenten sitzen, erklären sich selbst für befangen (oder sie werden auf Antrag für befangen erklärt), wenn sie bei einer bestimmten Abstimmung Interessenkonflikte sehen. Das wäre dann wie im Gerichtsprozess, und damit kennen sich Anwälte doch aus.

§ 96. GRUND §

Weil sie sich ins Gesetzesschreiben einmischen

Wer schreibt eigentlich die Gesetze? Die Beamten in den Ministerien? Und der Bundestag respektive die Landtage beschließen sie dann? Nicht ganz falsch, aber auch nicht mehr ganz richtig. Doch ja: Beamte im Ministerium schreiben die Gesetzesentwürfe, die Mitglieder der Ausschlüsse diskutieren sie und schließlich stimmen die Abgeordneten darüber ab. Bei bestimmten Bundesgesetzen redet auch noch der Bundesrat mit.

So weit die Theorie. Inzwischen lassen sich Minister immer öfter von Externen beim Schreiben der Gesetze helfen. Ja, Sie haben richtig gelesen. Sie lassen sich nicht nur *beraten,* Externe helfen mit beim *Ausformulieren.* Gesetze gut zu formulieren, ist eine Kunst. Ein Handwerk für Könner. Ich weiß, wovon ich rede. Als Tochter eines Ministerialbeamten, dessen Aufgabe es war, Gesetzentwürfe zu formulieren oder zu korrigieren. Hatte Papa schlechte Laune, lags an den Gesetzen.

Schlampige Formulierungen in Gesetzen wirken wie fehlerhafte Schrauben in Autos. Wegen ihnen knirscht das Fahrwerk und im schlimmsten Fall muss das Auto zurückgerufen werden. Oder die Spülmaschine, die wegen eines Fehlers in Flammen aufgehen kann.

So ähnlich ist es bei Gesetzen. Schlecht gemachte Vorschriften lösen eine Prozesslawine aus. Gut zu beobachten an den zahllosen Hartz-IV-Prozessen.

Sogar eine Art Rückruf gibt es bei Gesetzen: Entdeckt das Bundesverfassungsgericht, dass eine Vorschrift gegen die Verfassung verstößt, kann es die Vorschrift ganz oder teilweise für nichtig erklären. Und die Bundesregierung zum Nachsitzen verdonnern: »Hier, bitte Gesetz reparieren!«

Und was hat das alles mit Anwälten zu tun? Eine ganze Menge. Weil sich seit einigen Jahren die Ministerien auch von Großkanzleien helfen lassen. Daran ist nichts auszusetzen, handwerklich gesehen. Anwälte aus Großkanzleien haben Prädikatsexamen, Doktortitel und können auch kompliziert.

Das Problem ist ein anderes: Anwälte sind nicht immer unabhängig. Sie beraten nicht nur Ministerien, sondern auch Unternehmen, zum Beispiel Banken. Schreiben sie Gesetze, können sie diese auch im Interesse ihrer Mandanten formulieren. Lobbyarbeit nennt man das. Zumal diese Mandanten mitunter viel mehr bezahlen als die Ministerien.

Die Organisation Lobbycontrol beklagt, »das Outsourcing von Gesetzesformulierungen an private Anwaltskanzleien« könne »zu Interessenkonflikten (›Diener zweier Herren‹) führen und privilegierte Zugänge für Einzelne schaffen«.[365] Der Bundesrechnungshof listete auf, dass zwischen 2005 und 2009 in 33 von 537 Gesetzgebungsverfahren externe Berater und Kanzleien mit beauftragt wurden.

Dazu gehört das Finanzmarktstabilisierungsgesetz. Damit, einen Entwurf auszuarbeiten, beauftragte 2008 der ehemalige Bundesfinanzminister Peer Steinbrück Anwälte von Freshfields Bruckhaus Deringer.[366] Mit dem Gesetz errichtete die Bundesregierung den SoFFin, den Finanzmarktstabilisierungsfonds, der in der Bankenkrise Kreditinstitute mit Garantien und Einlagen unterstützen sollte. Interessenkonflikt? Freshfields berät zahlreiche Banken

und die Kanzlei beriet nach Angaben des Branchenverlags JUVE mit der BayernLB eine der ersten Antragstellerinnen, die sich vom Finanzmarktstabilisierungsfonds unterstützen lassen wollte.[367]

2012, während der Kanzlerkandidatur Peer Steinbrücks, wurde bekannt, dass er bei 89 Vorträgen seit 2009 zusammen 1,25 Millionen Euro brutto verdient habe. Viele davon hatte er bei Banken, Versicherungen, Sparkassen oder Kanzleien gehalten. Darunter waren JP Morgan, BNP-Paribas, Deutsche Bank, Commerzbank und auch die Kanzlei Freshfields. Je 15.000 Euro pro Vortrag bekam Steinbrück.[368] Zeigten sich die Banken und Kanzleien mit den hohen Vortragshonoraren nun dankbar, dass sich Steinbrück, als er noch Bundesfinanzminister war, so gut um sie gekümmert hatte?

Ein BILD-Reporter wollte das genauer wissen und fragte beim Bundesfinanzministerium nach, wie viel Honorare Freshfields, also die Kanzlei, die das Finanzmarktstabilisierungsgesetz geschrieben hatte, denn zwischen 2009 und 2012 vom Bundesfinanzministerium erhalten habe.

Das Ministerium verweigerte die Auskunft. Beim Honorar handele es sich um ein »Betriebs- und Geschäftsgeheimnis« der Anwaltskanzlei. Doch die BILD-Zeitung ließ nicht locker. Sie beziehungsweise der Springer-Verlag verklagte das Bundesfinanzministerium, die an Freshfields gezahlten Honorare zu nennen. Und die Richter des Verwaltungsgerichts Berlin (Az.: VG 27 L 259.12) gaben der BILD-Zeitung recht. Sie befanden am 20. Dezember 2012, das Interesse der Öffentlichkeit am SPD-Kanzlerkandidaten Steinbrück und seinen Geschäften mit den Banken und Kanzleien überwiege gegenüber dem Geheimhaltungsinteresse der Kanzlei.

Also rückte das Bundesfinanzministerium schließlich die Auskunft heraus: Das Honorar, das das Bundesfinanzministerium zwischen 2005 und 2009 an Freshfields Bruckhaus Deringer für Beraterleistungen zahlte, betrug 1.831.397,38 Euro. Nicht gerade wenig, aber auch nicht exorbitant viel. In jedem Fall eine Summe, die man als Bürger erfahren möchte und zwar ohne erst das Ministerium verklagen zu müssen.

Kanzleien scheinen das bislang nicht so zu sehen. Bis zur Klage der BILD-Zeitung hatte das Ministerium die Honorarhöhe als »VS-Vertraulich« eingestuft. Erst die Verwaltungsrichter in Berlin hatten entschieden, dass das Geheimhaltungsinteresse der Kanzlei in Bezug auf Geschäftsgeheimnisse hinter dem Interesse der Öffentlichkeit zurücktreten müsse.[369] Doch eine solche genaue Auskunft über Kanzleihonorare ist bislang ein Einzelfall.

Bei bestimmten Gesetzen ist nur bekannt, welche Kanzleien daran mitgewirkt haben, aber nicht, wie viel sie dafür erhalten haben.
- Gesetz zur Zwangsverwaltung der Banken (2009): Linklaters.
- Finanzmarktstabilisierungsergänzungsgesetz: Hengeler Mueller.
- Einlagensicherungs- und Anlegerentschädigungsgesetz, 18.02. 2009: White & Case.

Bei einigen Gesetzen wissen wir, wie viel das Ministerium an externe Berater gezahlt hat, aber wir wissen nicht, welche Kanzlei daran mitgewirkt hat.
- Gesetzentwurf zur Teilprivatisierung Deutsche Bahn, 24.07.2007: 1.088 591 Euro
- Novelle Erneuerbare Energien Gesetz, 05.12.2007: 425.000 Euro.[370]

In anderen Fällen wissen wir, dass Rechtsanwälte im Rahmen eines Praktikums mitgewirkt haben:[371] »Reform des Aktienrechts; Entwurf eines Gesetzes zu Unternehmensintegrität und zur Modernisierung der Anfechtungsklage; Gesetz zur Änderung des Wohneigentumsgesetzes und anderer Gesetze; Gesetz zur Neuorganisation der Bundesfinanzverwaltung; Novellierung des Gesetzes über die freiwillige Gerichtsbarkeit; Novellierung des Versicherungsvertragsgesetzes; Änderung des Pfandbriefgesetzes; Fortschreibung der Regelbetragsverordnung; Reform des Unterhaltsrechts; GmbH-Reform; Entwurf eines Bilanzrechtsmodernisierungsgesetzes.«

All diese Gesetze stehen in einer Antwort vom 15. Mai 2008 von Peter Altmaier, Parlamentarischer Staatssekretär, an den Bundestagsabgeordneten Volker Beck. Der hatte gefragt, an welchen Gesetz- und Verordnungsentwürfen der Bundesregierung oder anderen obersten Bundesbehörden externe Mitarbeiter von Unternehmen und Verbänden beteiligt waren. Altmaier betonte allerdings, »den externen Beschäftigten sind in keinem Fall Aufgaben zur selbstständigen Erledigung zugewiesen worden; sie arbeiteten vielmehr der/dem zuständigen Referentin/Referenten beziehungsweise der Referatsleitung zu.«

Fakt ist: Anwälte wirken in großem Umfang an Gesetzgebungsvorhaben mit. Fachleute sind geteilter Meinung, ob das nun gut oder schlecht ist. Einige finden, dass es speziellen Gesetzen guttut, wenn Fachleute, etwa Finanzmarktexperten aus Kanzleien, auch an den entsprechenden Gesetzen mitwirkten. »Expertenwissen ist nicht für lau zu haben«, sagt eine Journalistin, die nicht genannt werden möchte.

Prof. Dr. Joachim Jahn, Redakteur der *Frankfurter Allgemeinen Zeitung,* sagte mir, er halte es für ein Armutszeugnis, wenn ein 4.000 Mitarbeiter beschäftigendes Bundesfinanzministerium nicht imstande oder willens sei, genügend eigene Expertise aufzubieten und externe Berater ins Haus holt.

Rechtsanwalt Axel C. Filges, Partner von Taylor Wessing und Präsident der Bundesrechtsanwaltskammer (BRAK), fragte schon 2010 in den BRAK-Mitteilungen, »ob das Transparenzgebot nicht dazu führen sollte, die Beauftragung externer Dritter von ihrem Einverständnis zur Publikation des Gesamthonorars abhängig zu machen«.[372]

Der Vorschlag ist umsetzbar. Ministerien sollten Kanzleien nur dann beauftragen dürfen, wenn diese bereit sind, Ross und Reiter zu nennen. Warum? Axel Filges gibt selbst die Antwort: »Ver-

schwiegene finanzielle Vorteile führen im politischen wie rechts-
politischen Raum immer wieder zu Misstrauen in die Objektivität
und Unabhängigkeit der Bedachten, mögen die Mutmaßungen
auch noch so unberechtigt sein.«[373]

Und wie soll das funktionieren? Die Organisationen Transparency International und Abgeordnetenwatch schlagen vor, dass
die GGO (Gemeinsame Geschäftsordnung der Bundesministerien) festlegt, dass keine vollständigen Entwürfe vergeben werden
dürften und dass externe Rechtsberatung durch einen jährlichen
Bericht offengelegt werden muss.[374] Der Staat als mächtiger Ein-
käufer von Rechtsdienstleistungen könnte diesen Wunsch ganz
sicher erfüllen.

ANWÄLTE IM LICHTE
DER ÖFFENTLICHKEIT

§§

»ICH HABE JOURNALISTEN NIE GEMOCHT.
ICH HABE SIE ALLE IN MEINEN BÜCHERN STERBEN LASSEN.«
Agatha Christie [375]

Weil sie Richter einfach nicht mit Euer Ehren anreden

Kluge Anwälte bereiten ihre Mandanten darauf vor, was sie vor Gericht erwartet. Richtig gute haben obendrein Downloads und ähnlichen Servicekram auf der Website, damit man vorher lesen kann, wer wo sitzt und wer was zu sagen hat (»Und ich dachte, ich hätte das letzte Wort?«), aber eben nicht alle. Und so sitzen dann freudig erregte Männer und Frauen in Deutschlands Gerichtssälen und warten darauf, dass der Anwalt an den Richtertisch tritt und dem Richter ein zackiges »Eurer Ehren« entgegenschleudert.

Doch das gibt es in Deutschland leider nicht. Und um Sie, lieber Anwalts-User, gleich noch mehr zu enttäuschen: Auch eine Jury fehlt dem deutschen Justizsystem. Die sitzt bei *Deutschland sucht den Superstar*, aber nicht im Gericht. Dort sitzen allenfalls zwei Schöffen neben dem Berufsrichter beziehungsweise neben den Berufsrichtern.[376] Und sie werden auch nicht für die Dauer des Prozesses von allen Medien ferngehalten, damit sie in ihrem Urteil nicht beeinflusst werden. Sie kommen ganz normal zum Gericht und dürfen genau wie die Richter die Akten lesen. Sie sind bei den Verhandlungen dabei und stimmen anschließend mit dem Richter ab. Wie gesagt, nur bei den Gerichtsverfahren, wo ihre Anwesenheit vorgeschrieben ist.

Und, wo wir schon dabei sind: Es gibt auch kein Kreuzverhör, bei dem Anwalt und Staatsanwalt abwechselnd die Zeugen grillen. Kennen Sie den Film von Billy Wilder *Zeugin der Anklage*? Chic, oder? Aber das ist ein amerikanischer Film, der das angloamerikanische Justizsystem abbildet und nicht das deutsche. In Deutschland stellt der Richter beziehungsweise die Richterin die Fragen. Die Anwälte und Staatsanwälte dürfen nur ergänzend Fragen stellen.

Aber weder das noch alles andere am deutschen Rechtssystem ist schlecht. Dass das Verfahren hier zunächst schriftlich geführt wird, ermöglicht es Anwälten, ihr schriftstellerisches Talent in vollem Umfang auszuleben und alle Beteiligten mit ihren wohlformulierten Schriftsätzen zu beeindrucken. In den USA, wo es für die Urteilsfindung nur darauf ankommt, die Jury zu beeindrucken (die vorher keine Akten gelesen hat), stecken Anwälte alles in die dramaturgisch zugespitzte Präsentation bei der Hauptverhandlung. Hierzulande müssen sie die Argumente dafür schriftlich aufbereiten.

Ein echter Pluspunkt in Deutschland ist das Fehlen des Strafschadensersatzes, auf englisch »punitive damages«. Sicher haben Sie schon davon gehört, dass man in den USA wegen zu heißem Kaffee zu Schadensersatz in Millionenhöhe verurteilt werden kann. Ist McDonald's seinerzeit passiert.[377]

Das gibt es hier auch nicht. Stattdessen gibt es ein Geflecht von Schadensnormen, Bußgeldern und Gewinnabschöpfungsvorschriften. Die können zwar auch in die Millionen gehen, aber sind zumindest in Ansätzen noch kalkulierbar, im Gegensatz zu den aberwitzigen Summen, die von amerikanischen Jurys den Geschädigten zugesprochen werden.

§ 98. GRUND §

Weil sie im Schmierentheater Regie führen

Von Bertolt Brecht stammt der Ausspruch: »Wir stehen selbst enttäuscht und sehn betroffen / Den Vorhang zu und alle Fragen offen.« Wenn ein Richter sein Urteil gesprochen und Staatsanwalt und Verteidigung auf Rechtsmittel verzichtet haben, sollte alles klar sein. Manchmal ist es das nicht, und manchmal hat man den Verdacht, dass das den Beteiligten ganz recht war, weil sie gar nicht wollten, dass man den Sumpf unter ihnen noch weiter aufrührt und den Tausenden von Blättern der Akte noch weitere hinzufügt.

Die offenkundige Methode, weiteres Hickhack zu vermeiden, ist der Deal. Manche Anwälte lehnen ihn ab, doch in gewissen Grenzen hat ihn mittlerweile sogar der Bundesgerichtshof akzeptiert. Davon unterscheidet sich der nicht ausgesprochene Deal. Wo sich Verteidiger und Staatsanwalt insgeheim abstimmen, möglichst keine Anträge zu stellen und auf Rechtsmittel verzichten zu wollen, damit das Gericht nicht mehr Schlamm vom Grund aufwirbelt, als unbedingt nötig ist.

Man könnte auch sagen, die Beteiligten führen eine Schmierenkomödie auf. Sie tun so, als wäre es ein ernsthafter Prozess, dabei ist es nur Theater. Das Geheimnisvolle am nicht abgesprochenen Deal ist, man weiß nicht so recht, was bezweckt das Theater?

Als im März 2014 ein bekannter deutscher Fußballspieler und Wurstfabrikant wegen 27,2 Millionen Euro hinterzogener Steuern zu dreieinhalb Jahren Gefängnisstrafe verurteilt wurde, wunderten sich alle, dass der Prozess schon nach vier Tagen vorbei war. Und noch mehr wunderten sich alle, dass der renommierte Strafverteidiger, der als gewiefter Anwalt das Verfahren zu einem Monsterverfahren hätte aufblähen können, alles akzeptiert und im Plädoyer nur eine dürftige Erklärung abgegeben hatte.

War das sinnvoll oder traf zu, was der Schweizer *Tagesspiegel* am Tag nach dem Revisionsverzicht von Verurteiltem und Staatsanwalt äußerte: dass es eigentlich um viel mehr Geld ging und die Beteiligten ein Interesse daran gehabt haben könnten, die Hintergründe der Steuerhinterziehung nicht näher zu beleuchten.[378] Genaues weiß man nicht.

Der Grund, Anwälte zu kritisieren, ist folgender: Wenn sich Anwälte und womöglich noch Staatsanwälte dazu hergeben, Schmierentheater zu spielen, wo sie eigentlich nach Recht und Gesetz ihren Beitrag zu einem fairen rechtsstaatlichen Prozess leisten sollen, gehören sie geteert und gefedert.

Weil sie die Zeitung als private Werbefläche betrachten

Nach außen streiten sie es gern ab, aber im tiefsten Innern ihres Herzens hören auch Anwälte gern Lob. Und was streichelt das betrübte Ego mehr als eine Erwähnung mit Foto und Untertitel in einem renommierten Magazin oder einer Tageszeitung? Leider kollidiert ihr Traum von der Titelseite mit ihrem Kontrollzwang.

Der Buchautor und PR-Berater Uwe Wolff, Autor von *Pressearbeit für Rechtsanwälte*, vergleicht die anwaltsspezifischen Kontrollverlustängste gern mit der Flugangst. »Auch in einem Flugzeug können die Aviophobiker nichts kontrollieren und sind auf Gedeih und Verderb den Piloten und seinem Flugzeug ausgesetzt.«[379]

Auf der anderen Seite wissen die Anwälte genau – sie sind ja gewiefte Taktiker –, dass sie das journalistische Interesse an Aufklärung oder einer guten Story instrumentalisieren können, um Mandanten oder Bewerber auf sich aufmerksam zu machen[380] oder über die sogenannte Litigation-PR Einfluss auf Gerichtsprozesse zu nehmen. Auch ahnen sie, dass Journalisten und Journalistinnen ebenfalls eitel und in Sachen Anerkennung notorisch unterversorgt sind.

Deshalb sind sie durchaus bereit, die Journalisten bei einem guten Essen mit Informationen zu ihrem jüngsten großen Deal zu versorgen, gern im gehobenen Ambiente. Am Kanzleistandort Frankfurt gern im Sternerestaurant Steigenberger Frankfurter Hof: Mittagsmenü ab 49,- Euro, Abendmenü von 75,- Euro bis 135,- Euro (für sieben Gänge).

Darüber hinaus ist die Wertschätzung überschaubar. Anders gesagt: Anwälte und Anwältinnen sind genau so freundlich, wie eine Erwähnung oder eine Sendung in dem relevanten Medium ihrer persönlichen Reputation förderlich ist. Medienvertreter und -vertreterinnen sollten das nicht mit Freundschaft verwechseln. Wie weit es damit her ist, merken sie, sobald sie einen kritischen Artikel absetzen. Dann schimpfen die Anwälte oder ihre PR-Manager im Blog schon mal über den »Unfug« oder stellen auf Durchzug, sobald die nächste Frage kommt. Abgesehen davon verachten sie alles, was kein zweites Staatsexamen bestanden hat. Das trifft auf die meisten Journalisten und Journalistinnen zu. Sie sind daher für einen Großteil Anwälte »Pressefuzzis« (O-Ton Anwalt) oder »ein notwendiges Übel« (O-Ton PR-Manager).

Außerdem kann die Journaille ja nur schreiben. Das ist eine Tätigkeit, von der Anwälte überzeugt sind, sie ebenfalls, wenn nicht gar besser zu beherrschen. Das wiederum trifft nur auf einen sehr kleinen Anteil der Anwälte und Anwältinnen zu, und zwar meist auf den Teil, der die Journalisten nicht verachtet oder sich ihnen gegenüber zumindest respektvoll verhält. Doch für das Gros taugt die Presse nur etwas, wenn sie in ihrem Blatt dem betreffenden Anwalt möglichst viel Platz und lobende Worte möglichst mit Bild einräumt. Medien als Spiegelfläche ihrer persönlichen Eitelkeit.

Mit ihrer Haltung, Medien als kostenlose Werbefläche zu nutzen, tun sich die Anwälte jedoch keinen Gefallen. Kostenlos bekommen sie diese Zitierungen nämlich nicht. Sie müssen externe PR-Agenturen bezahlen oder eigene PR-Manager. Die tun dann den ganzen Tag nichts anderes, als den Journalisten ein Wort aus dem Mund oder der Feder eines Anwalts aus der Kanzlei schmackhaft zu machen. Wenn diese PR-Leute ihr Handwerk nicht verstehen, versenken Anwälte pro Monat oft Tausende von Euros, ohne dass sie nennenswert in der Presse vorkommen.

Das Geld sollten sie besser in Anzeigen investieren, findet ein Journalist, der seinen Namen in diesem Buch nicht lesen möchte. Der Volljurist ist seit Jahren als Redakteur und Entwickler von Zeitungsformaten für die Anwaltsbranche tätig. »Anwälte verstehen nicht, dass sich der Qualitätsjournalismus nur mit Anzeigen erhält. Stattdessen lassen sie sich von oft zweifelhaften PR-Agenturen über den Tisch ziehen.« Hinzu kommt: Selbst gute PR-Leute, die früher selbst als Journalistin oder als Journalist gearbeitet haben, können keinen Gastbeitrag in der *Frankfurter Allgemeinen Zeitung*, dem Leib- und Magenblatt der Anwaltsbranche, »platzieren«, wenn das Blatt zu wenig Seiten hat.

Auf Prof. Dr. Joachim Jahn, den langjährigen und in der Anwaltsbranche hoch geachteten Wirtschaftsredakteur und Betreuer der Recht & Steuern-Seite der FAZ, prasseln pro Woche bis zu 20 Vorschläge für Gastbeiträge aus Anwaltshand ein. Oft von minderer Qualität, aber oft auch passabel, seit Redakteur Jahn für alle schreibwilligen Anwälte eine Autorenhandreichung verfasst hat, die unter anderem darum bittet, auf juristentypische Schachtelsätze zu verzichten. Allein Herr Jahn hat kaum Platz, all diese Rechtsartikel unterzubringen.

Und er hat noch weniger Platz, seit die Redaktion den Umfang des Blattes im Frühjahr 2014 noch einmal um 26 Prozent reduziert hat. Ähnliches gilt für das *Handelsblatt*, das immerhin derzeit noch eine volle Seite für Recht und Steuern hat. 2001 waren es vier Seiten Die *Financial Times Deutschland*, ehedem ein beliebter Artikelabladeplatz der deutschen Wirtschaftsanwälte, hat im Dezember 2013 dicht gemacht. Es kamen zu wenig Anzeigenerlöse rein.

Meine Wunschvorstellung an dieser Stelle wäre, dass die großen Kanzleien etwas für die Zukunft der unabhängigen Qualitätsmedien tun. Genau wie sie private Law Schools, etwa die EBS Law in Oestrich Winkel oder die Bucerius Law School in Hamburg mitfinanzieren, können sie das mit unabhängigen Qualitätsmedien tun.

Eine andere Wunschvorstellung, der etwa FAZ-Redakteur Jahn zuneigt, wäre, die Qualitätsmedien staatlich mitzufinanzieren – ähnlich wie die öffentlich-rechtlichen Rundfunksender. In ihrer Eigenschaft als Abgeordnete (siehe 95. Grund) könnten sich Anwälte für eine öffentlich-rechtliche Zeitungsfinanzierung einsetzen. Oder fürchten sie, sich eine Laus in den Pelz zu setzen?

Sie könnten auch wieder stärker dazu übergehen, Anzeigen zu schalten, und dies werbewirksam als ihren Beitrag zum Gemein-

wohl kommunizieren, sozusagen von unabhängiger Qualitäts-
kanzlei zu unabhängiger Qualitätspresse. Alles ist möglich. Die
Anwälte müssten nur damit beginnen, das zu tun, was sie so gern
auf ihren Websites anpreisen: über den eigenen Tellerrand blicken.

§ 100. GRUND §

Weil sie in der Krise den Kopf in den Sand stecken

Mit Schweigen in der Krise tun sich die Anwälte keinen Gefallen.
Schließlich sind sie und ihre Kanzleien Dienstleister, die beauftragt
werden, wenn ihr Ruf tadellos ist. Vom Image hängt alles ab: ihre
Mandate und auch ihre Mitarbeiter. Erleidet ihr Ruf Schaden, verlassen die Partner und Mandanten die Kanzlei schneller als Ratten
das sinkende Schiff.

Sich komplett von vornherein von der Öffentlichkeit fernzuhalten, ist im Jahr 2014 für Kanzleien auch keine Lösung. Wer um
Mandate und Mitarbeiter kämpft, muss Marketing machen. Wer
in der Öffentlichkeit nicht vorkommt, hat keine Chancen. Doch
wer in der Öffentlichkeit vorkommt, ist angreifbar und gefährdet.

Produzierende Unternehmen wissen das. Kanzleien glauben
immer noch, dass die normalen Gesetze der Medien für sie nicht
gelten. Sie sehen daher nach Ansicht einiger Berater und Journalisten auch oft noch keine Notwendigkeit, so etwas wie Krisen-PR zu
machen. Krisen-PR bedeutet normalerweise, trotz Krise intensiv
um Vertrauen zu werben. Bei Journalisten und Journalistinnen
und bei der Öffentlichkeit. Kanzleien glauben, es reiche, wenn sie
den Kopf nur tief genug in den Sand stecken. Und wenn sie nach
der guten alten Salamitaktik nur jeweils das zugeben, was ohnehin
gerade bekannt geworden ist. Sie glauben auch immer noch, dass
sie das, was Journalisten berichten, als Unfug bezeichnen können
oder Redakteurinnen ungestraft anlügen dürfen.

Als vor einigen Jahren die *WirtschaftsWoche*-Redakteurin Claudia Tödtmann bei einer Kanzlei nachfragte, ob sie René Obermann beraten habe, nachdem unternehmensintern bekannt geworden war, dass die Telekom Journalisten bespitzelt hatte, sagte die Kanzlei Nein.

Später erfuhr die Journalistin jedoch, dass die Kanzlei sehr wohl René Obermann beraten habe. Also sie nachfragte, warum sie ihr das nicht gesagt hätten, antworteten die Anwälte ihr, sie habe ja nach René Obermann gefragt, nicht aber, ob sie das Organ Telekom AG beraten hätten. Die Journalistin, die sich schon durch die anfängliche Unwahrheit düpiert gefühlt hatte, kam sich durch die neue rabulistische[381] Antwort der Rechtsanwälte geradezu in ihrer Berufsehre als Journalistin gekränkt vor.

Diese Haltung kommt natürlich aus der anwaltlichen Berufstradition, dem Mandatsgeheimnis und dem früher geltenden Werbeverbot für Rechtsanwälte. Sie ist aber überholt. Spätestens, seit sich die Staatsanwaltschaft nicht nur für die Unternehmen selbst, sondern auch für ihre Wirtschaftsprüfer und Rechtsberater interessiert, sollten Anwälte höllisch aufpassen, welchen Eindruck sie in der Öffentlichkeit erwecken. Es sind in den vergangenen Jahren einige Kanzleien zusammengebrochen oder haben aufgegeben, darunter Dewey & LeBoeuf, Howrey oder Haarmann Hemmelrath. Die Gründe waren unterschiedlich, mal waren Vorwürfe vom Mandanten der Auslöser, mal die Finanzlage, mal ermittelte die Staatsanwaltschaft. Immer aber verstärkte sich die Krise dadurch, dass das Image Schaden nahm und daraufhin Mandanten absprangen oder Partner zu anderen Kanzleien wechselten.[382]

ANWÄLTE UND DIE RECHTSWISSENSCHAFT

§§§

»»RECHT‹ IST EIN ÜBERAUS KOMPLEXER GEGENSTAND;
MIT IHM BEFASSEN SICH NICHT NUR VERSCHIEDENE
EINZELWISSENSCHAFTEN, SONDERN AUCH DIE PHILOSOPHIE.
UM WISSENSCHAFT, UM EINE AUF DIE GEWINNUNG VON
ERKENNTNISSEN GERICHTETE PLANMÄSSIGE TÄTIGKEIT,
KÖNNTE ES SICH DENNOCH HANDELN.«
Karl Larenz, Rechtswissenschaftler[383]

Weil man mit ihren Festschriften und Fachaufsätzen ganz London pflastern kann

Der folgende Grund betrifft nicht die Anwälte, die 80 Prozent ihres Tages mit Taxifahren oder Barkeeping verbringen müssen. Sie haben leider, oder auch erfreulicherweise, je nachdem, aus welchem Blickwinkel man es betrachtet, keine Zeit für die anwaltliche Lieblingsbeschäftigung, nämlich Aufsätze und Festschriften zu verfassen.

Was das komplette Ausmaß dieser Leidenschaft, Betonung auf »Leiden«, angeht, kann ich nur den Journalisten Martin Rath zitieren. Er sagte (in Bezug auf Festschriften): »Der Versuch, echten Service-Journalismus zu leisten, muss vorläufig an der schieren Masse scheitern.«[384]

Rath spricht von 2.600 rechtswissenschaftlichen Festschriften. Bei einer kurzen Recherche nach Festschriften, die als echte Bücher veröffentlicht wurden, bin ich im Katalog der Deutschen Nationalbibliothek auf 1.614 Stück mit rechtlichem Bezug gestoßen. Nimmt man für die meist als Hardcover gebundenen Festschriften circa fünf Zentimeter Dicke an, kommt man auf 80,7 Regalmeter Breite, bei 2.600 Festschriften auf 130 Meter.

Festschriften sind aber nur die Spitze des Eisbergs. Darunter, also unter der Wasseroberfläche, erheben sich Tonnen juristischer Fachaufsätze. Der Osnabrücker Rechtswissenschaftler Christian von Bar geht von 700 deutschen und 850 deutschsprachigen regelmäßig erscheinenden juristischen Fachzeitschriften aus.[385]

Machen wir eine Schätzung und sagen, dass pro Zeitschrift 50 Seiten Fachaufsätze und Urteilskommentierungen enthalten sind. Und da jede Zeitschrift im Schnitt zwölfmal pro Jahr erscheint (manche erscheinen wöchentlich, andere dafür nur viermal im Jahr), liegt der Output bei 850 x 50 x 12 = 510.000 Seiten Fachaufsatz im Jahr, also, 510.000 DIN-A4-Seiten. Eine DIN-A4-Seite hat, mathematisch gesehen, 62.370 Quadratmillimeter Fläche. Das entspricht dem Flächeninhalt von einem Sechzehntel Quadratmeter. 16 Seiten Aufsatz bedecken also einen Quadratmeter Fläche.

Man kann von Glück reden, dass mittlerweile das Internet erfunden wurde und für die im Akkord Aufsätze produzierenden Anwälte keine Bäume mehr gefällt werden müssen, da sie immer öfter digital publizieren.

Teilen wir also die 510.000 Seiten durch 16, kommen wir auf einen Jahresoutput von 31.875 Quadratmetern. Rechnen wir das auf die letzten 50 Jahre juristisches Aufsatzschaffen hoch, kommen wir auf die stolze Zahl von 1.593.750 Quadratmetern beziehungsweise 1.593,75 Quadratkilometern Aufsatzfläche. London hat eine Fläche von 1.572 Quadratkilometern.[386] Jeanne und Christo könnten mit einem Tuch dieser Größe locker London verhüllen.

§ 102. GRUND §

Weil sie den Doctor causa honoraris tragen

Eine Methode, als Anwalt sein Honorar aufzupeppen, ist der Doktortitel. Das ist ein akademischer Grad. Den erhält man, wenn man mindestens 200 Seiten über ein juristisches Thema verfasst und mindestens 100 Fußnoten untergebracht hat. So gesehen lesen Sie gerade eine Doktorarbeit. *111 Gründe, Anwälte zu hassen*, hat über 300 Fußnoten. Dem Verfassen des Machwerks folgt eine mündliche Prüfung und dann darf sich der junge Jurist oder die junge Juristin Doktor juris nennen. Geht auch ohne zweites Staatsexamen. Und ohne Anwaltszulassung. Trotzdem ist es für Anwälte wichtig, den Doktortitel zu haben.

Nicht wegen der Themen der Doktorarbeiten. Ein paar davon locken keinen müden Hund hinterm Ofen hervor. Manche beschäftigen sich mit interessanten Rechtsfragen aus der Geschichte oder aktuellen Politik, auch wenn die Doktorarbeiten eher dröge klingen, zum Beispiel diese Doktorarbeit: *Der außerordentliche Einspruch im Dritten Reich. Urteilsaufhebung durch den »Führer«* von Cornelius Broichmann. Klingt nicht sexy, behandelt aber die spannende Frage, ob ein verbrecherischer Obermotz (so wie Adolf Hitler) einfach so ein Gerichtsurteil aufheben darf.

Als User können Sie Doktorarbeiten aber auch noch aus einem anderen Grund interessant finden. Sie geben nämlich Aufschluss darüber, womit sich der oder diejenige früher beschäftigt hat. Dazu müssen Sie nur die Website der deutschen Nationalbibliothek besuchen (portal.dnb.de/) und den Namen in die Suchmaske eingeben, zusammen mit dem Wörtchen »Diss« für Dissertation. Dann können Sie sagen: »Aha, damit hat der oder die sich also schon beschäftigt.«[387]

Mehr als Futter für Ihre Neugier ist das aber nicht. Doktorarbeiten sind kein Beleg für fundierte Beratungserfahrung als Anwalt. Um den Doktorgrad zu erwerben, müssen die Doktoranden nur in Unibibliotheken oder Archiven schwitzen, aber keine gewonnenen Prozesse nachweisen. Trotzdem honorieren die Kanzleien den Doktorgrad mit höheren Einstiegsgehältern. Der Doktor macht den Unterschied zwischen den 90.000 oder 100.000 Euro Einstiegsgehalt oder zwischen 110.000 Euro und 125.000 Euro.

Warum das so ist? Weil ein Doktortitel für die Kanzleien ein Verkaufsargument ist. Weil er auf der Visitenkarte und bei der Ankündigung von Vorträgen einfach mehr hermacht. Noch besser ist der Doktortitel in Kombination mit dem Professorentitel, genau genommen mit der Funktionsbezeichnung *Professor*. Das Schöne am Professor ist: Man wird nicht mehr nur über eine langwierige Habilitation zum Professor. Man kann ihn sich auch durch eine Lehrtätigkeit an einer Hochschule oder Fachhochschule erdienen. Man muss nur lange genug Studenten mit Vorlesungen quälen und Fachzeitschriften und Festschriften mit fußnotenschwangeren

Aufsätzen füllen. Nur einen Fehler sollten Anwälte nicht machen: Doktorarbeiten abschreiben, sonst bekommt man den Doktortitel wieder weggenommen, und das ist schlecht, fürs Honorar, und fürs Ego sowieso. Tipp für User: Sprechen Sie Ihren Anwalt einfach mit Dr. an. Das freut ihn oder sie. Und ein bisschen Freude können Anwälte ja schließlich auch vertragen.

§ 103. GRUND §

Weil sie keinen Nobelpreis für Rechtsberatung bekommen

Anwälte sind schlau und manchmal sogar reich und sexy, aber sie sind nicht glücklich, weil die Welt so ungerecht ist. Jeder Kurpfuscher, der zufällig mit Schimmelpilzen rumgepanscht oder sich einen Katheter in die eigene Vene gejagt hat, ist ein Kandidat für den Medizin-Nobelpreis,[388] aber keine noch so kleine Kategorie würdigt die herausragenden Erfolge auf dem Gebiet der Rechtswissenschaft.

Dabei vergibt das »Nobelpreis-Komitee« jedes Jahr einen Preis für Leistungen, die der Menschheit den meisten Nutzen gebracht haben, in fünf Bereichen: Physik, Chemie, Physiologie oder Medizin, Literatur und Friedensbemühungen.[389] Man sollte meinen, da stünden Anwälte in der ersten Reihe, doch noch nie, seit 1901, ist den Schnarchnasen aus Schweden aufgefallen, welch große Leistungen die Robenträger im Namen der Rechtspflege vollbringen. Selbst Frauen haben den Nobelpreis schon 43-mal erhalten.[390] Warum noch keine Anwaltskanzlei?

Lassen wir hier mal diesen Amerikaner beiseite, der – wie hieß er noch gleich?[391] – im früheren Leben Juraprofessor und Anwalt war. Er bekam 2009 den Friedensnobelpreis für seine Verdienste als Kriegstreiber in Afghanistan, für Förderung der Folterpraxis in Guantanamo und für die weltweite Datenausspähung durch seinen

Geheimdienst NSA, jedoch *nicht* für seine Erfolge als Rechtsberater.

Oder nehmen Sie die iranische Anwältin Schirin Ebadi. Sie wurde 2003 wegen ihres Einsatzes für Kinder- und Frauenrechte sowie politische Dissidenten ausgezeichnet. Doch auch sie wurde nur für ihre Friedensbemühungen gewürdigt – eine Nebenkategorie des alten Alfred Nobel – und nicht für die Fundiertheit ihrer Schriftsätze. Ich vermute, Bertha von Suttner, die alte Friedensaktivistin, ist schuld daran. Ihr zuliebe stiftete der alte Nobel nämlich Preise für Literatur und Frieden, aber, Justitia sei's geklagt, nicht für die Rechtswissenschaft und nicht für die Mathematik.[392] Böse Zungen behaupten sogar, Alfred Nobel habe Anwälte nicht leiden können.

Anwälte müssen der Wahrheit ins Auge blicken: Nobel hat keinen Preis für sie, weder für die schönste Doktorarbeit noch für das findigste Plädoyer oder die beste Due Diligence. Natürlich könnte man die anwaltlichen Verdienste im Bereich der Literatur prämieren, die filigrane Schönheit anwaltlicher Schriftsätze oder die zarte Floskulatur der Grußformeln, den rhythmische Singsang periodisch wiederkehrender Passiva, doch die Rechtskonstrukte wie die Dreieckskondiktion im Bereicherungsrecht oder die Abberatio ictus oder teleologische Reduktion bleiben auch dann ungewürdigt.

Die nach Anerkennung hungernden Rechtsanwälte müssen sich anderswo die ersehnte Zuwendung holen. Wie bitter nötig sie einen Nobelpreis hätten, sieht man daran, wie exorbitant die Zahl der Rankings und Awards für Kanzleien in den letzten Jahren gewachsen ist,[393] allen voran die JUVE-Awards für die besten Wirtschaftskanzleien (www.juve.de/awards). Man bekommt dort zwar kein Preisgeld, aber es gibt eine Gala, wo man Frack und langes Kleid tragen darf. Gegenüber Stockholm und Oslo aber bleibt das, so bitter es ist, reine Ersatzbefriedigung.

ANWÄLTE UND DAS LEBEN IST SCHÖN

§§

»SEINE MEINUNG IST DIE RECHTE,
WENN ER SPRICHT, MÜSST IHR VERSTUMMEN,
SONST ERKLÄRT ER EUCH FÜR SCHLECHTE
ODER NENNT EUCH GAR DIE DUMMEN.«
Wilhelm Busch, Dichter[394]

LEIDER RUHT AUF DEM, WAS ADVOKATENHÄNDE BERÜHREN, SO LEICHT EIN FLUCH.
JOHANN WOLFGANG VON GOETHE

Weil 1000 Jahre Juristenwitze
nicht irren können

Wenn 1000 Jahre lang über jemand Witze gemacht werden, muss der schon was Besonderes sein, oder? Juristen, und das sind Anwälte, sind seit Jahrhunderten Zielscheibe boshafter Bemerkungen und Büchern wie diesem. »First thing we do, let's kill all the law-yers«, ließ schon William Shakespeare einen Charakter in Heinrich VI. sagen.[395]

Warum das so ist? Vermutlich Galgenhumor. Man kommt nicht an ihnen vorbei, also lacht man wenigstens über sie. Falls Sie Anwalt oder Anwältin sind: Sie persönlich sind nicht gemeint, Ehrenwort! Für Sie gilt auch nicht das, was Johann Wolfgang von Goethe, Universalgenie und zwischenzeitlich Anwalt, IQ von 210, einst sagte: »Leider ruht auf dem, was Advokatenhände berühren, so leicht ein Fluch.«

Weil sie auf Partys nur von Porsches reden

Was echte Anwälte sind, die können auch im Schlaf nicht loslassen. Und wenn sie wach sind, schon gar nicht, deshalb eine Warnung: Auf Partys reden Anwälte am liebsten über ihre letzten Deals. Manchmal sind auch Porsche-Sammler dabei. Dann reden sie obendrein über Porsches.

Natürlich können auch Anwälte extrem nett, witzig oder geistreich sein, schließlich sind manche extrem schlau und haben ein Bombengedächtnis für pikante Details oder gute Anekdoten. Das Problem sind die anderen Anwälte. Sobald sie einen anderen ihrer

Art in der Nähe wittern, bricht der Auch-ich-hab-eine-fundierte-Meinung-mitzuteilen-Reflex durch.

Falls Sie studiert haben: Zu welchen Unipartys gingen Sie am liebsten? Ich würde mal tippen: zu den Modedesignern und den Psychologen. Die einen gehen auf Partys richtig aus sich raus, die anderen stehen eh schon neben sich. Die Juristen dagegen – eiei-eiei. Früher gab es die Elsapartys. Heute gibt es Recruitingpartys der Großkanzleien, die ihre künftigen Rainmaker mittlerweile schon im Studium abfischen. Beides sind keine Party-Partys, sondern eher Get-togethers für Ich-bin-ein-High-Potential-holt-mich-hier-raus-Aspiranten.

Zu richtigen Partyludern entwickeln sich die Juristen auch später nicht, auch wenn sie sich immer voll die Kante geben, und wenn sie voll sind, auf der Tanzfläche voll abdancen. Was Ihre Gartenparty angeht: Wenn Sie nicht umhinkommen, mehr als einen Anwalt einzuladen, sorgen Sie dafür, dass die Kollegen unter sich bleiben. Vielleicht kaufen Sie schnell noch einen Kickertisch. Das kennen Anwälte aus ihrer Kanzlei. Da haben sie etwas, woran sie sich festhalten können. Wenn nicht, probieren Sie es mit Anwaltswitzen.

§ 106. GRUND §

Weil sie Volljurist, hicks, wörtlich nehmen

Der als Anwalt tätige Volljurist agiert meistens im Besitz einer Vollmacht. Das ist eine höhere Stufe der Macht. Dass sein Examen vollbefriedigend war, ist statistisch eher unwahrscheinlich, weshalb die meisten Juristen in Feld-Wald-und-Wiesen-Kanzleien arbeiten und jedes Mandat annehmen müssen, das sie bekommen können. Das machen sie wett, indem sie ihre Schriftsätze umso nachdrücklicher mit Kraftausdrücken wie »vollumfänglich« vollstopfen und ihre Gegner als Vollidiot beschimpfen.

Dafür, dass Anwälte stärker dem Alkohol zusprechen als Normalmenschen, um den Anforderungen eines Voll-Juristen zu entsprechend, gibt es dagegen wenig Anhaltspunkte. Zwar stammt von einem Dr. Andreas Göbel aus Mainz das Bonmot »Weil sie im Suff ihr Dasein fristen, nennt man sie auch Volljuristen«, doch das ist nicht wissenschaftlich erhärtet. Eine Ausnahme bilden insoweit Anwälte, die Mitglied in einer Studentenverbindung geworden sind und gelernt haben, auch nach 15 Halben noch in Habachtstellung am Tresen zu lehnen.

Zwar kommen in der Dienstleistungsbranche alkoholbezogene Probleme öfter vor als in anderen Branchen. Hauptleidtragende sind hier aber Mitarbeiter im Gastgewerbe und in der Zeitarbeit. Zudem sind Akademiker weniger suchtgefährdet als ihre ungebildeten Kollegen. Daraus folgt, dass Dienstleister wie Anwälte seltener voll sind als als Wachleute oder Zeitarbeiter.

Vor allem aber sind Anwälte keine Ärzte. Bei denen ist in Sachen Alkohol und Drogen Holland in Not. Sogar die Ärztekammern haben mittlerweile Alarm geschlagen, ob der vielen Alkoholiker, Drogen- und Medikamentenabhängigen.[396] Die Sucht bei Ärzten wird auf ihre hohe Verantwortung und ihre hohen Arbeitszeiten zurückgeführt sowie darauf, dass sie vergleichsweise leicht an Medikamente herankommen.

Das lässt Rückschlüsse auf das Suchtverhalten von Anwälten zu, denn an hohen Arbeitszeiten leiden auch sie, und Fehler machen sie auch. Nur sind die oft nicht so gut erkennbar wie bei Ärzten. Findet der Patient nach der Operation in seinem Magen eine Schere oder einen Tupfer, ist offensichtlich, dass der Arzt gepfuscht hat. Auch wenn der Patient gestorben ist, deutet das auf ärztliches Fehlverhalten hin (auch wenn die Erkenntnis dem Patienten nicht so viel nützt).

Bei Anwälten sind Fehler schwerer nachzuweisen. Dessen ungeachtet beschweren sich immer mehr Mandanten über ihre Anwälte – ein weiterer Grund, Anwälte nicht zu beneiden. Mit den

Streitigkeiten der kleinen Anwälte befasst sich seit 2011 die kostenlose Schlichtungsstelle der Rechtsanwaltschaft,[397] um die Großen kümmert sich die Staatsanwaltschaft. Beides ist für Anwälte so unerträglich wie eine Laus im Pelz. Am Ende des Tages hilft nur eins: der Vollrausch.

§ 107. GRUND §

Weil sie nicht nur Schriftsätze dichten

Trotz Stress, hoher Arbeitszeiten, Verantwortung und anspruchsvoller Mandanten lieben viele Anwälte ihren Beruf. Doch es gibt immer wieder welche, die die Flucht ergreifen, so wie der französische Dichter Gustave Flaubert, der 1842 schrieb: »Die Rechtswissenschaften bringen mich um, verblöden und lähmen mich, es ist mir unmöglich, dafür zu arbeiten. Wenn ich drei Stunden meine Nase in das Gesetzbuch gesteckt habe, während derer ich nichts begriffen habe, ist es mir unmöglich, noch weiter fortzufahren: ich würde sonst Selbstmord begehen (was sehr betrüblich wäre, denn ich berechtige zu den schönsten Hoffnungen).«[398]

Andere dichten sich gelegentlich was hinzu. Etwa der Münchner Strafverteidiger Ferdinand von Schirach, unter anderem mit seinem berühmten Roman *Der Fall Collini*. Oder widmen sich von vornherein dem Schreiben. Dazu gehört die Juristin und Schriftstellerin Juli Zeh, wobei sie nicht ausschließlich Romane schreibt, sondern juristisch mit gesellschaftlich problematischen Entwicklungen abrechnet oder sich zur Anwältin einer bestimmten Forderung macht.

Wieder andere katapultiert die Dichtung höchst erfolgreich in eine Zweitkarriere als Schriftsteller, etwa den ehemaligen Anwalt John Grisham. Und vergessen wir nicht den traurigen Juristen Franz Kafka, der uns den herrlichen Begriff »kafkaesk« schenkte.

Auf eins können die Dichterjuristinnen zuverlässig zählen, ihre manische Sprachpedanterie und den Zwang, die Welt in Definitionen zu pressen.[399]

Auf das Phänomen, dass Anwälte in Filmen, Büchern oder Ähnlichem vorkommen und zu Protagonisten von Fernsehserien werden, gehe ich hier nicht näher ein. Das können Sie selbst nachlesen, dazu müssen Sie nur die Fernsehzeitung aufschlagen oder ins Kino gehen. Und wenn Sie mal einen Anwalt sehen wollen, dem so richtig der Arsch auf Grundeis ging, lesen Sie von dem amerikanischen Bestsellerautor und Spezialisten für düstere Zukunftsszenarien Corman Mc Carthy das Buch *Der Anwalt* (auf Englisch: *The Counselor)* oder schauen Sie sich den Film *Der Counselor* an. Sie werden Augen machen.

§ 108. GRUND §

Weil sie ihre wahre Natur verstecken

Als aufmerksamer Leser oder Leserin ahnen Sie es längst: In Wahrheit sind Anwälte ganz anders. Tief drinnen sind auch Anwälte und Anwältinnen zutiefst friedliebend. Keiner ist harmoniebedürftiger als sie, und niemand bemüht sich stärker, Konflikte zu vermeiden, als Anwälte. Man muss das nicht falsch verstehen. Es handelt sich bei Anwälten um vertrauensselige Gemüter, die in ihren Mitmenschen nur das Gute sehen. Doch die täglichen Enttäuschungen lassen sie allmählich verbittern.

Daher ziehen sich die einen immer stärker zurück, die anderen nehmen zwar noch am sozialen Leben teil, bleiben jedoch innerlich »außen vor«. Nur so können sie ihre sensible Seele schützen und ihren Glauben, dass sich am Ende alles zum Guten wendet.

Dank ihrer großen Anpassungsfähigkeit und ihrem Einfühlungsvermögen identifizieren sie sich bis zur Aufgabe der eigenen

Persönlichkeit voll und ganz mit denen, in deren Dienst sie sich stellen. Gepaart mit ihrer natürlichen Bescheidenheit führt das leider oft dazu, dass ihr Beitrag nicht genügend wertgeschätzt wird. Die meisten Anwälte erleiden daher ein stetiges, untergründiges Gefühl von Frustration, wenn die, für die sich aufopfern, ihr Engagement nicht wertschätzen.

Nicht selten staut sich das in der Seele des Anwalts an und bricht sich hin und wieder in tobsuchtartigen Anfällen gegenüber den nächsten Mitarbeitern Bahn. Derlei äußerlich aggressiv wirkende Übersprungshandlungen sind letztlich nichts anderes als Symptome einer tief sitzenden Traurigkeit darüber, nicht ausreichend gewürdigt und letztlich geliebt zu werden. Wenn Sie wieder mal einen wütenden oder aggressiven Anwalt vor Gericht oder im Büro erleben, blenden Sie das Geschrei einfach aus. Halten Sie einen Moment inne und machen Sie sich bewusst, dass Sie Zeuge oder Zeugin eines Aufschreis werden – aus einer wunden, aber großen Menschenseele.

ANWÄLTE AUF DER ABSCHUSSRAMPE

§§§

»KAN DAS NICHT DER SCHEDEL EINES RECHTSGELEHRTEN
GEWESEN SEYN? WO SIND NUN SEINE QUIDDITÄTEN UND
QUALITÄTEN? SEINE CASUS? SEINE TITULS? SEINE RÄNKE?«
William Shakespeare, »Hamlet, Prinz von Dänemark« [400]

§ 109. GRUND §

Weil auch sie das Ende nicht wegdiskutieren können

Die amtliche deutsche Suizidstatistik weist seit jeher einen Über-schuss an männlichen Selbsttötungen auf. Nicht erfasst wird, wie viele davon Anwälte sind beziehungsweise waren. Wir bewegen uns daher im Reich der Spekulation, wenn wir sagen, dass Anwälte suizidgefährdeter sind als Anwältinnen. Es spricht aber einiges da-für, vor allem, wenn die Kandidaten Hobbyjäger waren. So versetz-te kurz vor Ostern 2014 kurzzeitig ein potenzieller Selbstmörder das Düsseldorfer Gericht in Alarmbereitschaft.[401] Der 54-jährige Anwalt hatte bereits seinen Dackel[402] erschossen und seiner Frau den Abschiedsbrief in den Briefkasten gesteckt, den finalen Blatt-schuss indes noch hinausgezögert. Doch dann genehmigte er sich eigenmächtig eine Fristverlängerung und begab sich zur weiteren Veranlassung ins psychiatrische Landeskrankenhaus.

Das vorerst glückliche Ende der Geschichte darf uns nicht täu-schen. Jedes Anwalts- und Anwältinnenleben endet irgendwann endgültig. Gegenüber dem Tod haben sogar Strafverteidiger, die mit fulminanten Plädoyers selbst Geschworenen die Todesstrafe ausreden können, schlechte Karten. Mit Ausnahme des Juristen Faust, der mit Mephisto seinerzeit einen, wenn auch unglücklich formulierten, Deal abschloss, sind keine Fälle bekannt, wo Anwälte eine Verlängerung aushandeln konnten. Es bleibt insofern bei der zuvor erwähnten Tatsache, dass Wohlhabende später sterben als Arme, wodurch Anwälte und Notare im Schnitt vier Jahre länger leben als beispielsweise Putzfrauen oder Geburtshelfer. Aber ster-ben müssen sie. Sollten Sie als Mandant oder Mandantin erwogen haben, sich bezüglich lebensverlängernder Deals anwaltlich bera-ten zu lassen – vergessen Sie's! Und falls es glückt, Sie im nächsten Jahrhundert aus Ihren Stammzellen zu klonen, bekommen Sie es eh nicht mehr mit.[403]

Weil sie in den Juristenhimmel kommen

Der Tod ist ein bleibender Schaden, das gilt auch für Anwälte. Doch was ihr Leben nach dem Tode angeht, ist die Quellenlage dürftig.[404] Möglicherweise kommen sie in den Juristenhimmel oder möglicherweise sogar in den juristischen Begriffshimmel. Rudolf Jhering, ein bekannter Jenseitsforscher[405], hat herausgefunden, dass sich dort die für Rechtsanwälte unentbehrlichen Rechtsbegriffe wiederfinden. »Aber nicht in ihrer unvollkommenen Gestalt, in ihrer Verunstaltung, die sie auf Erden durch die Gesetzgeber und Praktiker erfahren haben, sondern ihrer vollendeten, fleckenlosen Reinheit und idealen Schönheit.«

Der Begriffshimmel ist für auserwählte Theoretiker, aber das sind Anwälte ja bekanntermaßen. Dort gibt es kein Leben im menschlichen Sinne. Forscherpionier Jhering: *Es ist das Reich der abstrakten Gedanken und Begriffe, die unabhängig von der realen Welt, auf dem Wege der logischen generatio aequivoca, sich aus sich selbst heraus gebildet haben, und die darum jede Berührung mit der irdischen Welt scheuen.*

Im Anwaltshimmel setzt sich also fort, was für Anwälte schon auf Erden wichtig war: sich nur mit ihresgleichen abzugeben. Und noch wichtiger: sich um die praktischen Auswirkungen ihres Rechtsrats keine Gedanken zu machen. Jhering schreibt: »Der unerschütterliche Glaube an die Herrschaft der Begriffe und abstrakter Prinzipien ist allen im Begriffshimmel gemeinsam. Das schützt sie gegen die Versuchung, sich um die praktischen Folgen derselben zu kümmern.« Und weiter: »Die Herrlichkeit der Rechtsbegriffe besteht gerade darin, dass sie mit dem Leben nicht das Mindeste zu schaffen hat.«

Wollen Sie jetzt noch wissen, wie es im Juristenhimmel aussieht? Am Eingang findet sich eine Haarspaltmaschine, auf der ein

Jurist ein Haar in 999,999 gleiche Teile spalten muss, um in den Begriffshimmel eingelassen zu werden. Weitere Geräte sind der Fiktionsapparat und der Konstruktionsapparat und die dialektisch hydraulische Interpretationspresse. Räumliche Beschränkungen gibt es keine, Wände sind durchlässig. Fragen Sie Jhering: »Die Bewohner sind es gewohnt, mit dem Kopf gegen die Wand zu rennen, dann gibt sie nach und lässt sie durch.«[406]

§ 111. GRUND §

Weil ihre Zukunft abzuwarten bleibt

Wir sprachen am Anfang des Buches darüber, dass Anwälte nicht aussterben. Jetzt, 111 Gründe später, ist das nicht anders. Es gibt sie immer noch. Trotzdem ist ihre Zukunft ungewiss. Die Einheit des Berufsstandes steht nur noch auf einem Plakat, mit dem BRAK und DAV ihre Mauern tapezieren, damit man nicht sieht, wie es dahinter bröckelt.

Junganwälte wollen nicht mehr Tag und Nacht arbeiten, sondern auch mal Wochenende und trotzdem Partnerstatus haben. Die guten alten Verbindungen zwischen Anwaltshäuptlingen und Wirtschaftsbossen der Deutschland AG haben ausgedient. Jungdynamische Einkäuferinnen in Konzernen wählen ihre Rechtsdienstleister aus wie Hausbesitzer ihre Fliesenleger bei MyHammer: Der Billigste bekommt den Zuschlag.

Die großen und mittelgroßen Wirtschaftskanzleien setzen immer öfter die einst als Schmalspurjuristen geschmähten Wirtschaftsjuristen ein; da billiger als Volljuristen und lernfähig. Lediglich die Anwaltszulassung fehlt ihnen, weshalb sie nicht vor Gericht auftreten dürfen. Dafür sind sie kein Organ der Rechtspflege und müssen sich daher um lästige Fragen der Berufsethik nicht scheren. Wenn sich die Kammer einen Ruck gibt, schafft sie es vielleicht sogar, die Ausbildung der forensisch tätigen Anwälte zu reformieren.

Selbst die bislang auskömmliche Rente ist auf den Prüfstand geraten. Im Frühjahr 2014 sind die Unternehmensjuristen aus dem Versorgungswerk geflogen. Als Nächstes könnte das Bundessozialgericht die angestellten Anwälte in Wirtschaftskanzleien ausschließen, zusammen mit den angestellten Ärzten und Apothekern. Die Versorgungswerke werden das überleben, auch wenn sie dafür vielleicht mit anderen fusionieren müssen. Das Versorgungswerk bliebe dann nur den unabhängigen Klein- und Mittelkanzleien erhalten.

Und was kommt noch? Unter dem Einfluss der europäischen Kommission könnte die Gewerbesteuerfreiheit fallen und in einer kommunalen Wirtschaftssteuer aufgehen. Ebenfalls unter die Lupe gezogen werden die Vorschriften zu den Rechts- und Beteiligungsformen. Die tätigkeitsbezogenen Privilegien des Anwaltsstandes dürften dagegen zunächst erhalten bleiben, darunter etwa das Mandatsgeheimnis und das Auskunftsverweigerungsrecht. Schließlich ermöglichen sie die Beratungs- oder Prozesstätigkeit an sich. Das Recht, nach Gebührenordnungen abzurechnen, steht dagegen schon jetzt unter Beobachtung der Europäischen Kommission.

Das bringt die Kammern und anderen Organe der anwaltlichen Selbstverwaltung unter Rechtfertigungsdruck. Sind die Rechte des Berufsstandes noch zeitgemäß? Ist die anwaltliche Selbstverwaltung noch zeitgemäß? Und sind die Organe der Anwaltskammer wirklich in der Lage, die Aufsicht über ihren Berufsstand auszuüben? Oder sichert sie nur verzweifelt Pfründe, die von vorgestern sind? Wäre es nicht besser, sie durch staatliche Aufsichtsorgane zu ersetzen? Jedes Ermittlungsverfahren, das die Staatsanwaltschaft gegen eine Kanzlei anstrengt, kann zum Sargnagel für die anwaltliche Selbstverwaltung werden.

Um die Auflösung ihrer Selbstverwaltungsorgane und Abschaffung ihrer Privilegien zu verhindern, könnten sich die Großkanzleien auf eine Art Lawful Governance Kodex verständigen. Der würde besagen, dass Anwälte Aufträge nur insoweit annehmen, wie sie das Gemeinwohl nicht gefährden. Doch das würde die Sache nur hinauszögern, nicht verhindern.

Und die Anwälte selbst? Und Anwältinnen? Machen weiter wie bisher. Letztere immer öfter in verantwortlicher Position, denn zumindest das ist gewiss: Konflikte sterben nie aus. Deshalb braucht man Leute, die sich damit auskennen, den Worst Case vorher zu sehen. Noch mehr braucht es Persönlichkeiten, die Rechtspflege nicht mit Geldbeutelpflege verwechseln, die nicht alles, was legal ist, für legitim halten und unter Recht auch so etwas wie Gerechtigkeit verstehen. Zum Glück gibt es davon eine ganze Menge.

LITERATUR

azur 100 Top Arbeitgeber 2013, JUVE Verlag für juristische Information GmbH, Köln 2014

Bartz, Tim/Student, Dietmar/Werres, Thomas: »Köpfe und Kragen«, *manager magazin*, 6/2014, S. 46

Beck'scher Referendarführer 2013/2014, C.H. Beck

Busmann, Johanna: *Chefsache Mandantenakquisition – erfolgreiche Akquisestrategien für Anwälte*, De Gruyter 2012

Dobelli, Rolf: *Die Kunst des klugen Handelns*, Carl Hanser Verlag, München 2012

Douma, Eva: *Deutsche Anwälte zwischen Demokratie und Diktatur*, Fischer, Frankfurt am Main 1998

Dutton, Kevin: *Psychopathen – was man von Heiligen, Anwälten und Serienmördern lernen kann*, dtv, München 2013

Eco, Umberto: *Der Name der Rose*, Süddeutsche Zeitung Bibliothek 2004

Eichhoff-Cyrus, Karin M./Gerd Antos: *Verständlichkeit als Bürgerrecht? Die Rechts- und Verwaltungssprache in der öffentlichen Diskussion*, Thema Deutsch, Bd. 9, Dudenverlag, Mannheim 2008

Engelken, Eva: *Klartext für Anwälte*, Linde Verlag, Wien 2010

Henssler, Martin: »Die Anwaltschaft zwischen Berufsethos und Kommerz«, *Anwaltsblatt*, 11/2008, S. 721

Hartung, Wolfgang/Römermann, Volker: *Marketing und Management Handbuch für Rechtsanwälte*, C.H. Beck, München 1999

Hoecker, Ralf: *Anwalt – Deutsch/Deutsch – Anwalt*, Langenscheidt, Berlin 2009

Holzinger, Stephan/Wolff, Uwe: *Im Namen der Öffentlichkeit Litigation-PR als strategisches Instrument bei juristischen Auseinandersetzungen*, Gabler Verlag, Wiesbaden 2009

Klee, Ernst: *Das Personenlexikon zum Dritten Reich – Wer war was vor und nach 1945*, 4. Aufl., Fischer Taschenbuch Verlag, Frankfurt am Main 2013

Klee, Ernst: *Was sie taten – was sie wurden – Ärzte, Juristen und andere Beteiligte am Kranken- oder Judenmord*, Fischer Taschenbuch Verlag, Frankfurt am Main 1986

Kilian, Matthias/Dreske, René (Hrsg.): *Statistisches Jahrbuch der Anwaltschaft*, 2011/2012, Deutscher Anwalt Verlag und Soldan Institut für Anwaltmanagement, Bonn 2012

Larenz, Karl/Canaris, Claus-Wilhelm: *Methodenlehre der Rechtswissenschaft*, Springer, Berlin 1995

Lenz, Tobias (Hrsg.): *Die Rechtsabteilung*, Springer Gabler, Wiesbaden 2012

Leutheußer, Horst: *Die Rechtsanwälte – Berufsstand zwischen Lob und Tadel*, Universitas Verlag, München 1992

Menden, Stefan/Seyfferth, Jonas: *Das Inside-Dossier. Karriere in der Großkanzlei – Bewerbung, Einstieg und Aufstieg*, squeaker.net GmbH, 2012

Oswald, Georg M.: *55 Gründe, Rechtsanwalt zu werden*, Murmann Verlag, Hamburg 2013

Pausch, Alfons/Pausch, Jutta: *Goethe-Zitate für Juristen*, 4. Aufl., Dr.-Otto-Schmidt-Verlag, Köln 2000

Peschel-Gutzeit, Lore Maria: *Selbstverständlich gleichberechtigt. Eine autobiographische Zeitgeschichte*, Hoffmann und Campe, Hamburg 2013

Pusch, Luise F.: *Das Deutsche als Männersprache*, 1. Aufl., Suhrkamp, Frankfurt am Main 1984

Rath, Martin: »Festschriftenwesen in den Rechtswissenschaften: Wenn Juristen (zu viel) feiern«, in: *Legal Tribune*, 13.02.2011

Rüthers Bernd: *Die unbegrenzte Auslegung*, *Mohr Siebeck*, 7. Aufl., Tübingen 2012

Schieblon, Claudia (Hrsg.): *Kanzleimanagement in der Praxis*, 1. Aufl., Gabler, Wiesbaden 2011

Soentgen, Jens: *Selbstdenken! 20 Praktiken der Philosophie*, 6. Aufl., Beltz & Gelberg, Weinheim/Basel 2012

Stader, Heinrich: *Mandanten-Schwarzbuch – Was Anwälte ihrer oberschlauen Klientel gern schon längst einmal gesagt hätten ...*, 3. Aufl., Libelle Verlag, CH Lengwil 2013

Tödtmann, Claudia: »Relevanz beweisen. Mandanten imponieren, neue Klienten akquirieren, beim Nachwuchs punkten: Juristen werben zunehmend in eigener Sache«, *WirtschaftsWoche* Nr. 024 vom 07.06.2014

Wagner, Joachim: *Vorsicht Rechtsanwalt – Ein Berufsstand zwischen Mammon und Moral*, C.H. Beck, München 2014

Wegerich, Thomas/Hartung, Markus (Hrsg.): »Der Rechtsmarkt in Deutschland«, FAZ-Buch und Deutscher AnwaltsSpiegel, Frankfurt am Main 2014

Wesel, Uwe: *Fast alles, was Recht ist – Jura für Nicht-Juristen*, Piper Verlag, München 2004

ONLINE-ANGEBOTE UND MEDIEN MIT FUNDIERTEN INFOS ZU RECHTS- UND ANWALTSTHEMEN

WirtschaftsWoche Management-Blog: blog.wiwo.de/management

Justizgeschichte Aktuell, Portal zu Rechtsgeschichte und Rechtspolitik: www.justizgeschichte-aktuell.de

die schneeflocke, ein weblog über uns, die justiz und die welt: www.blog-rechtsanwael.de

Buskeismus, justizkritisches Internetportal: www.buskeismus.de

Jurablogs: Sammlung juristischer Blogs: www.jurablogs.de

BRAK-Mitteilungen: www.brak-mitteilungen.de

Deutsches Anwaltsblatt (Deutscher Anwaltverein): anwaltsblatt.anwaltverein.de

JUVE Rechtsmarkt: www.juve.de

Legal Tribune ONLINE: www.lto.de

EMMA, Politische Zeitschrift für Menschen: www.emma.de

FOCUS: www.focus.de

Frankfurter Allgemeine Zeitung: www.faz.net

Handelsblatt: www.handelsblatt.com

DER SPIEGEL, www.spiegel.de

STERN: www.stern.de

Süddeutsche Zeitung: www.sueddeutsche.de

DIE WELT: www.welt.de

DIE ZEIT: www.zeit.de

Nachdenkseiten: www.nachdenkseiten.de

ANMERKUNGEN

Alle in den Fußnoten erwähnten Internetseiten wurden, soweit nicht ausdrücklich anders vermerkt, zuletzt zwischen dem 25. und 29. Juli 2014 abgerufen

1 Wir vermuten, dass er das gesagt hat, konnten es allerdings nicht verifizieren, da die Steininschrift nicht nur in Griechisch, sondern obendrein ausgeblichen war.

2 Andere sagen, Parasiten sterben nie aus. Zukunftsforscher sagen, dass zumindest Kakerlaken überleben, selbst wenn der Mensch bereits ausgestorben ist.

3 Alle Zahlen aus der Statistik der BRAK (Bundesrechtsanwaltskammer): »Rund um den Anwaltsberuf: Statistiken der BRAK« (www.brak.de/fuer-journalisten/zahlen-zur-anwaltschaft/).

4 Stand: 01.01.2014. Quelle: BRAK.

5 Anwälte pro Bundesland: Baden-Württemberg: 16.883; Bayern: 26.387; Berlin: 12.759; Brandenburg: 2.315; Bremen: 1.845, Hamburg: 9.209, Hessen: 19.006, Mecklenburg-Vorpommern: 1.586, Niedersachsen: 9.944, Nordrhein-Westfalen: 37.294, Rheinland-Pfalz: 4.735, Saarland: 1.414, Sachsen: 4.702, Sachsen-Anhalt: 1.788, Schleswig-Holstein: 3.736, Thüringen: 2.037. (*Statistisches Jahrbuch der Anwaltschaft* 2011/2012, Hrsg. v. Matthias Kilian und René Dreske, Deutscher AnwaltVerlag und Soldan Institut für Anwaltmanagement, S. 39.)

6 Ein Anwaltswitz geht so: Wieso gibt es in Wiesbaden eine Giftmülldeponie und in Frankfurt so viele Anwälte? Weil Wiesbaden zuerst wählen durfte.

7 Der mitgliederstärkste Kammerbezirk ist München mit rund 19.000 Anwälten, dahinter folgt Frankfurt mit rund 17.000 und dann kommen drei Bezirke aus Nordrhein-Westfalen: Hamm, Köln und Düsseldorf mit rund 13.000, 12.000 und 11.000 Anwälten

sowie Berlin mit 12.700 Anwälten. (*Statistisches Jahrbuch der Anwaltschaft,* S.39 ff.)

8 Weltweit gesehen, ist die Anwaltsdichte mit derzeit 163.690 Anwälten und Anwältinnen in Deutschland oberes Mittelfeld. Ganz vorn liegen Griechenland, Luxemburg, Italien und Spanien mit 262, 284, 286 und 289 Einwohnern pro Anwalt. In Deutschland mussten sich 2010 statistisch gesehen 532 Einwohner einen Anwalt oder eine Anwältin teilen, mittlerweile dürfte die Zahl auf unter 500 gesunken sein, da die Einwohnerzahl von knapp 82 Millionen (2010) auf 80 Millionen (2011) geschrumpft ist.

9 Prof. Dr. Benno Heussen: *Die Anwaltsdichte in der Schweiz, Österreich und Deutschland im Verhältnis zu anderen Staaten – Ein internationaler Vergleich.* In: *Anwaltsrevue de L'avocat* 10/2006, S. 393 (www.bgfa.ch/scripts/getfile?id=1138).

10 Prozessdauer Arbeitsrecht: unter 4 Monate, Strafrecht: 4 Monate, Zivilrecht: unter 6 Monate, Eheverfahren: 10 Monate; Verwaltungsgerichtsverfahren: unter 12 Monate, Finanzgericht: 18 Monate. *Justiz auf einen Blick 2011.* Hrsg. v. Statistischen Bundesamt. Website: www.destatis.de/DE/Publikationen/Thematisch/Rechtspflege/Querschnitt/BroschuereJustizBlick0100001099004.pdf?__blob=publicationFile.

11 Lionel Hutz, Rechtsanwalt aus der amerikanischen Comicserie *Die Simpsons.*

12 Das Stichwort heißt Anwaltszwang oder Anwaltserfordernis. Die §§ 78 bis 78c ZPO (Zivilprozessordnung) schreiben vor, dass sich die Parteien bei bestimmten Prozessen von einem Anwalt/einer Anwältin vertreten lassen müssen: Bei Scheidungsverfahren, vor dem Landgericht, dem Oberlandesgericht und dem Bundesgerichtshof. Im Hinblick auf Ehescheidungen ist umstritten, ob die Anwesenheit von einer Anwältin oder einem

Anwalt geeignet ist, den Konflikt zwischen Ehepartnern zu lösen. Es gibt sogar Anwälte und Richter, die der Ansicht sind, Ehen sollten gar nicht vom Familiengericht, sondern vom Standesamt geschieden werden, vorausgesetzt, die Ehepartner haben zuvor mit Unterstützung von Anwaltsmediatoren eine Einigung erzielt, die auch die Folgen regelt (Unterhalt, Kindesunterhalt, Versorgungsausgleich etc.). Mehr dazu im 77. Grund.

13   Der Fall kann auch in München oder einer anderen deutschen Universitätsstadt passiert sein. Aber die Aussage, dass man manchmal ohne Anwalt nicht auskommt, bleibt die gleiche.

14   Setzen Sie hier bitte die passende zu beeindruckende Person oder Institution ein – Ihr Fitnessstudio, Ihre Bank, Ihre Stadtverwaltung oder Ihren Geschäftspartner …

15   August Strindberg: *Ehestandsgeschichten* – Kapitel 9, Zweikampf, Georg H. Wigand's Verlag, 1898, aus Projekt Gutenberg. DE – SPIEGEL ONLINE (gutenberg.spiegel.de/buch/2241/9).

16   Johann Wolfgang Goethe: *Italienische Reise*, bei einer öffentlichen Verhandlung einer Rechtssache in Venedig, 03.10.1786, zit. in: Pausch, Alfons/Pausch, Jutta: *Goethe-Zitate für Juristen.* 4. Aufl. Köln: Dr.-Otto-Schmidt-Verlag 2000, S. 19.

17   Das war früher anders: »Wir ordnen und befehlen hiermit allen Ernstes, dass die Advocati wollene schwarze Mäntel, welche bis unter das Knie gehen, unserer Verordnung gemäß zu tragen haben, damit man die Spitzbuben schon von Weitem erkennt.« Diese Anweisung erteilte Soldatenkönig Friedrich Wilhelm I. im Jahr 1726, um stets zu wissen, mit wem er es zu tun hatte.

18   Wenn Sie es nicht glauben, bitten Sie mal Ihren Anwalt/Ihre Anwältin, einfach so, nur für Sie, mal die Robe anzuziehen, sich aufrecht hinzustellen und dann die Arme auszubreiten. Sie werden beeindruckt sein, versprochen.

19   Menden, Stefan / Seyfferth, Jonas (Hrsg): »Das Insider-Dossier: Karriere in der Großkanzlei – Bewerbung, Einstieg und Aufstieg«, Squeaker.net GmbH, Köln 2012, S. 98 ff.

20   Larry Fink ist der CEO von Blackrock, dem weltgrößten Vermögensverwaltungsunternehmen, das über vier Billionen US-Dollar verwaltet. Das entspricht knapp dem BIP von Deutschland. Blackrock wird nur von den ganz großen, ganz internationalen Kanzleien amerikanischen Ursprungs beraten. Aus: Pagel, Christoph: »Blackrock-Chef Laurence Fink: Dieser Schattenmann regiert mit vier Billionen Dollar die ganze Welt« (14.01.2014) in: FOCUS (www.focus.de/finanzen/boerse/laurence-fink-blackstone-chef-boerse-schattenmann-regiert-die-ganze-welt-vier-billionen-7_id_3538131.html).

21   § 10 BORA (Berufsordnung für Rechtsanwälte) besagt: »(1) Der Rechtsanwalt hat auf Briefbögen seine Kanzleianschrift anzugeben. […] Werden mehrere Kanzleien, eine oder mehrere Zweigstellen unterhalten, so ist für jeden auf den Briefbögen Genannten seine Kanzleianschrift anzugeben. […] Auf Briefbögen müssen auch bei Verwendung einer Kurzbezeichnung die Namen sämtlicher Gesellschafter mit mindestens einem ausgeschriebenen Vornamen aufgeführt werden.«

22   Dass Jurastudierende aufs Schwarzsehen konditioniert werden, hat Matthias Hickmann, General Counsel von Vorwerk, lesenswert dargestellt in: *Der Syndikus im vertriebsfokussierten Konzern*, S. 137, in: *Die Rechtsabteilung – Der Syndikus und Steuerberater im Unternehmen*. Wiesbaden: Springer Gabler 2012.

23   Zit. in Leutheußer, Horst: *Die Rechtsanwälte – Berufsstand zwischen Lob und Tadel.* München: Universitas Verlag 1992.

24   Wesel, Uwe: »Gerechtigkeit kommt nicht dran – Die andauernde Misere der

Juristenausbildung« (19.05.1989) in: DIE ZEIT (www.zeit.de/1989/21/gerechtigkeit-kommt-nicht-dran/).

25 Zit. in Spillner, Vera: »Trainieren für den höheren IQ?« (01.03.2009) in: *Spektrum der Wissenschaft* (www.spektrum.de/alias/vortragsbericht/trainieren-fuer-den-hoeheren-iq/983260).

26 Gottfredson, Linda S: »Der Generalfaktor der Intelligenz« (2000) in: *Spektrum der Wissenschaft, Spezial Intelligenz*, S.29 (www.udel.edu/educ/gottfredson/reprints/1998g-factor-German.pdf).

27 Erläuterungen dazu auf der Website der Hochbegabtenvereinigung Mensa, www.mensa.de/presse/.

28 »erwiesen ist – was Ausnahmen keineswegs ausschließt – eine enge Beziehung zwischen Schulerfolg und juristischem Examenserfolg.«, Roxin, Claus: »Vom Beruf des Juristen und vom Studium des Rechts« (17.01.2003) in: *Jurawelt* (www.jurawelt.com/aufsaetze/methodik/8691).

29 Können Sie in § 211 Strafgesetzbuch nachlesen:»aus Mordlust, zur Befriedigung des Geschlechtstriebs, aus Habgier oder sonst aus niedrigen Beweggründen, heimtückisch oder grausam oder mit gemeingefährlichen Mitteln oder um eine andere Straftat zu ermöglichen oder zu verdecken«.

30 Juristen versuchen immer, das Gesetz und das wirkliche Leben zusammenzubringen. »Rechtsnormen anwenden« nennen sie das. Wenn Sie Spaß daran haben, lesen und verstehen Sie das Buch *Juristische Methodenlehre* von Karl Larenz und Wilhelm Canaris. Dann verstehen Sie, warum nur 16 Prozent aller Juristen im Staatsexamen ein »Vollbefriedigend« oder gar »Gut« oder »Sehr gut« bekommen.

31 Wer dazu mehr nachlesen möchte: Das Bundesverfassungsgericht, also das höchste deutsche Gericht in Karlsruhe, musste entscheiden, ob Soldaten als Mörder bezeichnet werden dürfen (BverfGE 93, 266).

32 »Wirbel um ›Sexiest Woman Alive‹: Großteil der Frauen soll nie begutachtet worden sein« (10.10.2012) in: *Der Postillon* (www.der-postillon.com/2012/10/wirbel-um-sexiest-woman-alive-groteil.html).

33 Die Ausgangsfrage, nach der sich die Erörterung richtet, lautet: Wer will was von wem aus welchem Grund? »Aus welchem Grund« meint: »Auf der Grundlage von welcher Vorschrift macht die Person ihren Anspruch geltend?« Die Ausgangsfrage wird nicht als Frage formuliert (Hat Maier einen Anspruch auf Schmerzensgeld gegen Müller?), sondern als zu prüfende Hypothese: Maier könnte einen Anspruch auf Schmerzensgeld gegen Müller haben. Dann folgen die nächsten Schritte der Prüfung.
1. Voraussetzungen der Rechtsgrundlage aufzeigen (bei der Ausgangsfrage die Voraussetzungen eines Schmerzensgeldanspruchs)
2. Voraussetzung definieren (Hier schlägt die Stunde der Definitionen)
3. Subsumtion = Sachverhalt mit Definition vergleichen (Liegen in Maiers konkretem Fall die Voraussetzungen des Schmerzensgeldanspruchs vor?)
4. Ergebnis = Ja, sie liegen vor. Maier hat einen Schmerzensgeldanspruch gegen Müller. Was die ganze Prüfung in die Länge zieht, ist das schon erwähnte Definieren der Voraussetzungen. Voraussetzungen haben für gewöhnlich wieder Voraussetzungen, die definiert und geprüft werden müssen. Für jede der Voraussetzungen muss man erneut einen Obersatz bilden und ihn prüfen. Zum Beispiel für die Prüfung der Fahrlässigkeit heißt der Obersatz: »Müller könnte fahrlässig gehandelt haben.« Dann folgt die Definition des Wortes »Fahrlässigkeit«. »Fahrlässigkeit« ist ein unbestimmter Rechtsbegriff. Die Definitionen muss also definieren, was Fahrlässigkeit heißt. Das ist bei unbestimmten Rechtsbegriffen eine höhere Kunst. Denn man muss das Gesetz

auslegen, um zu ergründen, welche Handlungsweisen und Gedanken der Gesetzgeber wohl im Kopf hatte, als er ins Gesetz den Begriff »fahrlässig« schrieb. Sie können sicher sein, dass über die unterschiedlichen Grade von Fahrlässigkeit schon Doktorarbeiten geschrieben und Prozesse geführt worden sind. Dieses umständliche Ringen um die Begriffe ist ein wesentlicher Aspekt der Rechtsfindung. Es geht nicht nur darum, herauszufinden, was eigentlich passiert ist. Es geht auch darum, sich zu einigen, wie es rechtlich zu bewerten ist.

34 Die Bundeskanzlerin begründete diverse politische Entscheidungen damit, dass sie »alternativlos« seien. »Alternativlos« wurde 2010 zum Unwort des Jahres gewählt.

35 Melk, Adson von in: Eco, Umberto: *Der Name der Rose.* Ausg. der *Süddeutschen Zeitung* 2004, S. 441.

36 BGH, Urt. v. 16.12.2003 – X ZR 206/98 – Bundespatentgericht.

37 Einen solchen fasste beispielsweise der Bundesgerichtshof am 07.10.2009 unter dem Az.: I ZR 126/08.

38 BGH, 16. Dez. 2003, Az.: X ZR 206/98

39 § 184 Gerichtsverfassungsgesetz.

40 Textprobe aus dem Finanzamt: »Betreff: Benennung eines/einer Empfangsbevollmächtigten für die Feststellungsbeteiligten an Maier, Gunda und Michael Grundstücksgemeinschaft, Kaninchenweg 666, in 5.000 Rammelstein.

Sehr geehrte Frau Maier,

Sie sind beteiligt an den Einkünften aus dem vorgenannten Grundstück. Nach § 183 Abs. 1 Satz 1 Abgabenordnung (AO) sollen die Beteiligten dem Finanzamt eine(n) im Inland wohnende(n) Vertreter(in) benennen, der/die ermächtigt ist, für alle Beteiligten die in §§ 179,180 AO vorgesehenen Feststellungsbescheide, die dazu ergehenden Rechtsbehelfsentscheidungen sowie die mit dem Feststellungs- oder Rechtsbehelfsverfahren zusammenhängenden sonstigen Verfügun-

gen und Mitteilungen der Finanzbehörden in Empfang zu nehmen (Empfangsbevollmächtigte(r). Ich bitte gem. § 183 Abs. 1 Satz 3 AO innerhalb von vier Wochen um Mitteilung, welcher der Beteiligten dem Finanzamt gegenüber als Empfangsbevollmächtigte(r) auftreten soll. Benennen Sie innerhab dieser Frist keine(n) Empfangsbevollmächtigte(n), wird das Finanzamt die im Feststellungsverfahren ergehenden Bescheide usw. in Zukunft Ihnen als Empfangsbevollmächtige(n) mit Wirkung für und gegen alle Beteiligten zugehen lassen (§ 183 Abs. 1 Satz 4 AO)…

Sie wollen wissen: Was will mir das Finanzamt mit diesem Schreiben sagen? Fragen Sie zu Risiken und Nebenwirkungen Ihren Anwalt oder Ihre Anwältin.

41 Rechtsgelehrte sagen, die Frage der Fahrlässigkeit bemesse sich nicht nach der höchstmöglichen Sorgfalt, sondern es genüge, wenn der Entleiher die entliehenen Sachen mit der Sorgfalt, wie man sie auch in eigenen Angelegenheiten aufbringt, behandele.

42 In Art. 20 Grundgesetz steht: »Alle Staatsgewalt geht vom Volke aus. Sie wird vom Volke in Wahlen und Abstimmungen und durch besondere Organe der Gesetzgebung, der vollziehenden Gewalt und der Rechtsprechung ausgeübt.«

43 Wesel, Uwe: *Fast alles, was Recht ist, Jura für Nicht-Juristen.* München: Piper Verlag 2004, S. 12.

44 Wesel, S. 12.

45 § 169 des Gerichtsverfassungsgesetzes schreibt vor, dass die Verhandlung vor Gericht und die Verkündung der Urteile und Beschlüsse öffentlich sein müssen.

46 Dr. Martin Brinkmann, Literaturagentur Brinkmann, München.

47 Eco, Umberto: *Der Name der Rose.* Ausgabe der *Süddeutschen Zeitung* 2004, S. 441.

48 Dobelli, Rolf: *Die Kunst des klugen Handelns.* München: Carl Hanser Verlag 2012.

49   Mel Gibson als Sergeant Martin Riggs in dem Film *Lethal Weapon 1.*

50   www.aphorismen.de

51   Kurt Tucholsky alias Ignaz Wrobel, in: *Die Weltbühne,* 16.03.1926, Nr. 11, S. 417, online: www.zeno.org/Literatur/M/Tucholsky,+Kurt/Werke/1926/Standesd%C3%BCnkel+und+Zeitung.

52   Ebd.

53   Ebd.

54   Arthur Schnitzler in: *Buch der Sprüche und Bedenken. Aphorismen und Fragmente,* Wien: Phaidon-Verlag, 1927, online unter: aphorismen.de. www.aphorismen.de/zitat/166409.

55   Damokles auf Wikipedia: de.wikipedia. org/wiki/Damokles.

56   Den preisgekrönten Slogan »Es gibt immer was zu tun« hat die Werbeagentur Heimat im Jahre 2002 für die Baumarktkette HORNBACH entwickelt. Datenbank »Slogans.de« (www.slogans.de/slogans. php?BSelect[]=608).

57   Die Zahl nennt die Bundesanstalt für Arbeitsschutz und Arbeitsmedizin (BAuA) auf ihrer Website (www.baua.de/de/Publikationen/Broschueren/Sicherheit-in-Heimund-Freizeit/S2.html?nn=667412).

58   Aus einem Brief von Gustave Flaubert (1821–1880), französischer Dichter, der Jura studierte und dann Schriftsteller wurde: »Das Studium der Rechte verbittert meinen Charakter in höchstem Maße: Ich knurre unaufhörlich, wettere, murre und brumme sogar gegen mich selbst und auch wenn ich ganz allein bin. Vorgestern Abend hätte ich hundert Francs (die ich nicht besaß) darum gegeben, wenn ich irgend jemand eine Tracht Prügel hätte verabreichen können.« Zit. in: »Gehässigkeiten über Juristen« (04.11.2013) in: SPIEGEL ONLINE (www.spiegel.de/fotostrecke/zitate-gehaessigkeiten-ueber-juristen-fotostrecke-103353-8.html).

59   »Zitate: Gehässigkeiten über Juristen« (04.11.2013) in: SPIEGEL ONLINE (www. spiegel.de/fotostrecke/zitate-gehaessigkeiten-ueber-juristen-fotostrecke-103353. html).

60   Warum sind Blondinenwitze so kurz? Damit Männer sie behalten können.

61   Zu Selbstablehnung kommt es bei Kindern, wenn sie immer nur kritisiert werden. Ähnliches erfahren Anwälte, die vom frühesten Stadium ihrer Ausbildung an immer öfter getadelt als gelobt werden.

62   Um Jubelarien von Anwälten über ihre Neuzugänge zu lesen, müssen Sie nur die Personalmeldungen der Großkanzleien lesen, etwa auf Legal Tribune ONLINE, bei juve.de oder im Newsticker des RWS-Verlags oder des Nomos Verlags.

63   Vermutlich streiten sich auch andere Berufe, nur sind verbale Attacken von Friseuren oder Klempnern schlechter dokumentiert als die von Juristen.

64   Im März 2014 durchsuchte die Münchner Staatsanwaltschaft die Frankfurter Büros der Wirtschaftskanzlei Hengeler Mueller sowie die Räume der Wirtschaftskanzlei Gleiss Lutz in München wegen des Verdachts der Beihilfe oder der Mittäterschaft am Prozessbetrug. Beide Kanzleien hatten die Deutsche Bank im Rechtsstreit gegen die Erben des verstorbenen Medienunternehmers Leo Kirch vertreten. Diesen Streit hat die Deutsche Bank mit den Kirch-Erben in einem rund 900 Millionen Euro teuren Vergleich beigelegt. Die Staatsanwaltschaft ermittelt jedoch gegen die ehemalige Führungsriege des Kreditinstituts wegen versuchten Prozessbetrugs. Sie sollen, so die FAZ, das Oberlandesgericht im Kirch-Prozess angelogen haben, um Milliardenforderungen abzuwehren. Die Rechtsanwälte sollen dabei möglicherweise Beihilfe geleistet haben oder gar Mittäterschaft. Frühauf, Markus und Jahn, Joachim: »Razzia bei früheren Deutsche-Bank-Kanzleien« (24.03.2014) in: *Frankfurter Allgemeine Zeitung.* www. faz.net/aktuell/wirtschaft/unternehmen/

wegen-kirch-razzia-bei-frueheren-kanzlei-en-der-deutschen-bank-12861453.html.

65 Kevin Dutton: *Psychopathen – was man von Heiligen, Anwälten und Serienmördern lernen kann*. München: dtv Verlag 2013.

66 Dutton, S. 133.

67 Birbaumer wird zitiert in: »Wenn der Mensch zum Monster wird - So erkennen Sie einen Psychopathen« (06.04.2014) in: *FOCUS* (www.focus.de/gesundheit/ratgeber/psychologie/krankheitenstoerungen/wenn-der-mensch-zum-monster-wird-so-erkennen-sie-einen-psychopathen_id_2734734.html).

68 Mit diesem Satz zitiert Dutton Joe Newmann, Professor für Psychologie an der University oft Wisconsin, S. 88.

69 Dutton, S. 136.

70 Die Big Five auf Wikipedia: de.wikipedia.org/wiki/Big_Five_%28Psychologie%29.

71 Auf Kevin Duttons Homepage können Sie einen Psychopathentest machen: www.kevindutton.co.uk/ Wählen Sie den Menüpunkt »Take the psychopath Challenge«.

72 Klee, Ernst: *Was sie taten – was sie wurden: Ärzte, Juristen und andere Beteiligte am Kranken- oder Judenmord*, Frankfurt a. M.: Fischer Taschenbuch Verlag, 1986, S. 14.

73 »Über uns«, »Geschichte des DAV« auf der Website des Deutschen Anwaltvereins (DAV) (anwaltverein.de/ueber-uns/geschichte-des-dav).

74 Zwischen den Jahreszahlen zur anwaltlichen Selbstverwaltung zwischen 1908 (Vereinigung der Vorstände der deutschen Anwaltskammern) und 1949 (Gründung der Arbeitsgemeinschaft der Anwaltskammervorstände in der Bundesrepublik Deutschland) findet sich kein Wort zur Auflösung etc. während der Nazizeit. »Die Geschichte der anwaltlichen Selbstverwaltung in Zahlen« auf: Website der Bundesrechtsanwaltskammer (BRAK) (www.brak.de/die-brak/einzelseiten/geschichte-der-anwaltlichen-selbstverwaltung/).

75 Douma, Eva: »Deutsche Anwälte zwischen Demokratie und Diktatur«, Frankfurt am Main: Fischer Taschenbuch Verlag 1998, S. 25 ff.

76 Klee, Ernst: *Was sie taten – was sie wurden – Ärzte, Juristen und andere Beteiligte am Kranken- oder Judenmord*. Frankfurt am Main: Fischer Taschenbuch Verlag 1986, S. 257.

77 »Recht Vielfältig« Unternehmensdarstellung der Kanzlei KÜMMERLEIN Rechtsanwälte & Notare, Essen« (02/2010) in: *Wirtschaftsblatt Standort Ruhrgebiet* 2/10 4, S. 116 f. Online unter: E-Pages.dk (www.e-pages.dk/wirtschaftsblatt/92/fullpdf/1.pdf).

78 Chronologische Übersicht über die Vorstände des Museum Folkwang von 1924 bis 2012 (Stand: 04.112012) auf der Website des Museums Folkwang (www.museum-folkwang.de/fileadmin/_BE_Gruppe_Folkwang/Dokumente/Pressemitteilungen_2012/FMV_90_5112012/PM_90_Vorstand__Folkwang-Museumsverein_5112012.pdf)¥.

79 Kramer, Helmut: »Der Beitrag der Juristen zum Massenmord an Strafgefangenen und die strafrechtliche Ahndung nach 1945« (2010) in: *Kritische Justiz*, Zeitschrift im Nomos Verlag (www.kj.nomos.de/fileadmin/kj/doc/2010/KJ_10_01_11.pdf).

80 Aussage der Staatsanwaltschaft Köln (Az.: Js 88/68) Zit. in: Kramer, Helmut: »Der Beitrag der Juristen zum Massenmord an Strafgefangenen und die strafrechtliche Ahndung nach 1945« (2010) in: *Kritische Justiz*, Zeitschrift im Nomos Verlag (www.kj.nomos.de/fileadmin/kj/doc/2010/KJ_10_01_11.pdf).

81 Douma, S. 36.

82 Kramer, Helmut: »Die Entstehung des Rechtsberatungsgesetzes im NS-System und sein Fortwirken« (04/2000) in: *Kritische Justiz*. Online auf der Website des Forum Justizgeschichte (www.forumjustizgeschichte.de/Die-Entstehung.82.0.html).

83　Rechtsberatungsgesetz auf Wikipedia: de.wikipedia.org/wiki/Rechtsberatungsgesetz.

84　»Rechtsberatungsgesetz« auf der Website des Forums Justizgeschichte e. V. (www.forumjustizgeschichte.de/Rechtsberatungs.113.0.html).

85　Kramer, Helmut: »Stellungnahme zum Gesetzentwurf der Bundesregierung zur Neuregelung des Rechtsberatungsrechts (Rechtdienstleistungsgesetz – RDG)« (06.05.2007) im Webarchiv des Bundestags (webarchiv.bundestag.de/archive/2010/0304/bundestag/ausschuesse/a06/anhoerungen/Archiv/19_Rechtsdienstleistungsgesetz/04_Stellungnahmen/Stellungnahme_Kramer.pdf).

86　Douma, S. 55.

87　Douma, S. 60.

88　*Anwälte und ihre Geschichte: Zum 140. Gründungsjahr des Deutschen Anwaltvereins.* 1. Aufl. Tübingen: Verlag Mohr Siebeck 2011.

89　Dr. Krach, Tillmann: »Was will das Forum Anwaltsgeschichte?«. Auf der Website Forum Anwaltsgeschichte (www.anwaltsgeschichte.de/ueber_uns/forum.html)).

90　Prof. Dr. Rüthers, Bernd: *Richterliche Ethik im 21. Jahrhundert – Lehren aus der Vergangenheit? (Hypothesen von Bernd Rüthers)* (25.04.2012). Vortrag am Landessozialgericht Brandenburg (www.lsg.berlin.brandenburg.de/media_fast/4417/Thesen-Ruethers.pdf).

91　Radbruchsche Formel auf Wikipedia: de.wikipedia.org/wiki/Radbruchsche_Formel.

92　Carl Schmitt: www.nur-zitate.com/autor/Carl_Schmitt

93　Rath, Martin: »Vor 60 Jahren starb Otto Palandt – Schwarz-brauner Namenspatron des grauen Kommentar-Ziegels« (03.12.2011) in: Legal Tribune ONLINE (www.lto.de/recht/feuilleton/f/vor-60-jahren-starb-otto-palandt-schwarz-brauner-namenspatron-des-grauen-kommentarziegels./).

94　Ernst, Klee: *Das Personenlexikon zum Dritten Reich – Wer war was vor und nach 1945*, 4. Aufl., Frankfurt a. Main, Fischer Taschenbuch Verlag 2013.

95　Auszug aus Wikipedia zu Palandt-Co-Autor Bernhard Danckelmann: »Danckelmann in: Palandt, 6. Aufl., Rn. 1 zu § 138 BGB: Der Begriff der guten Sitten wird durch das seit dem Umbruch herrschende Volksempfinden, die nationalsozialistische Weltanschauung bestimmt.« – Zit. nach Kahrmann, Jens: »Worst of Palandt«, JURA Magazin 10/2008 (www.de.wikipedia.org/wiki/Bernhard_Danckelmann_%28Jurist%29).

96　Claus Seibert auf Wikpedia: de.wikipedia.org/wiki/Claus_Seibert.

97　Der Grundgesetzkommentar erscheint 2014 in 70. Aufl. Als Loseblattsammlung, sprich, irgendwelche armen Hiwis müssen andauernd die Nachlieferungen einsortieren. Das Werk umfasst rund 13.220 Seiten, verteilt auf sieben Leinenordner, und wiegt nicht mehr ganz handtaschentaugliche 18,09 Kilogramm. Mehr Infos im Beck-Shop online: www.beck-shop.de/Maunz-Duerig-Grundgesetz/productview.aspx?product=2293.

98　Theodor Maunz auf Wikipedia: de.wikipedia.org/wiki/Theodor_Maunz.

99　Klee, Ernst: *Das Personenlexikon*, S. 395.

100　Eduard Dreher auf Wikipedia: de.wikipedia.org/wiki/Eduard_Dreher.

101　Klee, Ernst: *Das Personenlexikon*, S. 118.

102　Wikipedia: »Von der 38. bis zur 49. Auflage wurde er von Herbert Tröndle als Dreher/Tröndle weitergeführt. Seit der 50. Auflage wird er von Thomas Fischer bearbeitet. Von 49. bis zur 54. Auflage wurden als Autoren noch Tröndle/Fischer genannt; seit der 55. Auflage wird allein Fischer als Verfasser aufgeführt.«

103   Herbert Tröndle auf Wikipedia: de.wikipedia.org/wiki/Herbert_Tr%C3%B6ndle.

104   Onlinefundestelle: find.bibliothek.tu-ilmenau.de/Record/735214077.

105   Der LTO-Autor Jürgen Seul erläutert den Begriff der Stoßtruppfakultät. Die Nationalsozialisten statteten gezielt die juristischen Fakultäten in Kiel, Breslau und Königsberg um in Pflanzstätten beziehungsweise politische Stoßtrupps. Larenz setzte an der »Kieler Schule« eine neue juristische Studienordnung durch, die anstelle der liberalen Leitprinzipien des BGB eine »völkische Lebensordnung« vermittelte. »Rechtsgenosse ist nur, wer Volksgenosse ist« (24.01.2012). (www.lto.de/recht/feuilleton/f/karl-larenz-rechtsgenosse-ist-nur-wer-volksgenosse-ist/).

106   Karl Larenz auf Wikipedia. de.wikipedia.org/wiki/Karl_Larenz. Klee, Ernst. *Das Personenlexikon*, S. 358.

107   Claus-Wilhelm Canaris (geb. 1937) war Karl Larenz' Schüler und führt die Methodenlehre fort. Die 3. Aufl. ist am 10.10.2008 erschienen. Die 4. Aufl. ist laut Amazon für 2015 geplant.

108   Bis zur 1987 erschienenen 14. Aufl. stand Karl Larenz als Autor auf dem Cover (ISBN: 978-3-406-31997-6), seit der 15. Aufl. (ISBN: 978-3-406-36534-8) die Nachfolgeautoren Prof. Dr. Dr. h.c. mult. Claus-Wilhelm Canaris und Prof. Dr. Hans Christoph Grigoleit.

109   Auf dem Einband der 2012 bei C.H. Beck erschienenen 10. Aufl. stehen mittlerweile nicht mehr Karl Larenz, sondern nur noch die Nachfolgeautoren Manfred Wolf und Prof. Dr. Jörg Neuner.

110   Wenn Sie wissen wollen, was Anwälte meinen, wenn sie davon reden, dass sie am juristischen Hochreck turnen, sollten Sie ebenfalls versuchen, Larenz' *Methodenlehre* zu lesen und zu verstehen. Wenn Sie keine Probleme damit haben, sollten Sie sofort beginnen, Jura zu studieren, falls Sie es nicht schon getan haben.

111   *Juristische Wochenschrift* (de.wikipedia.org/wiki/Juristische_Wochenschrift).

112   *Neue Juristische Wochenschrift* (de.wikipedia.org/wiki/Neue_Juristische_Wochenschrift).

113   Die Mitgliedschaften Hillgrubers stehen auf der Website der juristischen Fakultät der Universität Bonn: www.jura.uni-bonn.de/index.php?id=2062. Ob Prof. Christian Hillgruber auch Mitglied in einer Studentenverbindung ist, steht dort nicht, aber er ist zumindest als Gastredner bei Verbindungen aufgeführt, etwa bei der Studentenverbindung Ascania Bonn: »Die Studentenrevolte und ihre Folgen für Bonn«, Vortrag am 04.07.2011, Website der Verbindung: www.ascania-bonn.de/index.php?id=75&tx_ttnews[tt_news]=15&cHash=c3215b347a4f10044dc7e1365378583d.

114   Hillgruber, Christian: »Wo bleibt die Freiheit der anderen?« (20.02.2014) in der *Frankfurter Allgemeinen Zeitung* online (www.faz.net/aktuell/politik/staat-und-recht/gastbeitrag-wo-bleibt-die-freiheit-der-anderen-12812195.html).

115   Webseite »Vorstand« auf: Website der Juristenvereinigung Lebensrecht e.V.. www.juristen-vereinigung-lebensrecht.de/index.php?item=5.

116   Übersicht über die Rechtslage beim Schwangerschaftsabbruch, im Lexikon der Bundeszentrale für Politische Bildung (www.bpb.de/nachschlagen/lexika/recht-a-z/22858/schwangerschaftsabbruch).

117   Hillgruber, Christian: »Zehn Jahre Beratungsregelung – eine kritische Bilanz« in: »Lebensschutz oder kollektiver Selbstbetrug? – 10 Jahre Neuregelung des § 218 (1995–2005)«. Hrsg. v. Büchner, Bernward/Kaminski, Claudia, Bundesverband Lebensrecht e. V., Verlag für Kultur und Wissenschaft, Dr. Thomas Schirrmacher, Bonn 2006, Seite 12 ff. Als pdf-Download auf: www.tclg.de. www.tclrg.de/download/bvl_lebensschutz.pdf.

118   Änderung im Strafgesetzbuch durch das Schwangeren- und Familienhilfeänderungsgesetz (SFHÄndG) vom 21.08.1995 eingeführt.

119   Hillgruber a. a. O., S. 20.

120   Alice Schwarzer zur Entwicklung des § 218 und der Rolle der katholischen Kirche und der Lebensschützer: Schwarzer, Alice: »Wir haben abgetrieben!« (01.04.2011) in: EMMA (www.emma.de/artikel/wir-haben-abgetrieben-265457).

121   Vogel, Sonja: »Der Hass der ›Lebensschützer‹ – Fanatische Abtreibungsgegner gewinnen in Gesellschaft und Parlament an Einfluss und erschweren die Beratung.« (17.01.2013) in taz (www.taz.de/!109243/).

122   Mechthild Löhr in Wikipedia: de.wikipedia.org/wiki/Mechthild_L%C3%B6hr.

123   »Der [Hillgruber, Anm. der Verfasserin] hatte freilich im Jahr 2002 in einem Interview mit der Zeitschrift ›Junge Freiheit‹ die Zuwanderungspolitik der damaligen rot-grünen Bundesregierung als ›verfassungsrechtlich bedenklich‹ bezeichnet. Die ›Junge Freiheit‹ tauchte lange Jahre im Bericht des NRW-Verfassungsschutzes als rechtsextreme Publikation auf, bevor dies im Jahr 2005 mit Hinweis auf die im Grundgesetz garantierte Pressefreiheit verboten wurde.« Aus: Uferkamp, Frank: »Justiz: Gezerre um Verfassungsrichter« (27.03.2009) in: Westdeutsche Zeitung online (www.wz-newsline.de/home/politik/nrw/justiz-gezerre-um-verfassungsrichter-1.121941).

124   Auszug aus dem fraglichen Interview Hillgruber/Junge Freiheit: »Sie haben auch daran erinnert, daß die Verfassung eine Begrenzung der Zuwanderung auf ein integrationsfähiges Maß fordert. Wo steht das im Grundgesetz?
Hillgruber: Das Bundesverfassungsgericht hat sich auf den Standpunkt zurückgezogen, das Grundgesetz sei ausländerpolitisch ›neutral‹. Es erlaube also sowohl liberalere als auch restriktivere Zuwanderungsregelungen, das sei in die Verantwortung des Gesetzgebers gestellt. Ich meine allerdings schon, daß der normative Befund, daß sich die Bundesrepublik Deutschland als Staat des deutschen Volkes begreift, wie sich unter anderem aus der Präambel, dem Schlußartikel des Grundgesetzes sowie aus dem Amtseid ergibt, den die Mitglieder der Bundesregierung schwören, auch insoweit relevant ist. Daraus folgt nämlich, daß es Aufgabe aller staatlichen Gewalt ist, dem Nutzen des deutschen Volkes zu dienen und Schaden von ihm abzuwenden. Und das beinhaltet durchaus auch, bei der Gestaltung von Zuwanderung darauf zu achten, daß die nationale Identität des deutschen Staatsvolkes im Kern gewahrt bleibt.« Christian Hillgruber im Interview mit der Zeitschrift Junge Freiheit (01. März 2002) online in: Archiv JUNGE FREIHEIT Verlag GmbH & Co. (jungefreiheit.de/service/archiv/?www.jf-archiv.de/archiv02/102yy09.htm).

125   Noch 2005 hatte Hillgruber aber wohl nichts dagegen gehabt, dass die Junge Freiheit ausführlich seine Kritik am Selbstbestimmungsrecht der Frau schilderte: »Nach Ansicht Hillgrubers werde die persönliche Belastung der Frauen, die oft zur Rechtfertigung von Abtreibungen diene, überschätzt. Selbstverwirklichung dürfe nicht auf Kosten des ungeborenen Lebens gehen.«, Artikel von Wegner, Stefanie: »Der Irrglaube von der erlaubten Abtreibung« (07.10.2005) in: Junge Freiheit (www.jungefreiheit.de/service/archiv/?www.jf-archiv.de/archiv05/200541100726.htm).

126   Willi Geiger war eins der Gründungsmitglieder der Juristen-Vereinigung Lebensrecht e. V., die laut Herbert Tröndle gegründet worden war, um »der Wucht der Emanzipationswelle« entgegenzuwirken. Zit. aus: Hilgendorf, Eric: »Die deutschsprachige Strafrechtswissenschaft in Selbstdarstellungen«, Walter de Gruyter, 2010, S. 621.

127 Der »furchtbare Jurist«. Willi Geiger auf Wikipedia: de.wikipedia.org/wiki/Willi_Geiger_%28Richter%29

128 Ralph Weber auf Wikipedia: de.wikipedia.org/wiki/Ralph_Weber_%28Rechtswissenschaftler%29.

129 Teidelbaum, Lucius: »Zwischen Testosteron und Tradition – Menstruation ist Mensurneid« (26.11.2012) in: *Publikative* (www.publikative.org/2012/11/26/zwischen-testosteron-und-tradition-menstruation-ist-mensurneid/).

130 Titz, Christoph: »Bizarre Kleiderordnung: Wie die Uni Greifswald Neonazis loswerden will« (11.09.2010) in: SPIEGEL ONLINE (www.spiegel.de/unispiegel/studium/bizarre-kleiderordnung-wie-die-uni-greifswald-neonazis-loswerden-will-a-716862.html#).

131 Hintergrundpapier der Gruppe Investigate Thor Steinar, März 2008 (investigatethorsteinar.blogsport.de/images/investigate_thorsteinar_web.pdf).

132 Als Beispiel für solche gedankliche und personelle Kontinuität wäre noch der Juraprofessor Otto Depenheuer zu nennen, der als Schüler von Juraprofessor Josef Isensee Gedanken von dessen Lehrer, dem Nazivordenker Carl Schmitt, vertritt, zum Beispiel, dass der Staat im Fall von Terrorangriffen die Verfassung einschränken müsse. Dazu lesenswert das Interview mit Thorsten Jungholt (28.12.07) in: DIE WELT (www.welt.de/politik/article1497433/Guantanamo-auch-in-Deutschland-denkbar.html). Ebenfalls interessant die Analyse von Christian Bommarius, *Berliner Zeitung*: »Otto Depenheuer kämpft gegen den liberalen Rechtsstaat und ist trotzdem ein angesehener Juraprofessor. Der Rechts-Genosse« (03.05.2010). (www.berliner-zeitung.de/archiv/otto-depenheuer-kaempft-gegen-den-liberalen-rechtsstaat-und-ist-trotzdem-ein-angesehener-juraprofessor-der-rechts-genosse,10810590,10714412.html).

133 Stefan Mückl auf Wikipedia: de.wikipedia.org/wiki/Stefan_M%C3%BCckl.

134 Riha, Clemens: »Leben für Jesus: Wie fundamentalistische Kräfte den Vatikan steuern«: Rezension des Buches von Oschwald, Hanspeter: *Im Namen des Heiligen Vaters*, Heyne Verlag 2010 (22.04.2010) in: Kulturzeit/3Sat (www.3sat.de/page/?source=/kulturzeit/themen/143880/index.html).

135 Peter Hertel im Interview zum geplanten Potsdamer Jungengymnasium von Opus Dei: »Das Schicksal der Kinder an einer solchen Schule darf uns nicht gleichgültig sein« (24.01.2007), in: *Potsdamer Neueste Nachrichten* (www.pnn.de/potsdam/53151/).

136 »Zu Putzzeiten verlassen die Opus-Dei-Mitglieder das Haus«, schreibt der FOCUS über das Opus-Dei-Studenten-Wohnheim in Köln. Blickkontakt zu den Köchinnen vermeiden sie durch eine Doppel-Essensklappe. Borgeest, Bernhard: »Opus Dei: Die Welt der asketischen Gottesknechte« (01.05.2007). (www.FOCUS.de/wissen/mensch/religion/christentum/tid-8682/opus-dei_aid_234997.html).

137 »Was im Opus Dei abläuft, bestimmen letztlich nur einige wenige, hochrangige Mitglieder. Und die sind ausschließlich männlich.« Hertel, Peter zit. in: Meyer, Anne: »Die Numerarier sind unter uns« (12/2013) in: *Stadtrevue Köln* (www.stadtrevue.de/archiv/archivartikel/4261-opus-dei-in-kln-die-numerarier-sind-unter-uns/).

138 Lindenthal Institut: www.lindenthal-institut.de/index.php/impressum.html. »Opus Dei – »Kampftruppe Gottes« - Gottes Werk und Teufels Beitrag« (31.12.2009) in: Antifaschistisches Infoblatt Online. www.antifainfoblatt.de/artikel/opus-dei-%E2%80%93-%C2%BBkampftruppe-gottes%C2%AB.

139 Frauen im Nationalsozialismus auf Wikipedia: de.wikipedia.org/wiki/Frauen_im_Nationalsozialismus.

140 Disclaimer der Verfasserin: »Erstens sind Familie und Kinder etwas Wunderbares, was nicht ausschließt, dass sich Männer und Frauen Erwerbsarbeit und Familienarbeit teilen. Zweitens gibt es viele Konstellationen, in denen Kinder gar nicht von Mama und Papa erzogen werden, sondern zwei Papas, zwei Mamas, nur einem Eltern, von Oma oder Opa. Auch solche Konstellationen stellen de facto »Familie« dar und sind rechtlich schutzwürdig. Und drittens haben auch Frauen das Recht, für ihre Arbeit bezahlt zu werden.«

141 Aribert Wolf auf Wikipedia: de.wikipedia.org/wiki/Aribert_Wolf.

142 Norbert Geis auf Wikipedia: de.wikipedia.org/wiki/Norbert_Geis.

143 Franz Kafka: *Erzählungen. Die Verwandlung,* erster Satz.

144 Laut BRAK-Statistik zur Altersstruktur des Anwaltschaft waren 2012 nur zwei Prozent der Anwälte 30 und jünger. 27,6 Prozent waren 40 und jünger; 31 Prozent 50 und jünger und 34,8 Prozent liegen zwischen 50 und 70 Jahren. Älter als 70 waren nur 4,5 Prozent. Auf der Website der BRAK (www.brak.de/w/files/04_fuer_journalisten/statistiken/2013/09_altersstruktur2012.pdf).

145 Das Durchschnittsalter der deutschen Anwaltschaft lag 2012 bei 47,5 Lenzen.

146 Statistisch gesehen jedenfalls, denn dort liegt die allgemeine Lebenserwartung bei nur 44 Jahren.

147 Ein Beispiel ist der ehemalige Nationaltorwart Eike Immel, der wie viele Berufssportler nach seiner aktiven Zeit Insolvenz anmelden und Sozialhilfe beantragen musste. Erwähnt in: »In Saus und Braus gelebt, dann abgestürzt« (10.01.2008) in: STERN (www.stern.de/sport/fussball/ehemalige-fussballprofis-in-saus-und-braus-gelebt-dann-abgestuerzt-607463.html).

148 Stupipedia, die sinnfreie Enzyklopädie: www.stupidedia.org/stupi/Anwalt.

149 § 4 BRAO: »Zur Rechtsanwaltschaft kann nur zugelassen werden, wer die Befähi-

gung zum Richteramt nach dem Deutschen Richtergesetz erlangt hat oder die Eingliederungsvoraussetzungen nach dem Gesetz über die Tätigkeit europäischer Rechtsanwälte in Deutschland vom 9. März 2000 (BGBl. I S. 182) erfüllt oder die Eignungsprüfung nach diesem Gesetz bestanden hat.«

150 Um zur Wirtschaftsprüfer-Prüfung anzutreten, braucht man man lediglich ein abgeschlossenes Hochschulstudium oder eine langjährige Tätigkeit für einen Wirtschaftsprüfer sowie dreijährige einschlägige Wirtschaftsprüfungstätigkeit in einer WP-Gesellschaft oder Kanzlei. Die Wirtschaftsprüferkammer schaut sehr genau hin, wen sie in ihre Reihen aufnimmt und wen nicht. Das macht die Prüfung nicht zu einem Spaziergang. Ähnlich, wenn auch nicht ganz so schwierig, ist die Prüfung zum Steuerberater.

151 Deutsches Richtergesetz, § 5, Abs. 1: »Die Befähigung zum Richteramt erwirbt, wer in rechtswissenschaftliches Studium an einer Universität mit der ersten Prüfung und einen anschließenden Vorbereitungsdienst mit der zweiten Staatsprüfung abschließt.«

152 Aufsatz des Rechtsanwalts Dr. Michael Streck, Köln, ehemaliges Präsidiumsmitglied des Deutschen Anwaltvereins und Vorsitzender des Berufsrechtsausschusses des Deutschen Anwaltvereins: *Anwalt – Verlegenheitslösung oder Planung?* (13.11.2008) in: Deutsches Anwaltsblatt (anwaltverein.de/downloads/Ratgeber/AnwaltVerlegenheitsloesung-oder-Planung.pdf).

153 Kurt Tucholsky: *Standesdünkel und Zeitung* (1926)

154 Entwurf eines Bundesrechtsanwaltsausbildungsgesetzes1 (BRAusbiG) vom 07.02.2008 (anwaltverein.de/downloads/anwaltausbildung/E-BrausBig07.02.2008Gesetzentwurf2.pdf).

155 Der Anwaltverein sprach 2005 von 500 Millionen Euro, die der Staat jährlich für die Referendarausbildung ausgibt. Damit

bildet er jährlich 7.500 bis 8.000 Personen aus, von denen nur 400 Personen Richter werden. Archiv der Pressemitteilungen, 2005 (anwaltverein.de/interessenvertretung/pressemitteilungen/archiv-2007/archiv-2005/2005-43).

156 BRAK-Übersicht über die Fachanwaltstitel (Stand 01.11.2012): Fachanwalt/Fachanwältin für Steuerrecht, Arbeitsrecht, Sozialrecht, Familienrecht, Strafrecht, Insolvenzrecht, Versicherungsrecht, Medizinrecht, Miet- und Wohnungseigentumsrecht, Verkehrsrecht, Bau- und Architektenrecht, Erbrecht, Transport- und Speditionsrecht, gewerblichen Rechtsschutz, Handels- und Gesellschaftsrecht, Urheber- und Medienrecht, Informationstechnologierecht, Bank- und Kapitalmarktrecht, Agrarrecht.

157 Website der HM Akademie St. Gallen: www.hengeler.com/karriere/hm-akademie-st-gallen/.

158 Hinweis an masochistische Leser: Kaufen Sie sich ein Lehrbuch zum Schuldrecht und lesen Sie nach, was »Dreieckskondiktion« bedeutet, wenn Sie es nicht lassen können.

159 Hinweis an alle übrigen Leser: Kümmern Sie sich nicht weiter darum. Wozu gibt es Anwälte?

160 Der Kölner Branchenverlag JUVE (www.juve.de) gibt jährlich ein Kanzleiranking heraus, das jeder der führenden deutschen Wirtschaftskanzleien ihren Platz unter den 50 umsatzstärksten Kanzleien zuweist.

161 Wie Gustave Flaubert, der von sich sagte, dass ihn die Rechtswissenschaften verblöden und lähmen. Mehr dazu im Grund 107.

162 Der Mittelpunkt findet sich auf jeder Anwaltswebsite: »Bei uns steht der Mandant im Mittelpunkt«.

163 *Nomos Karriere im Recht*, 2/2013, S. 27.

164 Der Cartellverband (CV) ist nach eigenen Angaben ein Verband von mehr als 120 Verbindungen und mit rund 30.000 Mitgliedern der größte katholische Akademikerverband Europas. Er gibt an, dass zu seinen Mitgliedern »neben den aktiv Studierenden zahlreiche Fach- und Führungskräfte sowie Verantwortungsträger aus Wirtschaft, Gesellschaft und Politik« zählen. Website des Verbands: www.cartellverband.de/der-verband/wir-ueber-uns/index.html.

165 Burschenschaften gelten zunehmend als Refugium für intellektuelle Rechtsextremisten, schreibt Gabriele Nandlinger: »Ehre, Freiheit, Vaterland!« (01.04.2008) im Netz gegen Nazis (www.netz-gegen-nazis.de/artikel/ehre-freiheit-vaterland-burschenschaften-als-refugium-fuer-intellektuelle-rechtsextremisten).

166 CDU-Mitglied Christoph Ahlhaus war Mitglied in der schlagenden Verbindung Turnerschaft Ghibellinia zu Heidelberg im Dachverband Coburger Convent, trat aber kurz vor seiner Ernennung zum Bürgermeister aus. Christoph Ahlhaus auf Wikipedia: de.wikipedia.org/wiki/Christoph_Ahlhaus.

167 »Denn früher war es sehr förderlich für eine Allianz-Karriere, wenn man neben dem Jurastudium auch noch in einer schlagenden Studentenverbindung war. Kurt Schmitt (1921 bis 1933) war beim Corps Franconia, sein Nachfolger Hans Heß (1933 bis 1948) bei der Leipziger Afrania. Und noch die beiden Vorgänger Diekmanns, Wolfgang Scheuren und Henning Schulte-Noelle, gehörten dem schlagenden Corps Borussia Tübingen an.« Dohmen, Caspar/Hardt, Christoph Hardt: »Allianz Weltgeist und Familienerbe« (07.02.2006) in: *Handelsblatt* (www.handelsblatt.com/unternehmen/banken/allianz-weltgeist-und-familienerbe/2611302.html).

168 Hartmut Kilger auf Wikipedia: de.wikipedia.org/wiki/Hartmut_Kilger.

169 Arnsperger, Malte: »›Abmahn-Anwalt‹ begeht Selbstmord« (22.02.2010) in: STERN

(www.stern.de/digital/online/guenter-frei-herr-von-gravenreuth-abmahn-anwalt-begeht-selbstmord-1545590.html).

170 Klaus Kinkel auf Wikipedia: de.wikipedia.org/wiki/Klaus_Kinkel.

171 Friedrich Merz auf Wikipedia: de.wikipedia.org/wiki/Friedrich_Merz.

172 Hans-Peter Uhl auf Wikipedia: de.wikipedia.org/wiki/Hans-Peter_Uhl.

173 Detlef Kleinert auf Wikipedia: de.wikipedia.org/wiki/Detlef_Kleinert.

174 Berthold Mathias Reinartz auf Wikipedia: de.wikipedia.org/wiki/Bertold_Mathias_Reinartz.

175 Winfried Pinger auf Wikipedia: de.wikipedia.org/wiki/Winfried_Pinger

176 Paul Mikat auf Wikipedia: de.wikipedia.org/wiki/Paul_Mikat

177 Wird genannt unter »Bekannte Askanen« auf der Website der Studentenverbindung Ascania Bonn (www.ascania-bonn.de/index.php?id=74).

178 Die Zahl erwähnt Rüdiger Sagel, stellvertretender Vorsitzender der Fraktion Die Linke im Landtag NRW im Interview mit Gitta Düperthal: »Die FDP war in NRW von Nazis unterwandert« (11.01.2011) in: *junge Welt* (www.cubafreundschaft.de/Antifa/Antifa,%202011-01-11,%20jW-%20Interview%20Sagel,%20FDP-Nazis.pdf).

179 Theodor Maunz auf Wikipedia: de.wikipedia.org/wiki/Theodor_Maunz.

180 Ernst Böckenförde auf Wikipedia. de.wikipedia.org/wiki/Ernst-Wolfgang_B%C3%B6ckenf%C3%B6rde.

181 Klaus Detter auf Wikipedia: de.wikipedia.org/wiki/Klaus_Detter.

182 Paul Kirchhof auf Wikipedia: de.wikipedia.org/wiki/Paul_Kirchhof.

183 Aus der Website von Prof. Dr. Joachim Löffler, eingesandt von Dr. Jannis Vitzthum, MBA (www.mitarbeiter.hs-heilbronn.de/~loeffler/unterhaltung/body_witze.htm).

184 Ewer, Wolfgang: »Der Rechtsmarkt heute«, in: *Der Rechtsmarkt in Deutschland.*

Frankfurter Allgemeine Buch und *Deutscher AnwaltSpiegel* 2014, S. 49.

185 Wegerich, Thomas: »Meilensteine und Schlaglichter: Die Entwicklung des Rechtsmarkts vom ›Urknall‹ bis heute«, in: *Der Rechtsmarkt in Deutschland*, S. 17.

186 Wagner, Joachim: *Vorsicht Rechtsanwalt – Ein Berufsstand zwischen Mammon und Moral.* München: C.H. Beck 2014, S. 11 ff.

187 Dies geht aus einer 2012 bei 4200 Rechtsanwälten durchgeführten Erhebung des Nürnberger Instituts für Freie Berufe hervor (sog. STAR Untersuchung). In den östlichen Bundesländern lag der Umsatz bei 114.000 Euro und der Überschuss bei 48.000 Euro.

188 STAR Untersuchung, Umsätze lokale Sozietäten in: Legal Tribune Online.
West: www.lto.de/juristen/statistiken/wirtschaftliche-kennzahlen-selbststaendige-rechtsanwaelte/umsaetze-und-jahresueberschuesse-partner-in-lokalen-sozietaeten-west/.
Ost: www.lto.de/juristen/statistiken/wirtschaftliche-kennzahlen-selbststaendige-rechtsanwaelte/umsaetze-und-jahresueberschuesse-partner-in-lokalen-sozietaeten-ost/.

189 Die Top-Ten-Plätze des Umsatzrankings belegen im Wirtschaftsjahr 2012/2013 die Kanzleien Freshfields Bruckhaus Deringer LLP (334,00 Euro, Umsatz in Mio.); CMS Hasche Sigle (238,20); Hengeler Mueller (214,00); Clifford Chance (189,00); Linklaters LLP (162,45); Gleiss Lutz (158,10); Hogan Lovells (149,50); Noerr (135,31); White & Case (119,00); Allen & Overy (118,00) in: JUVE (juve.de/rechtsmarkt/umsatzzahlen).

190 Janisch, Wolfgang: »An der Grenze des Erlaubten. Anwaltstag diskutiert über Auswüchse im Streit um Mandanten« (28./.29.06.2014). *Süddeutsche Zeitung*, S. 6.

191 Die Studie des IFB (=Institut der Freien Berufe Nürnberg) Band 37: »Berufs-

einstig und Berufserfolg junger Rechtsanwältinnen und Rechtsanwälte 2010« wird zitiert in »Hungertuch-Alarm: Was Junganwälte verdienen« (28.03.2011) in: Spiegel ONLINE, Fotostrecke. www.spiegel.de/fotostrecke/hungertuch-alarm-was-junganwaelte-verdienen-fotostrecke-66096-7.html.

192 Aus der zitierten Studie des IFB: www.spiegel.de/fotostrecke/hungertuch-alarm-was-junganwaelte-verdienen-fotostrecke-66096-5.html.

193 Tausch, Volker: »Kleinkanzlei: Archetypus und Schlusslicht – Denn sie wollen nicht wissen, was sie tun können« in: Wegerich / Hartung: *Rechtsmarkt*, S. 388.

194 Das Verwaltungsgericht Göttingen fand, dass das die Ehre von Anwälten verletze, Urteil vom 9.2.2011, Az.: 1 A 213/10.

195 Übersicht und Erläuterung des JUVE Verlags zu Anwalts-Stundensätzen, Stand: 2013/2014. www.juve.de/rechtsmarkt/stundensaetze.

196 Alle Äußerungen und Informationen stammen aus dem Magazin *azur 100 Top Arbeitgeber 2013*, Juve Verlag für juristische Information GmbH, Köln, 2014.

197 Diese Zahl nennt der »Bericht der Bundesregierung zur Lage der Freien Berufe« (2013), S. 15 (www.bmwi.de/BMWi/Redaktion/PDF/B/bericht-der-bundesregierung-freie-berufe-2013,property=pdf,bereich=bmwi2012,sprache=de,rwb=true.pdf).

198 »Beurkundet wird der Kauf eines Grundstücks, das mit einem Einfamilienhaus bebaut ist. Der Kaufpreis beträgt 250.000 €. Eine im Grundbuch noch eingetragene Grundschuld muss im Zuge der Vertragsabwicklung gelöscht werden. Dafür werden aus dem Kaufpreis 70.000 € an die Gläubigerin des Verkäufers benötigt.« Beispiel aus der Website der Bundesnotarkammer (www.gnotkg.de/beispiele.html).

199 Gebührentabelle nach dem Gerichts- und Notarkostengesetz auf der Website der Kammer (www.gnotkg.de/mediapool/131/1311006/data/GNotKG.pdf).

200 Zahlen aus der Gebührenordnung für Hebammen, Stand 2012 (www.hebrech.de/juli2012.html).

201 »Haftpflichtprämien: 2,70 Euro Stundenlohn – Hebammen hören auf« (28. Juli 2014) in *Holsteinischer Courier* (www.shz.de/lokales/holsteinischer-courier/2-70-euro-stundenlohn-hebammen-hoeren-auf-id6462561.html).

202 Pressemitteilung des Bundesgesundheitsministeriums vom 20. März 2014.

203 Kurt Tucholsky: *Standesdünkel und Zeitung* (1926), erschienen unter dem Pseudonym Ignaz Wrobel in: *Die Weltbühne*, 16.03.1926, Nr. 11, S. 417.

204 »Unstreitig ist: Rechtsanwälte sind staatsunabhängig auf Grund der Freiheit der Advokatur, deren Einführung 1878 vor allem der gleich lautenden Streitschrift von Rudolf von Gneist zu verdanken ist.« zit. aus: Dr. Kleine-Cosack, Michael: »Der Traum von der anwaltlichen Unabhängigkeit« in: Anwaltsblatt Karriere Online (anwaltsblatt-karriere.anwaltverein.de/nachrichtendetails/items/der-traum-von-der-anwaltlichen-unabhaengigkeit.html).

205 Wer ein Mitglied des Betriebsrates um seiner Tätigkeit willen begünstigt, kann wegen Betriebsratsbegünstigung gemäß § 119 Abs. I Nr. 3 des Betriebsverfassungsgesetzes (BetrVG) mit Freiheitsstrafe bis zu einem Jahr oder mit Geldstrafe bestraft werden.

206 Etwa Rechtsanwalt Arno Frings, Arbeitsrechtler bei Orrick, Herrington & Sutcliffe. Er hat im Management-Blog der *Wirtschafts Woche* erörtert, dass Betriebsräte wegen ihrer Tätigkeit nicht begünstigt werden dürfen. Frings, Arno: »Betriebsratsbegünstigung – ein Straftatbestand« (18.10.2013). (blog.wiwo.de/management/2013/10/18/siemens-daimler-und-viele-andere-betriebsratsbegunstigung-ein-straftatbestand-gastbeitrag-von-arno-frings/).

207 Diese Begebenheit wird über einen bekannten deutschen Arbeitsrechtler kolportiert.

208 Gleiss Lutz' Anwalt Jobst-Hubertus Bauer erläutert im Gespräch, warum eine Frauenquote seiner Meinung nach die unternehmerische Freiheit beschneide (03.02.2011) in: *WirtschaftsWoche* Management-Blog (blog.wiwo.de/management/2011/02/03/das-ziel-ist-den-menschals-individuum-zu-bewerten-nicht-alsmann-oder-frau/).

209 Vorreiter ist der Chemiekonzern Bayer, der eine Auswahl von Kanzleien aufgestellt hat, die bei bestimmten Aufträgen zum Zug kommen.

210 Krenzler, Michael: »Die Zukunft des anwaltlichen Berufsrechts zwischen Deregulierung und Neuordnung – Thesen« (6/10) in: BRAK-Mitteilungen, S. 234 (www.brakmitteilungen.de/media/77818_brak0610_druckdatei_low.pdf).

211 BVerfGE 16,298; Maunz/Dürig-Scholz, Art. 12, Rn. 269.

212 »Von der Gewerbesteuer zur kommunalen Wirtschaftssteuer – Ein Reformkonzept der Bertelsmann Stiftung«, online auf der Website der Bertelsmann Stiftung (www.bertelsmann-stiftung.de/cps/rde/xbcr/SID-BCCFDD31-380DC996/bst/Reformkonzept_dr.pdf).

213 Figlestahler, Jan: »Das geht uns alle an« (13.08.2012) Rundschreiben auf der Website der Rechtsanwaltskammer Karlsruhe (www.rak-karlsruhe.de/index.php?id=60&tx_ttnews[tt_news]=1003&cHash=5c4e8987395fe601b235b02289d4c3d).

214 So ein Bericht der *Frankfurter Allgemeinen Zeitung* vom 27.05.2003.

215 Die Bundesregierung zählt zu den »neuen« freien Berufen »insbesondere beratende, künstlerische und Kreativberufe, wie z.B. IT- und Technologieberater (z. B. Softwareentwicklung, Homepage-Design),

Umweltberatung und Öko-Audit, aber auch der Bereich der selbstständigen Kranken- und Altenpflege. Aus: »Bericht der Bundesregierung zur Lage der Freien Berufe« (April 2013). Hrsg. vom Bundesministerium für Wirtschaft und Technologie (www.bmwi.de/BMWi/Redaktion/PDF/Publikationen/bericht-der-bundesregierung-zur-lage-derfreien-berufe,property=pdf,bereich=bmwi2012,sprache=de,rwb=true.pdf).

216 Europäisches Zentrum für Freie Berufe der Universität zu Köln: »Mechanismen und Wirkungen der Regulierung von Freien Berufen« (25.02.2013). (www.euzfb.uni-koeln.de/fileadmin/sites/euzfb/pdf/20121126_Projektbeschreibung_Zentrales_Projekt.pdf).

217 Felix Busse: »Berufsethik« (14.03.1989) in: *Anwaltsblatt*, S. 231.

218 Ebd.

219 Ebd.

220 Henssler, Prof. Dr. Martin: »Die Anwaltschaft zwischen Berufsethos und Kommerz«. *Anwaltsblatt* 11/2008, S. 721.

221 BRAO (Bundesrechtsanwaltsordnung): Die anwaltsgerichtliche Ahndung von Pflichtverletzungen §§ 114 ff.

222 Dieckmann, Klaus: »Anwalt aus Papenburg vor Berufsgericht« (13.01.2014) in: *Neue Osnabrücker Zeitung* (www.noz.de/lokales/papenburg/artikel/442326/anwaltaus-papenburg-vor-berufsgericht).

223 *Jahrbuch der Anwaltschaft*, S. 197 ff.

224 *Vorsicht Rechtsanwalt*, S. 272.

225 Hoyer, Niklas: »Rente für Freiberufler - Reicht die private Vorsorge für den Ruhestand?« (16.10.2012) in Wirtschaftswoche Online (www.wiwo.de/finanzen/vorsorge/rente-fuer-freiberufler-versorgungswerkesind-attraktiver/7245092-3.html).

226 o. V.: »Versorgungswerke für Freiberufler: Rentenanspruch sinkt« (05.06.2010) in Finanztest Online (www.test.de/Versorgungswerke-fuer-Freiberufler-Rentenanspruch-sinkt-4104826-0/).

227 Mehr Infos zur Arbeitsgemeinschaft berufsständischer Versorgungseinrichtungen e.V. (ABV) auf der Website: www.abv.de.

228 o. V.: »Dossier zur Rentenpolitik« in: Website der Bundeszentrale für politische Bildung (www.bpb.de/politik/innenpolitik/rentenpolitik/141584/berufsstaendische-versorgungswerke?type=galerie&show=image&i=144473).

229 BVerfG vom 04.11.1992 - 1 BvR 79/85 ua - BVerfGE 87, 287 ff. und BGH vom 07.11.2011.-

230 o. V.: »Bundessozialgericht: Keine Rentenbefreiung für Inhouse-Anwälte« (03.04.2014) in: JUVE (www.juve.de/nachrichten/namenundnachrichten/2014/04/bundessozialgericht-keine-rentenbefreiung-fur-inhouse-anwalte).

231 Bundessozialgericht vom 03.04.2014 (B 5 RE 13/14 R; B 5 RE 9/14 R; B 5 RE 3/14 R).: Auszug aus der Pressemitteilung zum Urteil: »Die Klägerin und die Kläger sind jedoch nicht als Rechtsanwälte bei ihren jeweiligen Arbeitgebern beschäftigt. Denn nach gefestigter verfassungsrechtlicher und berufsrechtlicher Rechtsprechung zum Tätigkeitsbild des Rechtsanwalts nach der BRAO wird derjenige, der als ständiger Rechtsberater in einem festen Dienst- oder Anstellungsverhältnis zu einem bestimmten Arbeitgeber steht (Syndikus), in dieser Eigenschaft nicht als Rechtsanwalt tätig (BVerfG vom 04.11.1992 1 BvR 79/85 ua BVerfGE 87, 287 ff und BGH vom 07.11.2011 AnwZ (B) 20/10, NJW 2011, 1517 ff.). Unabhängiges Organ der Rechtspflege und damit Rechtsanwalt ist der Syndikus nur in seiner freiberuflichen, versicherungsfreien Tätigkeit außerhalb seines Dienstverhältnisses (sog Doppel- oder Zweiberufe-Theorie).«

232 Unternehmensjurist – Magazin für Mitarbeiterinnen und Mitarbeiter in Rechtsabteilungen 02/2014 April/Mai, Artikel von Tim Proll-Gerwe, S. 17.

233 Berg, Sibylle: »S.P.O.N. – Fragen Sie Frau Sibylle: Weiblich geht die Welt zugrunde« (08.06.2013) in SPIEGEL ONLINE (www.spiegel.de/kultur/gesellschaft/sibylle-berg-zur-sprachreform-an-der-uni-leipzig-a-903858.html).

234 Man sieht: Juristen argumentieren, wie es ihnen nützt und nicht, wie es vielleicht gerecht wäre.

235 Douma, S. 73.

236 Rechtsanwältin und Notarin Mechtild Düsing ist Gründungspartnerin der Rechtsanwaltskanzlei Meisterernst Düsing Manstetten in Münster und Mitglied im Vorstand des Deutschen Anwaltvereins (anwaltverein.de/ueber-uns/vorstand).

237 Die Studie Der Einstieg in den Anwaltsberuf von Christian Hommerich, Deutscher Anwaltverlag 2001 wird zit. v. Mechtild Düsing in: »Anwältin mit Willen«, Arbeitsgemeinschaft Anwältinnen im DAV 2008 (3.11.2008).

238 Selbstständige Rechtsanwälte (West): Durchschnittlicher persönlicher Honorarumsatz nach Geschlecht. Männer 2010: 166.000 Euro, Frauen: 86.000 Euro. Quelle: Institut für freie Berufe in Nürnberg, online in: Legal Tribune ONLINE (www.lto.de/juristen/statistiken/wirtschaftliche-kennzahlen-selbststaendige-rechtsanwaelte/honorarumsatz-nach-geschlecht-west/).

239 Silke Brünger, Viel Lärm um nichts, azur Top-Arbeitgeber 2013, S. 37 (www.azur-online.de/2014/04/10/ruckschritt-kanzleien-stellten-2013-deutlich-weniger-frauen-ein/).

240 »Wohlklingende Maßnahmen zur Frauenförderung gibt es mittlerweile im Überfluss. Sie zeigen, dass sich die Manager von Großkanzleien viele Gedanken machen«, zit. aus Brünger, Silke (ebd.)

241 Webseite »Hochschullaufbahn« des Bundesministeriums für Familie, Senioren, Frauen und Jugend (BMFSJ): www.bmfsfj.de/doku/Publikationen/genderreport/1-

Bildung-ausbildung-und-weiterbildung/1-7-Studium/1-7-3-hochschullaufbahn.html.

242 Personal an Hochschulen – Vorläufige Ergebnisse – Berichtsjahr 2012, nach Ländern, Hochschulart, Personal- und Fächergruppen, Download als Pdf und Exceltabelle: www.destatis.de/DE/Publikationen/Thematisch/BildungForschungKultur/Hochschulen/PersonalVorbericht.html;jsessionid=BA76458EF7CD9B76BA69E0D94D5649A5.cae2.

243 Statistik der BRAK, Stand 1.1.2013: www.brak.de/w/files/04_fuer_journalisten/statistiken/2013/07_rainnen2013_.pdf

244 Zahlen auf dem Stand von 2011. Quelle: Statistisches Jahrbuch 2013 vom Statistischen Bundesamtes, S. 298. www.destatis.de/DE/Publikationen/StatistischesJahrbuch/Justiz.pdf?__blob=publicationFile.

245 »Partnerin werden Frauen erst ab 44 – wer dann noch keine Kinder hat, kommt auf der Karriereleiter ganz nach oben.« – »Man hat Frauen so lange hingehalten, bis die biologische Uhr abgelaufen war.« von Dietrich, Angelika: »Kind da, Job weg, Warum Muttersein für hoch qualifizierte Frauen immer noch ein Problem ist« (29.01. 2010) in: DIE ZEIT (www.zeit.de/2010/05/C-Muetter-Mobbing).

246 o. V.: »Jura-Studium wird Frauensache« (26.09.2006) in *azur* Online (www.azur-online.de/2006/09/26/jura-studium-wird-frauensache/).

247 Düsing, Mechtild/Spranger, Svenja: »Anwältin mit Willen« (13.11.2008) in DAV-Ratgeber, S. 76, online auf der Website des DAV (anwaltverein.de/downloads/Ratgeber/Anwaeltin-mit-Willen.pdf).

248 Ein Beispiel aus der Karriere-Website der Kanzlei Hengeler Müller (www.hengeler.com/karriere/meine-karriere/dr-anna-schwander/).

249 Diversity bezeichnet die Haltung, unterschiedliche Eigenschaften und Fähigkeiten der Mitarbeiter zu berücksichtigen.

250 Karen Mitterer: »Ist Anwältin in Teilzeit eine reale Option?« 19.11.2013 (blog.beck-shop.de/recht/anwaeltin-in-teilzeit/).

251 www.juristische-verlage.de

252 Verlag Wolters Kluwer auf Wikipedia: de.wikipedia.org/wiki/Wolters_Kluwer.

253 Aman, Melanie: »Der Methusalem-Komplex« (02.09.2013) in SPIEGEL ONLINE (www.spiegel.de/spiegel/print/d-110118001.html. Hans Dieter Beck auf Wikipedia. de.wikipedia.org/wiki/Hans_Dieter_Beck).

254 Gegenüber dem *Börsenblatt* äußerte er 2013, dass er nicht der Hybris erliege, bis zu seinem 90. Geburtstag den Verlag leiten zu wollen. Interview mit Hans Dieter Beck: »Eine Zweierspitze könnte eine gute Lösung sein« (13.09.2013). (www.boersenblatt.net/636158/).

255 Verlagsprofil Dr. Otto Schmidt: www.juristische-verlage.de/pages/de/verlage/verlagsprofile/63.htm.

256 Website des Verlags: www.otto-schmidt.de/geschichte-1905-1909

257 Verlagsprofil Manz'sche Verlags- und Universitätsbuchhandlung: www.juristische-verlage.de/pages/de/verlage/verlagsprofile/10.htm.

258 o. V.: »Österreich: Manz übernimmt Jurbooks« (11.05.2011) in: Buchhandel (www.buchmarkt.de/content/46899-oesterreich-manz-uebernimmt-jurbooks.htm?hilite=-Manz-).

259 www.juristische-verlage.de/pages/de/verlage/verlagsprofile/47.htm

260 www.bundesanzeiger-verlag.de/ueber-uns/editorial.html

261 de.wikipedia.org/wiki/Kategorie:Juristische_Fachzeitschrift_%28Deutschland%29

262 Das geht sogar noch weiter, wie Wissenschaftlerinnen herausfanden: Stehen in einer Anzeige viele Adjektive, »die vermeintlich männliche Eigenschaften widerspiegeln, zum Beispiel durchsetzungsstark, selbst-

ständig, offensiv und analytisch«, fühlen sich weibliche Bewerber weniger angesprochen und bewerben sich seltener, als wenn weiblich besetzte Adjektive in der Anzeige stehen: engagiert, verantwortungsvoll, gewissenhaft und kontaktfreudig. »Männliche Formulierung einer Stellenanzeige schreckt Bewerberinnen ab« (2014) in SPIEGEL ONLINE (www.spiegel.de/karriere/berufsstart/maennliche-formulierung-einer-stellenanzeige-schreckt-bewerberinnen-ab-a-962423.html).

263 Hier gehts zur Online-Version des gGG, des geschlechtergerechten Grundgesetzes: sites.google.com/site/geschlechtergerechtesgg/geschlechtergerechtes-gg.

264 Aus: »Die sieben Schwaben«, ein Märchen der Brüder Grimm

265 *azur 100 Top-Arbeitgeber 2013.*

266 Website von Führungskräfte Coach Gudrun Happich (www.galileo-institut.de/gudrun-happich/die-expertin.html).

267 Pothe, Christian: *Business Services in der Kanzlei, in Kanzleimanagement in der Praxis,* Hrsg. v. Claudia Schieblon, Wiesbaden: Gabler Verlag 2011, S. 110.

268 Executive Coach Gudrun Happich (www.galileo-institut.de) im Gespräch mit der Verfasserin, Mai 2014.

269 »Viele Kanzleien behaupten von sich, dass sie großen Wert auf Teamarbeit legten und die Zusammenarbeit über Fachbereiche, Standorte und Ländergrenzen hinaus zum Alltag in der Kanzlei gehörte. Dabei handelt es sich teilweise eher um ein Lippenbekenntnis« aus Hartung, Markus/Gärtner, Arne: »Neue Wege gehen – Cross-Selling versus Collaboration oder: horizontale versus vertikale Vertriebsstrategie« in: *Deutscher Anwaltsspiegel* 09/2014 (www.deutscheranwaltsspiegel.de).

270 Tipps von Johanna Busmann auf ihrer Website (www.busmann-training.de/blog/?p=21&utm_source=rss&utm_medium=rss&utm_campaign=test).

271 Haben Sie die Kanzlei erkannt? Richtig, Noerr LLP. Und wie hieß der alte Claim? Auch richtig: Excellence creating Value.

272 www.legalprofession.de/assistenzberufe

273 Studie auf www.cbre.com (www.cbre.com/AssetLibrary/POOC-December-2012%20FINAL.pdf).

274 FRANKFURT BÜROMARKT Gesamtjahr 2013 – Dr. Lübke (www.dr-luebke.com/images/upload/images/4%20Maerkte/6_frankfurt/DRL_Marktbericht_Frankfurt_2013.pdf).

275 Dewey & LeBoeuf: »Gier nach Boni treibt Großkanzlei in Ruin« (29.05.2012) in Manager Magazin Online (www.managermagazin.de/unternehmen/artikel/a-835676.html).

276 Leutheußer, Horst: *Die Rechtsanwälte – Berufsstand zwischen Lob und Tadel.* München: Universitas Verlag, Rowohlt 1992.

277 Eintrag im Blog: »Big Law« (13.03.2012). (biglaw.org/news/5974/age-discrimination-suit-challenges-de-equitization-of-partners#sthash.Hd9XTliI.dpuf)

278 Beioley, Kate: »Barclays ready for battle over Dewey debts« (05.03.2014). The Lawyer (www.thelawyer.com/news/practice-areas/litigation-news/barclays-ready-for-battle-over-dewey-debts/3017165.article).

279 Stupipedia, zwölfbändige Enzyklopädie zum gesamten Anwaltswesen, § 24 Randziffer 475 (mobil.stupidedia.org/stupi/Anwalt).

280 o.V: »Folter durch 50 Tage Schlafentzug« (15.07.2008) in: FOKUS. (www.focus.de/politik/ausland/guantanamo-folter-durch-50-tage-schlafentzug_aid_318069.html).

281 Informieren Sie sich hier über die Konditionen der Metropolitan Opera, falls Sie mal Kunden einladen und selbst ein Schläfchen machen wollen (Website der

Oper. www.metoperafamily.org/metopera/index.aspx?).

282 In Berlin zählen natürlich auch die Spätis zur Daseinsvorsorge, also die Läden, die 24/7 geöffnet haben.

283 Laut *azur 100 Top-Arbeitgeber 2013* lagen die Arbeitszeiten der Associates in den Großkanzleien bei 50 Wochenstunden, bei Freshfields bei 54 und bei Hengeler Mueller, dem Mercedes unter den Topkanzleien, bei über 60. *azur 100*, S. 66.

284 Wie in der alten Anwaltswelt üblich.

285 o. V: »Die geheimen Gesetze des Adels« *PM-Magazin* 4/2011 (www.pm-magazin.de/r/mensch/die-geheimen-gesetzedes-adels).

286 Wikipedia zum 20.07.1944: de.wikipedia.org/wiki/20._Juli_1944.

287 Genauer beschreibt das Klaus Harpprecht in seinem Buch über die adelige ZEIT-Herausgeberin Marion Dönhoff, die übrigens selbst auf das »Gräfin von« im Namen verzichtet hat. Harpprecht, Klaus: *Die Gräfin: Marion Dönhoff. Eine Biographie.* 2. Aufl. Rowohlt 2008.

288 »Bei den unterschiedlichsten Lebensmodellen, die sicher auch ihre Berechtigungen haben, steht für adlige Familien die in genealogischer Folge sich ausrichtende Familie, in der geheiratet wird, das seit dem salischen Recht angewandte Namensrecht angewandt wird und die Kinder den Namen des Vaters erhalten, also das klassische Familienbild. Hierauf beruht auch die Zugehörigkeit zum Historischen Adel. Identifikation und Bindekraft entsteht durch diese seit Jahrhunderten geübte und gelebte Praxis.« (Website des Dachverbands der deutschen Adelsverbände: www.adel-in-deutschland.de/familienverbaende).

289 Wikipedia-Eintrag zu Jutta Ditfurth: de.wikipedia.org/wiki/Jutta_Ditfurth

290 Ditfurth, Jutta: »Adel vernichtet« (28.04.2011) in: *Der Freitag* (www.freitag.de/autoren/der-freitag/adel-vernichtet).

291 Ebd.

292 Das Soldan-Institut hat mal nachgezählt: Von allen Personen, die zwischen 2002 und 2006 ein Rechtsproblem hatten, haben 78 % einen Rechtsanwalt/Rechtsanwältin aufgesucht.

293 BGH – 17.12.1998 – IX ZR 270/97

294 Andere Kanzleiversprechen lauten »Wir sind exzellent«, »Wir haben Teamgeist«, »Wir schauen über den Tellerrand« und Ähnliches. Eine Erläuterung, was Kanzleien darunter verstehen, finden Sie in meinem Buch *Klartext für Anwälte.* Wien: Linde Verlag 2010.

295 Busmann, Johanna: »Kanzleikultur – 10 Gebote zum inneren Aufbau Ihrer Kanzlei«, online unter Busmann Training (busmann-training.de/wp-content/uploads/2014/04/Kanzleikultur1.pdf). Mehr dazu in: Busmann, Johanna: »Chefsache Mandantenakquisition«, De Gruyter, Hamburg 2012.

296 Auf Englisch: *The first thing we do, let's kill all the lawyers.* Märten in William Shakespeare: *König Heinrich der Sechste*, 2. Akt, 4. Aufz., 2. Sz. Deutsche Übersetzung von August Wilhelm von Schlegel und Ludwig Tieck. Online-Fundstelle bei Projekt Gutenberg.DE – SPIEGEL ONLINE (gutenberg.spiegel.de/buch/7099/12).

297 Fälle 1 bis 5 allesamt gefunden und frei nacherzählt bei www.kostenlose-urteile.de/.

298 Gefunden bei Rechtsanwaltskanzlei Kotz (www.ra-kotz.de/intimverkehr.htm).

299 Beschluss des BGH vom 05.09.2013 – 1 StR 162/13 LG Essen – Urteil vom 13.12.2012 – 59 KLs 1/12 Karlsruhe, den 11.12.2013.

300 Stadler, Thomas: »Massenabmahnungen: Ist ein Ende in Sicht?« (09.10.2013) in: Magazin der Anwaltauskunft auf: IT-Recht-Blog (www.anwaltauskunft.de/magazin/leben/internet-neue-medien/101/massenabmahnungen-ist-ein-ende-in-sicht/).

301   Tödtmann, Claudia: »Lesehinweis: US-Anwaltskammer bezieht Stellung gegen Abmahnanwälte« (17.07.2014) in *WirtschaftsWoche* Management-Blog (blog.wiwo. de/management/2014/07/17/lesehinweis-us-anwaltskammer-bezieht-stellung-gegen-abmahnanwalte/).

302   o. V.: »Neues Buch: Anwälte nutzen Hartz-IV-Klagen als lukrative Geldquelle« (04.05.2014) in: SPIEGEL ONLINE (www. spiegel.de/wirtschaft/soziales/hartz-iv-klagen-von-anwaelten-als-lukrative-geldquelle-genutzt-a-967478.html).

303   Winnetou in: May, Karl: *Winnetou I*, 5. Kapitel, *Schöner Tag*, Online-Bibliothek Spiegel Projekt Gutenberg (gutenberg.spiegel.de/buch/winnetou-i-2323/7).

304   Clarence Darrow und seine Fälle auf Wikipedia: de.wikipedia.org/wiki/Clarence_Darrow.

305   Die ganze Berichterstattung findet sich im Blog von Rechtsanwalt Gerd Meister, dem Strafverteidiger von Olaf H. »Der Fall Mirco – ein Prozessrückblick. Der gesamte Artikel von Bianca Bell-Chambers« (20. März 2012) in: Strafblog.de. strafblog. de/2012/03/20/1426/.

306   Lesetipp: Soentgen, Jens: *Selbstdenken! 20 Praktiken der Philosophie*, 6. Aufl., Beltz & Gelberg, Weinheim/Basel 2012.

307   Das französische Original von 1827 trägt den Titel: *L'art de payer ses dettes et de satisfaire ses créanciers sans débourser un sou*.

308   Fotostrecke »Gehässigkeiten über Juristen« (4.11.2013) in: SPIEGEL ONLINE (www.spiegel.de/fotostrecke/zitate-gehaessigkeiten-ueber-juristen-fotostrecke-103353-19.html).

309   www.change.org/de/Petitionen/einf%C3%BChrung-digitale-prozessbeobachter-bei-gerichtsverhandlungen-in-bild-und-ton

310   Die beste und spannendste Darstellung sämtlicher Facetten der Litigation-PR findet man in Stephan Holzingers und Uwe Wolffs Buch *Im Namen der Öffentlichkeit – Litigation-PR als strategisches Instrument bei juristischen Auseinandersetzungen*, Gabler Verlag, Wiesbaden 2009.

311   Markus Hartungs Profil auf der Website des Bucerius Center of the Legal Profession: www.bucerius-clp.de/personen/profil-markus-hartung.html

312   Hehn, Marcus: »Mediation – Professionelles Konfliktmanagement« (2008) in *Ratgeber Anwaltverein*, S. 661 ff. (anwaltverein.de/downloads/Ratgeber/Mediation.pdf).

313   Dr. Dunja Voos im Gespräch mit der Verfasserin, Mai 2014.

314   Hehn, S. 661 ff.

315   Angaben der Kanzlei Birnbaum & Partner in Köln zu den Kosten der Studienplatzklage: www.quereinstieg-medizin.de/kosten.html.

316   Angaben aus der Website der Studimed GmbH, auf Vermittlung von Medizinstudienplätzen im Ausland spezialisiert (www.studimed.de/kosten.html).

317   Art. 5: (1) Jeder hat das Recht, seine Meinung in Wort, Schrift und Bild frei zu äußern und zu verbreiten und sich aus allgemein zugänglichen Quellen ungehindert zu unterrichten. Die Pressefreiheit und die Freiheit der Berichterstattung durch Rundfunk und Film werden gewährleistet. Eine Zensur findet nicht statt.

318   Benannt nach der Schauspielerin Barbra Streisand. Die wollte den Medien eine Äußerung über ihr Haus verbieten, worauf diese die News erst recht zu verbreiten begannen. Streisand-Effekt auf Wikipedia: de.wikipedia.org/wiki/Streisand-Effekt.

319   Leyendecker, Hans: »Rechtsanwalt Gernot Lehr Marathonläufer für Wulff« (13.01. 2012) in: *Süddeutsche Zeitung* (www.sueddeutsche.de/politik/rechtsanwalt-gernot-lehr-marathonlaeufer-fuer-wulff-1.1257835).

320   Website Buskeismus.de: lexikon.buskeismus.de/Pers%C3%B6nlichkeitsrecht.

321 Stadler, Rainer: »Und kein Ende in Sicht« (02/2014) in: *Süddeutsche Zeitung Magazin*, S. 23 ff.

322 Stadler, S. 26 f.

323 Ebd.

324 Ebd.

325 Aus: Bertolt Brecht, *Die Dreigroschenoper*

326 Eigentlich heißt der Sport »Tischfußball«. Dort, seit dem Siegeszug der Genfer Firma Kicker in Tischfußballerkreisen, hat sich für die bei Anwälten beliebte Sportart das Synonym »Kickern« eingebürgert, so wie »Tempo« für Papiertaschentuch.

327 Grassegger, Hannes: »Der Haken an der Sache« (06.06.2014). *Süddeutsche Zeitung Magazin.*

328 Kammergericht Berlin Az.: 5U 42/12

329 Jesus: *Evangelium nach Matthäus*, Kp. 24, V. 4., *Die Bibel*.

330 Vorsicht, Ironie!

331 Vetter, Udo: »DIE GRENZE« (29.4.2003) in: Lawblog. Das Magazin rund ums Recht (www.lawblog.de/index.php/archives/2003/04/29/die-grenze/).

332 o. V.: »Warum Anwälte Kindsmörder verteidigen« (03.02.2011) in: *Westdeutsche Allgemeine Zeitung* (www.derwesten.de/nachrichten/warum-anwaelte-kindsmoerder-verteidigen-id4238669.html).

333 o. V.: »Auf dem Seziertisch: Noie Werte – Die Vertriebenenballade« (01.06.2008) in: Netz gegen Nazis (www.netz-gegen-nazis.de/artikel/auf-dem-seziertisch-noie-werte-die-vertriebenenballade).

334 Noie Werte auf Wikipedia: de.wikipedia.org/wiki/Noie_Werte.

335 o. V.: »Nazianwälte Steffen und Meike Hammer der Nachbarschaft vorgestellt« (04.01.2012) in Linksunten (Linksunten indymedia. linksunten.indymedia.org/node/52875).

336 o. V.: »Extreme Kanzleien: Kamerad Rechtsanwalt« (17.12.2011) in: *Frankfurter Rundschau* (www.fr-online.de/neonazi-ter-ror/extreme-kanzleien-kamerad-rechtsanwalt,1477338,11320058.html).

337 o. V.: »Nazikanzlei Waldschmidt schließen!« (04.02.2014) in: Linksunten (linksunten.indymedia.org/de/node/105337).

338 Kampf, Lena: »NSU-Prozess: Die Akte Nicole Schneiders« (01.06.2013) in: STERN (www.stern.de/politik/deutschland/3-nsu-prozess-die-akte-nicole-schneiders-2019044.html).

339 Oswald, Georg M.: »Der martialische Klang von Heer, Sturm und Stahl« (06.05.13) in: DIE WELT (www.welt.de/kultur/article115910804/Der-martialische-Klang-von-Heer-Sturm-und-Stahl.html).

340 Auszug aus dem Antrag der Nebenklagevertreter auf Bestellung von Rechtsanwalt Thomas Jauch als Zeuge im NSU-Prozess im Blog »Schneeflocke« der Kölner Sozietät Schön & Reinecke (www.blog-rechtsanwael.de/wp-content/uploads/2013/12/BA.jauch_.beweisantrag.2013.12.19.pdf).

341 Biermann, Kai/Duwe, Silvio/Seifert, André: »Rechtsradikalismus: Der Nazi-Anwalt, dem die Bürgermeister vertrauen« (11.6.2014) in: ZEIT ONLINE (www.zeit.de/gesellschaft/zeitgeschehen/2014-06/neonazi-anwalt-jauch-sachsen-anhalt).

342 Dazu eine kleine Geschichte: Ein Anwalt cruist in seiner Limousine durch die Gegend, als er am Wegesrand einen Mann erblickt, der Gras isst. Er hält an und fragt, warum er das tue. »Ich habe kein Geld für Essen, also muss ich Gras essen«, antwortet der Mann. Darauf der Anwalt: »Wenn das so ist, kommen Sie zu mir und ich werde Ihnen was zu essen geben.« – »Aber mein Herr, ich habe eine Frau und zwei Kinder. Sie sind dort drüben unter dem Baum.« – »Dann bringen Sie sie mit«, antwortete der Anwalt. Sie quetschen sich alle in die Limousine. Als sie unterwegs sind, sagt der arme Mann: »Mein Herr, Sie sind sehr freundlich. Vielen Dank, dass Sie uns alle mitnehmen.«

Ehrlich gerührt sagt der Anwalt: »Es ist mir eine Freude. Ihnen wird es bei mir gefallen, das Gras steht fast 30 Zentimeter hoch!«

343 Testen Sie Ihre Allgemeinbildung: Wie heißt die erste deutsche Verteidigungsministerin? Seit wann ist sie im Amt? Und in welchem Beruf ist sie ausgebildet? Die als Ärztin ausgebildete Dr. Ursula von der Leyen (CDU) trat am 17.12.2013 das Amt der Bundesverteidigungsministerin an.

344 »Ohne Rüstung leben« ist eine in den 70er Jahren entstandene Antirüstungsbewegung (www.ohne-ruestung-leben.de/).

345 »Nationaler Überblick Top 50« 2013/2014 von JUVE (www.juve.de/handbuch/de/2013/ranking/2#ranking-13).

346 Einige Kanzleien oder Einzelanwälte beraten durchaus Aktionärsverbände, etwa Rechtsanwalt Holger Rothbauer (Kritische AktionärInnen Daimler). Angabe aus der Website der Kanzlei: www.dehr.eu/tuebingen/Unser-Team/Holger-Rothbauer-Rechtsanwalt.php.

347 Website der Kanzlei WilmerHale: www.wilmerhale.de/biographies/biographies/whAttorneyDetail.aspx?attorney=1127.

348 Auszug aus den JUVE Nachrichten: »Berater Northrop Grumman:
Oppenhoff & Partner: Keine Nennungen
WilmerHale (Berlin): Martin Seyfarth, Dr. Ilka Mehdorn (für den Untersuchungsausschuss). Alle Berater sind aus dem Markt bekannt.« Aus dem Markt bekannt, heißt, die Kanzleien haben das nicht per sogenannter Dealmeldung bekannt gegeben, sondern die JUVE-Redaktion hat das herausgefunden.
In: Hall, Anja Hall/Neumann, Antje: »Euro-Hawk-Untersuchungsausschuss: Bund wappnet sich mit Redeker« (17.07.2013) in: JUVE (juve.de/nachrichten/verfahren/2013/07/eurohawk-affare-bund-wappnet-sich-mit-redeker-eads-und-northrop-setzen-auf-freshfields-und-wilmerhale).

349 Zitat aus »Rheinmetall und KMW erhalten Panzer-Auftrag« (28.08.2009) in: JUVE (www.juve.de/nachrichten/deals/2009/08/rheinmetall-und-kmw-erhalten-panzer-auftrag).

350 Website der Kanzlei Oppenhoff: www.oppenhoff.eu/taetigkeitsbereiche/branchen/aerospace-und-defence/.

351 Wassermann, Andreas Wassermann: »LOBBYISTEN Schraube locker« (07.12.2009) in: SPIEGEL 50/2009, Online-Artikel (www.spiegel.de/spiegel/print/d-68073957.html).

352 Mitgliedsfirmen im Förderkreis Deutsches Heer e. V. (laut Website. www.fkhev.de/index.php?id=12).

353 Brühl, Jannis: »Das Milliarden-Geschäft« (30.04.2014/01.05.2014) in: Süddeutsche Zeitung, S. 21.

354 Geschichte vom reichen Mann und dem armen Lazarus in: Lukas-Evangelium, Kp. 16, Vs. 21.

355 Von Rechtsprofessor Uwe Wesel stammt die Aussage: »Kaum einer weiß, dass die Rechtswissenschaft eine Herrschaftswissenschaft ist.«

356 Verlagsvorschau zu Oswald, Georg M.: »55 Gründe, Rechtsanwalt zu werden«, Hamburg: Murmann Verlag 2013.

357 Abraham Lincoln war der 16. Präsident der Vereinigten Staaten von Amerika von 1861 bis 1865.

358 UN-Konvention gegen Korruption: de.wikipedia.org/wiki/UN-Konvention_gegen_Korruption.

359 Dr. Wolf, Sebastian: »Reform der Abgeordnetenbestechung: Spät kommt sie, aber sie kommt« (20.02.2014) in: Legal Tribune ONLINE (www.lto.de/persistent/a_id/11108/).

360 Aus der Petition des Vereins Abgeordnetenwatch 01/2014 (www.abgeordnetenwatch.de/petitions/abgeordnetenbestechung-bestrafen-korrupt).

361 o. V.: »Einen Reibach« in (23.08.1993) in: SPIEGEL ONLINE (www.spiegel.de/spiegel/print/d-9285738.html) und »Minis-

ter – Endlich die Hosen runter« (06.09.1993) in: SPIEGEL ONLINE (www.spiegel.de/spiegel/print/d-13682369.html).

362 Meiritz, Annett/Hebel, Christina: »Ranking der Nebeneinkünfte: Gauweiler ist Top-Verdiener im Bundestag« (21.03.2014) in SPIEGEL ONLINE (www.spiegel.de/politik/deutschland/nebeneinkuenfte-im-bundestag-gauweiler-verdient-am-meisten-a-959852.html).

363 Kerkhoff, Parissa: »EADS: Daimler steigt mit SZA vollständig aus« (17.04.2013) in: JUVE Nachrichten (juve.de/nachrichten/deals/2013/04/eads-daimler-steigt-mit-sza-vollstandig-aus).

364 o. V.: »Merkel sendet berüchtigten Industrie-Lobbyisten in EU-Rechnungshof« (05.02.14) in: *Deutsche Wirtschafts Nachrichten* (deutsche-wirtschafts-nachrichten.de/2014/02/05/merkel-sendet-beruechtigten-industrie-lobbyisten-in-eu-rechnungshof/comment-page-1/).

365 o. V.: »Lobbyismus höhlt die Demokratie aus – zehn Thesen«, Webseite des Vereins Lobbycontrol (www.lobbycontrol.de/lobbyismus-hoehlt-die-demokratie-aus-zehn-thesen/).

366 Thewes, Frank: »RETTUNGSFONDS: Keiner weiß es genau« (27.10.2008) in FOCUS (www.focus.de/politik/deutschland/rettungsfonds-keiner-weiss-es-genau_aid_343766.html).

367 Hall, Anja: »Aller guten Dinge sind drei« (29.11.2008) in: JUVE (juve.de/nachrichten/deals/2008/11/aller-guten-dinge-sind-drei).

368 Warth & Klein Grant Thornton: »Ergebnisse zur Ordnungsmäßigkeit der Offenlegung der Vortragstätigkeiten von Herrn Peer Steinbrück« (26.10.2012) auf Peer Steinbrücks Website (www.peer-steinbrueck.de/wp-content/uploads/2012/10/Ver%C3%B6ff_Ergebnis.pdf.pdf).

369 Aus den Entscheidungsgründen des VG Berlin: »Ihr Anspruch auf Erteilung der begehrten Auskunft folge aus § 4 Abs. 1 des Berliner Pressegesetzes – BlnPrG. Sie sei ›Presse‹ im Sinne dieses Gesetzes. Ein Ausschlussgrund nach dem allein in Betracht kommenden § 4 Abs. 2 Nr. 4 BlnPrG liege nicht vor. Nach dieser Vorschrift könnten Auskünfte nur verweigert werden, soweit ein *schutzwürdiges privates Interesse* verletzt werde. Dies sei vorliegend nicht der Fall. Als betroffenes privates Interesse kämen allein die Interessen der Beigeladenen am Schutz ihrer Betriebs- und Geschäftsgeheimnisse in Betracht. Hierauf könne sich die Beigeladene jedoch schon nicht berufen, da sich deren Schutz auf Art. 12 GG gründe, die Beigeladene aber als Unternehmen, das seinen Sitz außerhalb Deutschlands habe, insofern nicht Grundrechtsträgerin sei, da Art. 12 GG nur Deutsche schütze. Darüber hinaus liege auch kein Geschäfts- oder Betriebsgeheimnis vor. Denn es sei nicht ersichtlich, inwiefern die Veröffentlichung der Gesamthonorare der Beigeladenen während der Amtszeit des Ministers Steinbrück deren Wettbewerbsposition nachteilig beeinflussen könne. Selbst wenn jedoch ein schutzwürdiges betroffenes Interesse vorläge, sei eine umfassende Abwägung zwischen dem Informationsinteresse der Öffentlichkeit und den entgegenstehenden privaten Interessen anzustellen. Insoweit ständen sich das Informationsinteresse der Öffentlichkeit – in Gestalt der Frage, ob es sich bei dem für den knapp einstündigen Vortrag Steinbrücks gezahlten Honorar von 15.000 Euro möglicherweise um ein sogenanntes ›kick-back‹ für das übertragene Beratungsmandat handele – und das Interesse der Beigeladenen an ihrem Geschäftsgeheimnis gegenüber. Da es sich bei den ›Geschäften‹, auf die sich die begehrte Auskunft beziehe, um einen die Öffentlichkeit betreffenden Vorgang, nämlich die Beratung der Antragsgegnerin durch die Beigeladene bei öffentlichen Gesetzgebungsvorhaben, handele, müsse dieses zu-

rücktreten. Über den genannten Anspruch hinaus ergebe sich ein Auskunftsanspruch der Antragstellerin auch aus § 1 IFG sowie unmittelbar aus Art. 5 Abs. 1 S. 1 GG und Art. 10 EMRK.«

370 Moritz, Hans-Jürgen/Thewes, Frank, Tutt, Cordula und Wilke, Olaf: »Die Beamten-Flüsterer« (17.08.2009) in: FOCUS (www.focus.de/politik/deutschland/bundesregierung-die-beamten-fluesterer_aid_426462.html).

371 Antwort auf die Frage des Bundestagsabgeordneten Volker Beck, an welchen Gesetzen und Verordnungen der Bundesregierung und Bundesministerien Externe beteiligt waren. (15.05.2008). (www.lobbycontrol.de/wp-content/uploads/antwort-beck-liste-gesetze.pdf).

372 Filges, Axel C.: »Gesetzgebungsoutsourcing – ein neues Berufsfeld für Rechtsanwälte?« in: BRAK-Mitteilungen 6/10, S. 244.

373 Filges, S. 244.

374 Transparency International: »Regulierung und Transparenz von Einflussnahme und Lobbyismus« (21.03.2013) auf der Website der Organisation (www.transparency.de/fileadmin/pdfs/Themen/Politik/Papier_Transparency_Lobbycontrol_Regulierung_Lobbyismus_13-03-21.pdf).

375 Agatha Christie (1890–1976), berühmteste britische Kriminalschriftstellerin, geistige Mutter von *Miss Marple und Hercule Poirot*.

376 Es hängt von der angeklagten Tat und der daher zu erwartenden Freiheitsstrafe oder Geldstrafe ab, welches Gericht in erster Instanz zuständig ist. Liegt die zu erwartende Freiheitsstrafe unter zwei Jahren, ist der Strafrichter alleine zuständig, lieg sie zwischen zwei und vier Jahren, ist das Schöffengericht zuständig, bestehend aus einem Berufsrichter und zwei Schöffen, also Laienrichtern. Geregelt ist das in den §§ 24, 28 Gerichtsverfassungsgericht. Die Große

Strafkammer im Landgericht ist mit zwei Schöffen und drei Berufsrichtern besetzt. Bei Straftaten mit einem Strafrahmen bis zu 15 Jahren ist das Landgericht zuständig.

377 1994 war McDonald's schließlich zu 640.000 Dollar verurteilt worden, nachdem ein zweites Gericht die zunächst zugesprochene Summe von 2,9 Millionen Dollar Schadensersatz verringert hatte. Aus: »McDonald's zittert vor neuer Heißer-Kaffee-Klage« (21.01.14) in: DIE WELT (www.welt.de/wirtschaft/article124060914/McDonalds-zittert-vor-neuer-Heisser-Kaffee-Klage.html).

378 Schletti, Bruno: »Zweifel an seiner Version« (15.03.2014) in: *Tagesspiegel* 03/2014 (www.tagesanzeiger.ch/wirtschaft/unternehmen-und-konjunktur/Zweifel-an-seiner-version/story/17297272).

379 Wolff, Uwe: »Medienarbeit Für Rechtsanwälte. Ein Handbuch Für Effektive Kanzlei-PR«, Gabler, Wiesbaden 2010, S. 33.

380 Die gesamten Publikationen des Kölner JUVE Verlags, *Rechtsmarkt* oder JUVE *Handbuch der Wirtschaftskanzleien* (www.juve.de), befriedigen das Marketingbedürfnis der Kanzleien und schaffen zugleich Transparenz in der vormals intransparenten Branche der Wirtschaftskanzleien.

381 Rabulisten argumentieren in spitzfindiger, kleinlicher, rechthaberischer Weise und verdrehen dabei oft den wahren Sachverhalt, so die auf Wikipedia zitierte Definition des Dudens (de.wikipedia.org/wiki/Rabulistik).

382 »BGH-Urteil: Nächste Schlappe für Werhahn im Streit mit Haarmann Hemmelrath« (26.03.2009) JUVE (www.juve.de/nachrichten/namenundnachrichten/2009/03/bgh-urteil-naechste-schlappe-fuer-werhahn-im-streit-mit-haarmann-hemmelrath).

383 Larenz, Karl: *Methodenlehre der Rechtswissenschaft*, 3. Aufl., Berlin: Springer Verlag, Heidelberg 1995, S. 8.

384 Rath, Martin »Festschriftenwesen in den Rechtswissenschaften: Wenn Juristen (zu viel) feiern« (13.02.2011) in: *Legal Tribune* ONLINE (www.lto.de/persistent/a_id/2527/).

385 von Bar, Christian: »Die Rolle der juristischen Zeitschriftenliteratur bei der Harmonisierung des Privatrechts in Europa« (2010) in: Juridica International (www.juridicainternational.eu/index/2010/vol-xvii/die-rolle-der-juristischen-zeitschriftenliteratur-bei-der-harmonisierung-des-privatrechts-in-europa/).

386 London: de.wikipedia.org/wiki/London.

387 Beispiele für Dissertationen: Strafrechtliche Mittel gegen Rechtsextremismus: die Änderungen der §§ 130 und 86a StGB als Reaktion auf fremdenfeindliche Gewalt im Licht der Geschichte des politischen Strafrechts in Deutschland« (FAZ-Redakteur Dr. Joachim Jahn); »Würde oder Gleichheit? Zur angemessenen grundrechtlichen Konzeption von Recht gegen Diskriminierung am Beispiel sexueller Belästigung am Arbeitsplatz in der Bundesrepublik Deutschland und den USA (Verfassungsrichterin Dr. Susanne Baer); Einstweilige Regelungen im verwaltungsgerichtlichen Normenkontrollverfahren nach § 47 VWGO: Zugleich ein Beitrag zu Sinn und Notwendigkeit dieses Verfahrens und zum Rechtsschutz gegen Normen. (Dr. Klaas Engelken).

388 Sir Alexander Fleming (1881–1955) erhielt 1945 als einer der Entdecker des Antibiotikums Penicillin den Medizin-Nobelpreis. Er hatte entdeckt, dass Schimmelpilze eine bakterientötende Wirkung haben. Der Arzt Werner Forssmann erhielt 1956 den Nobelpreis in Medizin für die Erfindung und die im Selbstversuch durchgeführte Erprobung des Herzkatheters.

389 Auszug aus Alfred Nobels Testament: Sein Vermögen soll »einen Fonds bilden, dessen Zinsen jährlich als Preis an diejenigen ausgeteilt werden sollen, die im vergangenen Jahr der Menschheit den größten Nutzen erbracht haben. Die Zinsen werden in fünf gleiche Teile aufgeteilt: ...« Aus: Wikipedia (de.wikipedia.org/wiki/Nobelpreis).

390 Vorsicht, Sarkasmus!

391 Barack Obama

392 Selbst Finanzmarktkonstrukteure mit ihren Debt Equity Swaps, Sprint Zertifikaten und Knock-out-Produkten können einen Nobelpreis bekommen: den seit 1968 vergebenen Alfred-Nobel-Gedächtnispreis für Wirtschaftswissenschaften.

393 Engelken, Eva: »Beste Kanzlei, beste Anwältin, bester Jurablog – welchen Wert haben Rankings für das Kanzleimarketing?« (03.02.2014) in: Tellerrand-Blog (www.klartext-anwalt.de/2014/02/wert-von-rankings-fuer-kanzleimarketing/).

394 Busch, Wilhelm: »Schein und Sein«, Kapitel 53 – Rechthaber, Online-Bibliothek Spiegel Projekt Gutenberg (http://gutenberg.spiegel.de/buch/schein-und-sein-4145/53).

395 William Shakespeare: *König Heinrich VI.* (2. Teil, 4. Akt, 2. Sz.).

396 Dass Suchterkrankungen als unterschätztes Problem der Ärzteschaft gelten, geht aus dem AOK-Fehlzeitenreport hervor. Vier bis fünf Prozent der Ärzte sollen alkoholabhängig sein. Das entspricht in etwa der Quote der gesamten Bevölkerung. 18 bis 20 Prozent der Ärzte rauchen (gesamt 38 Prozent). Auch bei den Medikamentenabhängigkeit liegt die Quote bei Ärzten höher als bei der Allgemeinheit.

397 Website der Schlichtungsstelle: www.schlichtungsstelle-der-rechtsanwaltschaft.de/.

398 Gustave Flaubert zitiert in: Leffers, Jochen: »Dichterjuristen: ›Ich scheiße auf die Rechtswissenschaften‹« (28.06.2001) in SPIEGEL ONLINE (www.spiegel.de/unispiegel/wunderbar/dichterjuristen-ich-scheisse-auf-die-rechtswissenschaften-a-128701.html).

399 Liste von Dichterjuristen: de.wikipedia.org/wiki/Liste_von_Dichterjuristen.

400 Originalzitat aus William Shakespeare: *Hamlet, Prinz von Dänemark*, 5. Akt, 1. Sz.: »There's another: why may not that be the skull of a lawyer? Where be his quiddits now, his quillets, his cases, his tenures, and his tricks?« Deutsche Übersetzung von Christoph Martin Wieland (1733-1813). Berühmter Schriftsteller und Shakespeare-Übersetzer, Online-Fundstelle aus Projekt Gutenberg.DE – SPIEGEL ONLINE (gutenberg.spiegel.de/buch/5601/6).

401 Aus: *Westdeutsche Allgemeine Zeitung* ONLINE (www.derwesten.de/staedte/duesseldorf/lebensmueder-anwalt-sorgt-fueralarm-im-duesseldorfer-gericht-id9079011.html#plx1683927813).

402 Jäger bevorzugen Dackel und umgekehrt, insbesondere Walddackel mit gutem Bodenabstand und dazu passendem Gewicht erfreuen sich bei Jägern großer Beliebtheit. Mehr dazu auf der Website der Harzjäger (www.harzjaeger.de/seite3.html).

403 Disclaimer: Das ist keine Rechtsberatung. Zu Risiken und Nebenwirkungen konsultieren Sie lieber Ihren Anwalt oder Ihre Rechtsberaterin.

404 Selbst die Witzforschung weiß zum standesgemäßen Ende von Anwälten nur, dass sie vors Jüngste Gericht kommen.

405 Rudolf Jhering war ein deutscher Rechtswissenschaftler (1818–1892), der 1868 berühmt wurde mit dem Vortrag »Der Kampf ums Recht«. Wikipedia. de.wikipedia.org/wiki/Rudolf_von_Jhering. Alle in diesem Grund zitierten Ausführungen zum Juristenhimmel stammen aus dem Kapitel *Im juristischen Begriffshimmel. Ein Phantasiebild* aus dem Buch *Scherz und Ernst in der Jurisprudenz*, Hrsg. v. Max Leitner, Leipzig 1884, Wien 2009.

406 Jhering, online in der Digitalen Bibliothek der Hochschule Augsburg: www.hs-augsburg.de/~harsch/germanica/Chronologie/19Jh/Jhering/jhe_sch0.html.

DANKSAGUNG

Ich danke allen, die mich beim Schreiben unterstützt haben, ob mit Essen, freundlichen Worten, Gesäßtritten in Richtung Abgabetermin oder wertvollen Gedanken. Viele haben aus dem Nähkästchen geplaudert und freimütig Anekdoten zu Freud und Leid der Anwaltswelt mit mir geteilt, ob Richter, Anwalt/Anwältin, Journalist/ Journalistin, Berater/Beraterin, Mitarbeiter/ Mitarbeiterin oder Mandant/Mandantin. Darunter viele (Vorsicht, Schmeichelei!) großartige und nette Anwaltspersönlichkeiten.

Das Schreiben und Recherchieren wäre nicht ohne meinen Mann möglich gewesen und mein aufmunterndes und ideenreiches Backoffice und Netzwerk. Insbesondere meine Bürokolleginnen Biggi und Garnet, die Erzieherinnen der KiTa Blumenwiese, Harald, Hartmut und Hannelore, diverse wortstarke Frauen und Freundinnen aus dem Texttreff.de sowie Jens Eckhardt, früherer Leiter der Georg von Holtzbrinck-Schule für Wirtschaftsjournalisten, der sich schon früh redlich bemüht hat, mir das Juristendeutsch abzutrainieren.

Ich danke meinem Agenten Martin Brinkmann, der an allem schuld ist, weil er mich als Autorin vorgeschlagen hat, dem Verleger Oliver Schwarzkopf, der der Anwaltschaft unter die Robe gucken wollte, meiner Lektorin Viola Zacharias für ihre Hilfe (vor allem bei den Fußnoten) und Jana Moskito für die Illustrationen.

Richtigstellungen, Lob und Anmerkungen für die zweite Auflage bitte an: engelken@klartext-anwalt.de.

111 GRÜNDE, DAS RADFAHREN ZU LIEBEN

EINE HOMMAGE AN DAS FAHRRAD – DAS UMWELTFREUNDLICHSTE, GESÜNDESTE UND COOLSTE FORTBEWEGUNGSMITTEL DER WELT

111 GRÜNDE, DAS RADFAHREN ZU LIEBEN
VOM RAUSCH DER GESCHWINDIGKEIT, DEM GEHEIMNIS DER LANGSAMKEIT
UND DEM WISSEN, DASS DAS GLÜCK ZWEI RÄDER HAT
Von Christoph Brumme
272 Seiten, Taschenbuch
ISBN 978-3-86265-360-7 | Preis 9,95 €

»Was ist eigentlich das Schönste am Radfahren? Ein Moment Schweigen. Nicht weil Christoph Brumme nichts einfällt, sondern weil er nicht weiß, wo er anfangen soll: die Unabhängigkeit, der Rausch der Geschwindigkeit, dass man keine Hand zum Rauchen frei hat ... Und ja, natürlich die vielen Eindrücke. Die hat er reichlich gesammelt, schließlich ist das Rad sein liebstes Fortbewegungsmittel.«
Berliner Morgenpost / Die Welt

»Der Untertitel beschreibt treffend das amüsante, anekdotenhafte Programm des Buches. Christoph Brumme, der bereits 40.000 Kilometer per Fahrrad von Berlin aus quer durch Polen, die Ukraine und Russland zurückgelegt hat, liebt sein umweltbewusstes, simples aber wundervolles Gefährt, schwärmt vom Radfahrfeeling, erzählt von seinen Erlebnissen und macht Lust auf Touren zu gehen.«
Journal München

EVA ENGELKEN, Entstehungsjahr 1971, kennt Juristen – als Tochter eines solchen – seit ihrem ersten Lebenstag. Trotzdem hat sie selbst Recht studiert und ist von der Droge seither nicht mehr losgekommen. Weder als Redakteurin beim HANDELSBLATT, noch als freie Autorin und erst recht nicht als PR-Beraterin und Texttrainerin für Kanzleien.

Eva Engelken
111 GRÜNDE, ANWÄLTE ZU HASSEN
Und die besten Tipps, wie man mit ihnen trotzdem zu seinem Recht kommt
Mit Illustrationen von Jana Moskito

ISBN 978-3-86265-403-1

© Schwarzkopf & Schwarzkopf Verlag GmbH, Berlin 2014

KATALOG
Wir senden Ihnen gern kostenlos unseren Katalog.
Schwarzkopf & Schwarzkopf Verlag GmbH
Kastanienallee 32, 10435 Berlin
Telefon: 030 – 44 33 63 00
Fax: 030 – 44 33 63 044

INTERNET | E-MAIL
www.schwarzkopf-schwarzkopf.de
info@schwarzkopf-schwarzkopf.de